基準の行間を読む
不動産評価
実務の判断と留意点

不動産鑑定士
黒沢 泰
［著］

清文社

はしがき

　今日では、不動産の評価に関して何らかの関わりや関心を持つ人が従来以上に増えています。例えば、それが不動産の鑑定評価であれば依頼者とこれを受け付ける不動産鑑定士との関係、固定資産税の評価であれば評価額を決定する市町村と土地建物の所有者との関係、相続税の財産評価であれば納税者とその評価額の妥当性を判断する課税庁との関係がこれに該当します。

　しかし、評価の結果はこれにとどまるだけでなく、利害関係の及ぶ範囲が拡大したり、求められた評価額の根拠や算出過程をめぐってその妥当性が議論の俎上に上ったりすることがしばしば生じます。話をさらに例えれば、鑑定評価の依頼目的が売却の参考であれば相手方には買主がおり、賃料改定の参考であれば相手方には借主がいます。それだけでなく、売買契約や賃貸借契約の事務を依頼された関係者も意見を求められることがあると思われます。さらに、固定資産税や相続税の場合、不動産の評価額の如何が納税額に大きな影響を及ぼすことから、適正な時価という目から見て果たして妥当な評価額であるか、重要な価格形成要因が的確に反映された結果となっているかという視点から検証を求められます。また、相続が生じた場合、相続財産が共有の不動産であれば、相続税の申告とは別に共有物の分割が問題となり、分割方法や分割範囲（評価額はこれを決める前提）をめぐって協議が行われますが、それが不調に終わった場合には裁判所にその解決を委ねるケースも少なくありません。

　以上で述べたことは不動産の評価額が様々な場面での問題解決に関わる機会の一例ですが、ここで重要なことは、その評価額が求められた計算式を知ることはもちろん必要ですが、それ以上にその評価額を求めた基本的な考え方（本質）を理解しておくことが何にも増して要求されるという点です。これは評価額の妥当性を根拠付ける根幹的な部分であり、その評価額がどれだ

けの説得力を有するかを左右する部分でもあります。しかし、これを体得するためには、単に評価基準や計算式を覚えたり、パソコンの処理に習熟するだけでは不十分であり、物事の性質を基本に立ち戻って考えてみる必要があります。

　不動産の鑑定評価にせよ、固定資産税の評価や相続税の財産評価にせよ、それぞれの評価額が成り立つための拠り所には異なる部分もあり、その根底にはそれぞれの基準に特徴的なとらえ方が存在します。時として、これらのとらえ方が相互補完的な機能を果たすこともあれば、評価目的の相違等により受け容れられない部分が生ずることもあります。

　また、目的の異なるこれらの評価基準に共通することは、程度の差はあるものの、評価額を求める過程で判断の介入する要素があるという点です。固定資産税の評価では、評価担当者の判断の余地を極力回避し大量一括評価に資する意味で画一的な固定資産評価基準が適用され、相続税の財産評価では、納税者がコストや時間を要せず評価額の申告ができるよう画一的な財産評価基本通達の規定が適用されています。しかし、評価額の計算式の適用に至る前の段階で、評価前提をとらえる上で微妙に判断が分かれたり、納税者側が規定の解釈に十分通じていないこと等により、問題解決が裁判や裁決に委ねられるケースも後を絶ちません。また、不動産の鑑定評価の場合は、特にその対象は物理的に存在する「もの」だけでなく、不動産の所有や利用にかかる権利や利益に及び、さらに価格形成要因の中には絶対的な定量化が難しい項目も多く含まれています。そのため、鑑定評価額を導き出す過程で評価主体による判断の介入が避けがたいという本質的な特徴を有しています。それゆえに、その判断の結果を客観的なものとならしめるために評価過程における根拠付けが求められているわけです。

　このような理由から、今般、不動産の評価に関して様々な判断が求められ、あるいは微妙な判断の介入が避けられず、しかもその一つひとつに根拠付けが必要となるテーマにつき具体例をヒントに解説する書籍を執筆しました。

　本書で取り上げているテーマは基本的でありながら、その説明内容の如何

が評価額の説得力を大きく左右するものです。頁数等の関係で全てのケースを網羅しているわけではありませんが、日頃の評価実務や不動産の評価が世間一般で問題とされているケースの中から、単なる計算式の処理だけでは役割を果たすことのできない内容を中心に選定しました。その意味で、各種の評価基準の行間を読む、基本的な事項の根拠を改めて考える、判断に迷う要因を探りどのように対処するかを検討する等の点を意識して取りまとめています。

　本書が不動産鑑定士の方だけでなく、税務署の課税担当者、弁護士、公認会計士、税理士等の方々や企業、官庁、自治体等で不動産の評価に関する知識を必要としている方々をはじめ、幅広く活用される機会があれば幸いです。

　なお、最後になり恐縮ですが、本書の刊行にあたって株式会社清文社編集第三部長東海林良氏、杉山七恵氏、立川佳奈氏に大変お世話になりましたことを、紙上を借用しお礼申し上げます。

2019年7月

不動産鑑定士　黒沢　泰

［目 次］

第1章　借地権の価値を測る物差し

1　借地権と借地権の価格の相違 ……………………………………………… 2

　1　判断を迷わせる要因 ……………………………………………………… 2

　2　判断の基準をどこに求めるか …………………………………………… 6

　3　評価上の留意点 …………………………………………………………… 7

2　借地権に価格が発生する根拠 ……………………………………………… 9

　1　疑問が生じる要因 ………………………………………………………… 9

　2　判断の基準をどこに求めるか …………………………………………… 14

　3　評価上の留意点 …………………………………………………………… 15

3　地代が安ければ安いほど借地権の価値が高い理由 ……………………… 19

　1　疑問が生じる要因 ………………………………………………………… 19

　2　判断の基準をどこに求めるか …………………………………………… 19

　3　評価上の留意点 …………………………………………………………… 21

　4　もう一度基本に立ち戻る ………………………………………………… 22

4　賃料差額還元法の拠り所 …………………………………………………… 25

　1　判断を迷わせる要因 ……………………………………………………… 25

　2　判断の基準をどこに求めるか …………………………………………… 26

　3　より深い理解のために …………………………………………………… 28

5　借地権の取引慣行と借地権割合との関係 ………………………………… 32

　1　判断を迷わせる要因 ……………………………………………………… 32

　2　判断の基準をどこに求めるか …………………………………………… 33

　3　評価上の留意点 …………………………………………………………… 34

　4　より深い理解のために …………………………………………………… 36

第2章 売却相手により底地の評価が異なることの合理性

1 第三者が底地を買い取る場合の価格（正常価格）とは ………… 42

1 判断を迷わせる要因 ………………………………………………… 42

2 判断の基準をどこに求めるか ………………………………………… 44

3 正常価格の評価例 ………………………………………………… 47

2 借地権者が底地を買い取る場合の価格（限定価格）とは ………… 54

1 判断を迷わせる要因 ………………………………………………… 54

2 判断の基準をどこに求めるか ………………………………………… 55

3 限定価格の評価例 ………………………………………………… 58

第3章 計算式の処理よりも本質の理解が求められる評価手法

1 収益還元法と還元利回りとの関連性 ………………………… 64

Ⅰ 収益還元法と還元利回り ………………………………………… 64

  1 還元利回りの基本的な考え方 ………………………………… 64

  2 評価上の留意点 ………………………………………………… 70

Ⅱ 還元利回りと割引率 ………………………………………………… 71

  1 還元利回りと割引率の基本的な考え方 ………………………… 71

  2 評価上の留意点 ………………………………………………… 74

Ⅲ 期待利回りと還元利回り ………………………………………… 77

  1 期待利回りの基本的な考え方 ………………………………… 77

  2 評価上の留意点 ………………………………………………… 79

2 土地残余法の仕組み ………………………………………… 80

1 判断を迷わせる要因 ………………………………………………… 80

2 土地残余法による収益価格の試算例 ………………………………… 82

3 原価法の適用（付帯費用を織り込んだ積算価格の試算） ………… 94

1 判断を迷わせる要因 ………………………………………………… 94

2 判断の基準をどこに求めるか ………………………………………… 95

| **3** | 付帯費用を織り込んだ積算価格の試算例 | 96 |

| **4** | 評価上の留意点 | 102 |

4　取引事例比較法（画地条件での減価要因） 104

Ⅰ　取引事例比較法適用過程での画地条件の検討①（路地状敷地） 104

| **1** | 判断を迷わせる要因 | 105 |

| **2** | 判断の基準をどこに求めるか | 105 |

| **3** | 評価上の留意点 | 107 |

Ⅱ　取引事例比較法適用過程での画地条件の検討②

（無道路地ではないが接道義務を満たさない土地） 111

| **1** | 判断を迷わせる要因 | 111 |

| **2** | 判断の基準をどこに求めるか | 112 |

| **3** | 評価上の留意点 | 114 |

Ⅲ　取引事例比較法適用過程での画地条件の検討③

（地積過小地～単独では建築困難な土地） 116

| **1** | 判断を迷わせる要因 | 116 |

| **2** | 判断の基準をどこに求めるか | 116 |

| **3** | 評価上の留意点 | 118 |

第4章　定量化のしにくいブラックボックス的な要因

1　心理的瑕疵と減価の程度 122

| **1** | 判断を迷わせる要因 | 122 |

| **2** | 判断の基準をどこに求めるか（裁判例の分析） | 123 |

| **3** | 評価上の留意点 | 130 |

| **4** | より深い理解のために | 133 |

2　土壌汚染地の鑑定評価 136

| **1** | 判断を迷わせる要因 | 136 |

| **2** | 判断の基準をどこに求めるか | 137 |

| **3** | 評価上の留意点 | 140 |

| **4** | もう一度基本に立ち戻る | 144 |

3	埋蔵文化財包蔵地の鑑定評価	147
1	判断を迷わせる要因	147
2	判断の基準をどこに求めるか	148
3	評価上の留意点	155

第5章 固定資産税の評価で争点となる例

1	建築後一定期間以上経過した建物の固定資産税評価額が下がらない理由	160
1	判断を迷わせる要因	160
2	判断の基準をどこに求めるか	160
3	もう一度基本に立ち戻る	166
2	自動車教習所用地の評価の考え方	168
1	判断を迷わせる要因	168
2	判断の基準をどこに求めるか	168
3	評価上の留意点	171
3	太陽光発電施設用地の評価の考え方	173
1	判断を迷わせる要因	173
2	判断の基準をどこに求めるか	174
4	所要の補正及びこれが必要となる場合	189
1	判断を迷わせる要因	189
2	判断の基準をどこに求めるか	190
3	評価上の留意点	192
4	もう一度基本に立ち戻る	193

第6章 相続税の財産評価で争点となる例

1 財産評価基本通達によらない時価評価が認められるか
―特別の事情との関係(1)― 196
- **1** 異なる見解を生じさせる要因 196
- **2** 判断の基準をどこに求めるか(裁判例の分析) 198
- **3** より深い理解のために 209

2 財産評価基本通達によらない時価評価が認められるか
―特別の事情との関係(2)― 213
- **1** 異なる見解を生じさせる要因 213
- **2** 判断の基準をどこに求めるか(裁決事例の分析) 214
- **3** より深い理解のために 227

3 財産評価基本通達によらない時価評価が認められるか
―特別の事情との関係(3)― 233
- **1** 異なる見解を生じさせる要因 233
- **2** 判断の基準をどこに求めるか(裁判例の分析) 234
- **3** より深い理解のために 246

4 財産評価基本通達によらない時価評価が認められるか
―特別の事情との関係(4)― 251
- **1** 異なる見解を生じさせる要因 251
- **2** 判断の基準をどこに求めるか(裁決事例の分析) 252
- **3** より深い理解のために 263

5 倍率地域における雑種地評価の留意点 270
- **1** 判断を迷わせる要因 270
- **2** 判断の基準をどこに求めるか(裁決事例の分析) 272
- **3** より深い理解のために 282

第7章 テキストだけでは得にくい応用実務

1 直近合意時点をめぐる解釈（継続賃料の評価） 290

1 判断を迷わせる要因 290

2 判断の基準をどこに求めるか 291

3 評価上の留意点 292

2 共有不動産の評価と分割 295

Ⅰ 共有減価の有無とその根拠 295

1 判断を迷わせる要因 296

2 判断の基準をどこに求めるか 297

3 評価上の留意点 297

4 もう一度基本に立ち戻る 298

Ⅱ 共有不動産の分割方法 299

1 判断を迷わせる要因 299

2 判断の基準をどこに求めるか 301

3 評価上の留意点 302

3 隣接地の併合を目的とする限定価格 304

1 判断を迷わせる要因 304

2 判断の基準をどこに求めるか 306

3 もう一度基本に立ち戻る 308

4 がけ条例の適用を受ける土地評価の留意点 309

1 判断を迷わせる要因 310

2 判断の基準をどこに求めるか 310

3 評価上の留意点 312

5 建築線のある土地（廃止された法律に基づく建築線） 314

1 判断を迷わせる要因 315

2 判断の基準をどこに求めるか 317

3 評価上の留意点 318

4 もう一度基本に立ち戻る 320

第8章 知っておきたい必要知識と留意事項

1 建物撤去費を考慮した土地評価は建付地評価と呼ばない理由 ―― 326
- **1** 判断を迷わせる要因 ―― 326
- **2** 判断の基準をどこに求めるか ―― 327
- **3** 評価上の留意点 ―― 329

2 港湾法の適用を受ける土地の評価 ―― 331
- **1** 判断を迷わせる要因 ―― 331
- **2** 判断の基準をどこに求めるか ―― 332
- **3** 評価上の留意点 ―― 334

3 土地建物一体減価の根拠（容積率未消化のケース） ―― 337
- **1** 判断を迷わせる要因 ―― 337
- **2** 判断の基準をどこに求めるか ―― 338
- **3** 評価上の留意点 ―― 341

4 土砂災害警戒区域内にある土地の評価 ―― 343
- **1** 判断を迷わせる要因 ―― 343
- **2** 判断の基準をどこに求めるか ―― 344
- **3** 評価上の留意点 ―― 347
- **4** より深い理解のために ―― 348

5 自然公園法の適用を受ける土地の評価 ―― 352
- **1** 判断を迷わせる要因 ―― 352
- **2** 判断の基準をどこに求めるか ―― 353
- **3** 評価上の留意点 ―― 356

6 私道の評価 ―― 358
- **1** 判断を迷わせる要因 ―― 358
- **2** 判断の基準をどこに求めるか（裁決事例の分析） ―― 359
- **3** 評価上の留意点 ―― 363

7 鑑定評価の経済指標とその収集方法 ―― 368
- **1** 鑑定評価の経済指標 ―― 368
- **2** 資 料 ―― 369

※本書は、令和元年7月1日現在の法令等に基づいています。

第 **1** 章

借地権の
価値を測る物差し

1 借地権と
借地権の価格の相違

Question

借地権の評価を経験するにあたって最初に戸惑うことは、「借地権」と「借地権の価格」との区別です。借地権はあっても借地権の価格はないというケースもあるようですが、両者はどのように異なるのでしょうか。

Answer

1 判断を迷わせる要因

「借地権」と「借地権の価格」とは、しばしば混同して使用されています。すなわち、この2つを全く同じものだと考えている人もいれば、何となく相違していることはわかっていても、その区別を明確に説明することはできないという人もいます。また、本来は「借地権の価格」のことを説明するつもりでいながら、実は「借地権」そのものの説明に終始したため、相手方の理解が得られなかったという話も耳にします。

以下に述べるとおり、「借地権」と「借地権の価格」とは本質的に全く別の概念ですが、これらが明確に区別されずに使用されていることから、混乱を生じさせているようです。

単に「借地権」という場合は、それが建物所有を目的とするものであれば、借地借家法に基づき他人の土地を利用する権利を意味しますが、「借地権の価格」という場合には、その権利に経済的な価値が生じていることを意味しています（**図表１**）。

> 借地借家法
> （定義）
> **第２条** この法律において、次の各号に掲げる用語の意義は、当該各号に定めるところによる。
> 一 借地権 建物の所有を目的とする地上権又は土地の賃借権をいう。

図表１ 借地権と借地権の価格の相違

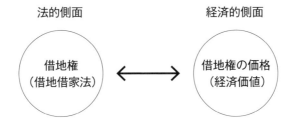

大都市の中心部のように借地権の取引慣行が成熟し、これが高額な対価を伴って取引されている地域では、個々の借地契約に法的な意味（借地借家法）での「借地権」と経済的な意味での「借地権の価格」が発生しているケースが通常です。このような地域では、借地契約の開始時には賃借人から賃貸人に対し相当額の権利金の支払いが必要となりますが、借地の新規供給は、一部の例外や定期借地権を除き、ほとんど行われていないのが実情です。

これに対し、地方都市の中には借地権の取引慣行が形成されていない地

域も少なからずあります。このような地域では、借地契約の開始（＝借地権の設定）時に何らの対価を伴わないことはもちろん、借地権が取引される場合でも、何らの金銭的な対価を伴わないことが一般的です。すなわち、法的な意味での借地権は存在しても、経済的な意味での借地権の価格は生じていないということになります（**図表2**）。

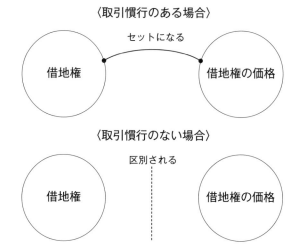

図表2 借地権の取引慣行と借地権の価格

このように、その土地に借地権という権利があることと、その権利に経済的な価値があるということとは区別して考える必要がありますが、先程述べたように、往々にしてこれがあいまいになっていることが多いようです。

ちなみに、不動産鑑定評価基準にも、借地権と借地権の価格との関係について、次のように述べられています。

第1章
借地権の価値を測る物差し

●不動産鑑定評価基準

② 借地権の存在は、必ずしも借地権の価格の存在を意味するものではなく、また、借地権取引の慣行について、借地権が単独で取引の対象となっている都市又は地域と、単独で取引の対象となることはないが建物の取引に随伴して取引の対象となっている都市又は地域とがあること。

(各論第1章第1節Ⅰ.3②)

　なお、不動産鑑定評価基準が最初に設定（昭和39年）される前に刊行された書籍の中にも、上記の留意点を指摘する貴重な見解が述べられています。

　借地権という言葉は人により場合によって相当違った意味を持つようである。一体に不動産に関する用語にはそういう例が多く見られるのであるが、このことが議論を困難にしたり統一的な理論の成立を妨げたりしていることは否定できない。勿論用語に関する法的な意味は一応明確になっているわけであるが、不動産を経済的に把えるに当って─特に評価の際など─用語の定義づけから始めざるをえない場合が多いのは事実である。（中略）

　ところで、借地権と通常称されているものは一つは本来的意味での権利であり、今一つはその権利の対価を意味する場合がある。借地権が強化されたという時は前者の意味であり、借地権が高い安いという時は後者の意味である。後者はどちらかといえば通俗的な用い方であるから、わざわざ採り上げることもないといえるかも知れないが、不動産価格を問題にする場合はこのような混乱が数多くある。

（花島得二、雉本俊平編『借地権』港出版社、昭和37年10月、p.53〜54、栗林正一執筆部分）

❷判断の基準をどこに求めるか

借地借家法第2条に定義されているとおり、借地権には地上権と土地賃借権の2つがあります。

地上権は民法では物権として扱われ、他人の土地を排他的かつ独占的に利用できる強い権利であり、地代の有無を問わず成立します。

賃借権は、民法上の債権であり、平易に表現すれば地主に賃料を支払ってその土地を利用させてもらおうとするものです。なお、借地人は賃料を支払えばその土地を独占的に利用することができますが、賃借権の登記には地主の承諾が必要となります。

地上権と賃借権の相違は以上のとおりですが、地上権を設定することは地主にとって著しい不利益をもたらすため、現実に設定される借地権は賃借権に基づくものがほとんどです。加えて、賃借権の登記は、地主が寺院等である場合に例外的にこれを認めている例があるものの、ほとんど行われていないのが実情です。

ところで、借地権の価格とは、上記のように借地権を設定する際、権利金の授受をする慣行がある地域で形成される借地権の経済価値のことです。しばしば、借地権割合が60％とか70％とかいう会話を耳にしますが、これが借地権価格の土地価格（更地価格）に対する割合です。そして、この割合が高ければ高いほど借地権取引の成熟度が高く、低ければ低いほど成熟度も低くなる傾向にあります。

借地権割合の調査方法ですが、一つの目安として相続税の財産評価基準書（路線価図や倍率表）に掲載されている割合が参考になります。ここでは、地域ごとに慣行的な借地権割合が掲載されていますが、建物の堅固・非堅固の区別や借地契約の長短等の個別性まで反映された割合となっていない点に留意が必要です。

第1章
借地権の価値を測る物差し

❸評価上の留意点

　以上で述べた趣旨から、借地権と借地権の価格の相違を理解しておかなければ、借地権の取引に対価を伴わない地域においても、その価値を相当額にわたって評価してしまうことにもなりかねません。そのため、実務においては、対象地の属する地域やその周辺部における借地権取引慣行の有無について地元精通者に十分に事情を聞くなど、念入りな調査が必要となります。

　借地権は、評価対象地の属する地域における借地権の取引慣行の有無、慣行がある場合はその成熟度、地主と借地人の力関係の強弱等により、個別性が極めて強いといえます。そのため、これらに関する的確な調査や判断が借地権価格の精度を左右する重要な鍵となります。この判断を誤れば、結果的に評価額の誤りにつながるため、実態に即した評価方法を選択する必要があります。

　また、借地権があるから、その借地権はいくらの金額で売却できるというものではありません。地方の小都市では、権利金なしで借地権が設定されているケースが多くあります。

　一例として、地方のゴルフ場で土地の一部に借地を含んでいるケースを考えてみましょう。その借地部分がコースであれば、もともと建物所有を目的とするものではないことから、借地借家法による借地権は問題となりません。しかし、クラブハウスのような堅固建物の所有を目的とするものであっても、地方によっては契約時に一時金が何ら授受されていないところがあります。このような場所では、借地権が金銭的な対価をもって売買されることは、むしろ少ないといえます。

　このことからも、借地権という「土地を借りて利用する権利」があるからといって、借地権の価格も当然あるとはいい切れないところに留意が必要です。

7

さらに、地価の高い地域ほど、そして住宅地や工業地よりも商業地のように収益性を重視する地域であるほど、借地権価格も高額なものとなる傾向にあります。また、土地の供給が少なければ少ないほど借地の稀少性は高まり、地価も安く土地の供給が過剰な地域では借地よりも自己所有が中心となることから、借地に対する認識も稀薄なものとなっているように思われます。これらの相違が、借地権価格の有無となって表れています。

第1章
借地権の価値を測る物差し

2 借地権に価格が発生する根拠

Question

借地権と「借地権の価格」の相違は理解しましたが、それでは借地権の価格はなぜ発生してくるのでしょうか。現に借地権付建物の鑑定評価の依頼があり、これから手掛けようとしている案件は旧借地法下で締結された土地賃貸借契約に基づくものですが、権利金は授受されていません。しかも、現行地代は土地の時価からすれば著しく割安なものとなっています。

Answer

1 疑問が生じる要因

　他人の土地を借りてそこに居住している（あるいは事業を行っている）だけであるのに、借地権になぜ財産的な価値（借地権価格）が発生するのかという疑問は、極めて素朴なものと思われます。もちろん、これは借地権が金銭的な対価を伴って取引される地域内にあることを前提としています。

　借地権に価格が生ずる理由を端的に述べれば、借地人が過去に長期間にわたり支払ってきた地代、そして現在支払っている地代以上に大きな利益が借地人に生じているためです。このような利益がなければ、そもそも借地権が取引の対象とされることはないと思われます。

9

借地借家法が適用される借地契約では、借地人は用法違反や地代不払い等の債務不履行がない限り、契約期間が満了したというだけでは借主はその意思に反して立退きをしなければならない可能性は極めて低いのが現実です。仮に、地主から更新拒絶の申し入れがあった場合でも、地主に自らその土地を使用しなければならない正当な事由がなければ契約は更新される途が残されています。これが法定更新と呼ばれる制度であり、借地借家法が借地人を保護している代表例です。

　ところで、借地権に価格が発生するケースは2つあります。

　1つ目のケースは、契約時に権利金等の一時金が授受された場合です。このような場合には、権利金の性格が借地権設定の対価という側面が強いことから、契約当初から借地権の価格が生じていたと考えることができます。これがいわゆる「創設的借地権価格」と呼ばれているものです（**図表3**）。

図表3　契約当初から借地権の価格が生じたケース

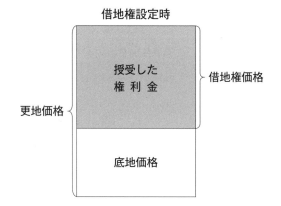

　2つ目のケースは、契約時に権利金の授受はなく、しかも契約期間中にわたり地代も低水準のまま据え置かれてきた場合です。このようにして生じてきたものが、いわゆる「自然発生的借地権価格」です（**図表4**）。

図表4 自然発生的な借地権の価格

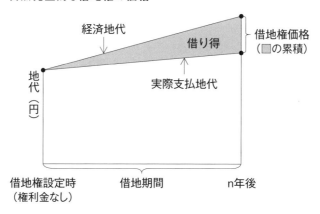

また、中には両者が混在したケース（すなわち、契約時に権利金を授受したものの、その後地代が据え置かれてきたことに起因して借地権価格が生じたケース）もあります（**図表5**）。

図表5 権利金授受後に自然発生的な借地権の価格も加わったケース

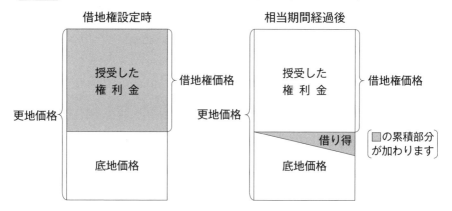

本問のケースは2つ目のケースに該当しますが、問題はなぜこのような場合にまで借地権の価格が生ずるのかというところにあると思われます。この問題に答えるのは難しいものがありますが、これをクリアにして

おかなければ鑑定評価の結果を依頼者に的確に説明することができなくなります。

そこで、以下、不動産鑑定評価基準に沿いつつ、借地権に価格の発生する根拠を説明し、特に疑問の生ずる2つ目のケースについてもこれを解消する一つのヒントを提供したいと思います。

不動産鑑定評価基準では、借地権の価格について、次のように述べています。

●不動産鑑定評価基準
① 借地権の価格は、借地借家法（廃止前の借地法を含む。）に基づき土地を使用収益することにより借地権者に帰属する経済的利益（一時金の授受に基づくものを含む。）を貨幣額で表示したものである。

(各論第1章第1節Ⅰ.3（1）①)

このように、借地借家法の保護のもとに、借地権者に帰属（発生）している経済的な利益を金額に換算したものが借地権の価格ということになります。

それでは、このような借地権価格の根拠となる要因として、どのようなことが考えられるのでしょうか。これは借地権価格の根幹をなす部分ですが、不動産鑑定評価基準ではその要因を次のように述べています。

●不動産鑑定評価基準
　借地権者に帰属する経済的利益とは、土地を使用収益することによる広範な諸利益を基礎とするものであるが、特に次に掲げるものが中心となる。
　ア　土地を長期間占有し、独占的に使用収益し得る借地権者の安定的利益
　イ　借地権の付着している宅地の経済価値に即応した適正な賃料と実際

> 支払賃料との乖離（以下「賃料差額」という。）及びその乖離の持続する期間を基礎にして成り立つ経済的利益の現在価値のうち、慣行的に取引の対象となっている部分
>
> （各論第1章第1節 I . 3 (1) ①）

○上記アとの関係

契約時に権利金等の一時金が授受された場合には、最初から「土地を長期間占有し、独占的に使用収益し得る借地権者の安定的利益」が発生し、これが借地権価格を形成する要因となります。

しかし、権利金を全く授受していない場合であっても、上記イのように経済賃料と実際支払賃料との間に乖離が生じてこの状態が長期間続く一方、借地権者が借地借家法の保護を受ける結果、期間の経過とともに「土地を長期間占有し、独占的に使用収益し得る借地権者の安定的利益」が発生したと考えることができます。

○上記イとの関係

権利金が授受されていない場合であっても、借地権に金銭的な価値が認められるケースは多く見受けられます。その要因は、上記イに掲げられているとおり、賃料差額（いわゆる「借り得」）の発生にありますが、このような考え方が従来から支持されてきた背景には、次の事実があると考えられます。

すなわち、相当期間継続している借地契約では、契約当初に権利金等の一時金の授受は一切なかったものの、その後の地代改定が長期にわたる地価上昇に見合って行われなかったため、支払地代が相対的に低い水準にとどまっているものが多いということです。

その結果、借地人にいわゆる「借り得」が生ずることとなり、これが長期にわたり累積されて借地権の価格を形成する要因となりました。借地借

家法に保護された土地の継続的・安定的利用という面から、借地権者にとっては実際に支払ってきた地代以上に大きな利益が生じ、これが地域によっては金銭的な対価を伴って取引の対象となったと考えることができます。

このように、借地権価格の発生要因の大きな柱の一つとして、「借り得」という考え方が従来から唱えられてきました。

この考え方に沿った場合、実際の支払地代が高ければ高いほど「借り得」部分は少なくなり、その結果、借地権価格は低いということになります。反対に、支払地代が低ければ低いほど「借り得」部分は多くなり、借地権価格は高いということになります。通常の投資の見方とは反対の考え方となりますが、これについては次項で改めて解説します。

❷判断の基準をどこに求めるか

地主からすれば、借地人は安い地代しか支払っていないにもかかわらず、鑑定評価をする際にどうして更地価格の何割にも相当する借地権の価値を認める必要があるのかと不可解に思う人も多いと思われます。

鑑定評価の依頼を受けた側としては、このような疑問に対し、借地権価格の根拠を的確に説明し得るかどうかが、結果についての説得力を左右する重要な鍵となります。実務的には、相続税の路線価図等に記載されている借地権割合を参考に、地元精通者等の意見を反映させて査定した借地権割合を更地価格に乗じて求める方法が多く用いられます。しかし、その結果を依頼者に示しただけでは上記の疑問の解消には役立ちません。

不動産取引の実務においても、借地権の売買価額は権利譲渡の対価として、対象土地の更地価格に当該地域の慣行的借地権割合を乗じて決定されている傾向にあります。しかし、鑑定評価として借地権の価格をとらえる場合、最初から慣行的借地権割合のみのアプローチでは不十分なことは、不動産鑑定評価基準の規定からも明らかです。借地権の取引慣行の成熟度の高い地域では、借地権の鑑定評価額を求めるための試算価格として、取

引事例比較法による比準価格、土地残余法による収益価格、賃料差額還元法による価格、借地権割合から求めた価格があげられ、これらを関連付けて決定するものとされています。

❸ 評価上の留意点

　本項では、借地権価格の発生要因を時系列でとらえ、これが契約締結時から生じていた場合と自然発生的に生じた場合とに分けて検討してきました。しかし、わが国における借地慣行に照らした場合、自然発生的に生じたケースが圧倒的に多いといわれています。そして、鑑定実務で問題とされているのも、賃貸借関係が相当期間継続した結果生じた借り得部分の価格を対象としているケースが多いと思われます。すなわち、その拠り所は、地価上昇に地代の上昇が追随しなかったことにより生じた差額地代の発生であり、これが長期間にわたり累積されたことが大きな要因とされています。

　以下、このような視点から借地権価格の評価上の留意点を掲げます。

　借地権は所有権に比べて地域的特性が強いだけでなく、契約内容や経過期間の長短によっても個別性に著しい相違があります。そして、「借り得」を拠り所として発生する借地権価格の場合、借地後相当期間を経過した時点でその価格がはじめて認識され、顕在化する点に留意が必要です（**図表6**）。

図表6 自然発生的借地権価格の場合

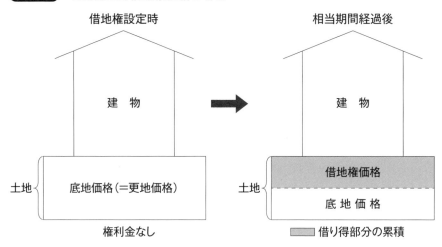

　言い換えれば、借地権設定後の期間があまり経過していない場合には社会的、経済的及び行政的要因の変動が生ずる余地は少ないことから、差額地代も増加しないのが通常と考えられます。その結果、このようなケースでは、借り得の面から借地権価格の発生を説明することは極めて難しいといえます。

　ただし、定期借地権を除く普通借地権の場合、借り得があまり生じていない場合であっても、借地人に用法違反や賃料不払い等の債務不履行がない限り、借地人は借地借家法の手厚い保護を受け、半永久的に更新を繰り返していくことも可能です。

　このような理由から、借地権の評価にあたっては、借地権価格の性格を「借り得」という側面からとらえるだけではなく、「土地を長期間占有し、独占的に使用収益し得る借地権者の安定的利益」という側面から借地権者に帰属する経済的利益としてもとらえる考え方が、現行の不動産鑑定評価基準に採用され、これが実務を支える拠り所となっている点を念頭に置く必要があります。

第1章
借地権の価値を測る物差し

Column

「借地権価格の説明は分かったようで難しい」

　筆者が相当前に読んだ不動産鑑定の専門誌の中に、余談として以下のような興味深い記事が掲載されているのを思い出しました。鑑定評価に携わる者としていまだに示唆に富む内容であるため、原文のまま掲載させていただきます。なお、この記事の背景として、ある不動産鑑定士が借地人である大会社（財務部）から借地権付建物の鑑定評価を依頼され（目的は個人地主への売却）、鑑定評価書を発行しましたが、その結果が当事者にどのように活用されているのかをフォローするため、依頼者（会社）を訪問したことが記されています。

〈参考記事〉

　不動産鑑定評価書を依頼者に渡して3ヶ月が過ぎた頃、評価書が役に立ったかどうか、依頼者を訪問した。結果は、役に立たず困っているとの事、色々話しを聴いてみると、地主は「知人が社長をしている大会社なので、安心して貸しもしたし、地代も特に大幅な値上げも要求しなかった。そこへ、4,280万円で買い戻してくれと言われても納得出来ない。今、急に使用する予定もないし、今までの地代を全部合わせてもその様な金額にはならない。又、第三者に売却するのを承諾してくれと言っても、相手が貴社位の大会社で十分に信頼出来る所を見付けてくるか、今まで通り使うか、当初に権利金を取って貸したのではなし、いらないのなら、〝ただで返して欲しい〟」との言い分。財務担当者も、もっともな言い分と言いたげで、財務部としても「理論値、慣行等によって、この様な借地権価格が発生しているのは良くわかるが、自用での使い道は当分ないし、第三者に売却した後で、ごたごたするのも困るので、出来るなら返したい。しかし税務署との関係もあり、鑑定評価額がこの様に出る以上、困ったことになった。借り手側も地主もこの様な事態になるまで、〝借り得分〟という考えは持って

17

いなかったので、これなら地代をもっと多く支払っておくべきでした
な！　何とかなりませんかね」とのこと。借地法の主旨を説明し、
……実際の取引事例を例示して、納得して頂いたが、……理論は別と
して、……権利金を支払っての借地権ならばともかく、感情として何
か割り切れないものが残った。
（「不動産鑑定」1984年10月、臨時増刊号、p.72（鑑定評価書実例集「Ｅ」＜
借地権＞）

第1章
借地権の価値を測る物差し

3 地代が安ければ 安いほど借地権の 価値が高い理由

Question

借地権の価値を借り得部分ということから考えた場合、地代が安ければ安いほど借地権の価値が高く、地代が高ければ高いほど借地権の価値は低いということになります。どう考えても逆のような気がしますが、どのように理解すればよいでしょうか。

Answer

1 疑問が生じる要因

借地権の価値の本質を考えるにあたり、このようなことは誰しもが一度は悩む問題です。特に地主側からみれば、上記のような疑問が生ずるのも無理はありません。地主側からすれば随分割に合わない話で、「逆ではないか」と考えても何ら不思議ではありません。これは、本項でも述べるとおり、借地権の価値の本質が常識的なとらえ方とは反対のものとなっているため、疑問が生じるのです。

2 判断の基準をどこに求めるか

借地契約締結時に権利金を授受していない場合、期間の経過に伴って生じた借地権の価格は、その発生要因を「借り得」という考え方に求められ

19

ることは、すでに述べました。

　この考え方に沿った場合、実際の支払地代が高ければ高いほど「借り得」部分は少なくなり、その結果、借地権価格は低いということになります。反対に、支払地代が低ければ低いほど「借り得」部分は多くなり、借地権価格は高いということになります。そのため、本問にあるとおり、高い地代を支払ったほうが借地権価格が低く、低い地代を支払ったほうが借地権価格が高くなるというのは考え方が逆ではないかという疑問がしばしば寄せられるわけです。

　確かに、地代を支払う側からすれば、このような疑問が湧くのは当然のことのように思われます。しかし、借地人が支払っている地代は、権利の対価という性格をもつものではありません。地代が権利設定の対価という性格をもつのであれば、これを多く支払えば支払うほど借地権の価格は高くなり、少なければ少ないほど借地権の価格は低くなるといえます。ここが「借り得」によって発生した借地権価格と権利金との大きな相違です。

　そして、あくまでも「借り得」の存在が借地権者の利益の源泉であり、「借り得」が継続しながらも借地権者がその土地を借地借家法の保護の下で永続的に使用し続けられること（＝不動産鑑定評価基準にいう「土地を長期間占有し、独占的に使用収益し得る借地権者の安定的利益」）が借地権価格の要因であると従来から根拠付けられてきました。

　ちなみに、普通の財産であれば投資をすればするほど、その価値は増えていきます。しかし、地代の支払いは投資とは全く別物であるため、地代を多く支払ったからといって財産価値（＝借地権の価格）が増えていくわけではありません。経済学にはフローとストックという概念がありますが、地代はまさにフローであり、支払って消えていくイメージでとらえられます（**図表7**）。この関係をよく念頭に置かないと、「十分な地代を支払っているのに、なぜ自分の財産価値（借地権価格）が少ないのか。逆ではないか？」という錯覚に陥ってしまいます。

図表7 フローとストック

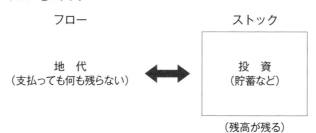

3 評価上の留意点

上記の疑問は地代を支払う側に生ずるものですが、地代を徴収する側からすれば、地代と借地権価格の関係は次のように考えられます。

・その土地が建物所有を目的として賃貸された場合、地主にとってその土地は地代徴収権のみの対象となります。
・その場合、地代を多く徴収できる土地ほど地主にとっての価値は高く、反対に、少ない地代しか徴収できない土地は地主にとっての価値が低いということになります。ここで、地主にとっての価値を底地価格ということばに置き換え、次の算式に当てはめてみれば、地代を多く徴収できる土地ほど底地価格は高く、したがって、借地権の価格は低くなるといえます。なぜなら、借地権の価格と底地価格の合計額が更地価格を超えることはないからです（**図表8**）。

借地権の価格＋底地価格≦更地価格

図表8 借地権の価格、底地価格、更地価格の関係

以上、「借り得」を根拠とした借地権価格の説明を行ってきましたが、鑑定評価にあたり留意しなければならない点があります。それは、「借り得」部分をもとに借地権価格の計算をした場合、当然のことながら実際の支払地代の水準によって借地権価格は影響を受けますが、いくら計算上高い金額が求められたとしても、これがそのまま鑑定評価額に結びつくとは限らないということです。すなわち、ここで求められた金額がその地域で慣行的に取引の対象となっている割合から計算した金額と大幅に乖離する場合、その要因を分析し、理論的に考え得る借地権価格と取引の実情を十分に比較検討の上、最終的な結論を導く必要があります。

　もちろん、地域の慣行的借地権割合は借地権取引におけるその地域の最大公約数的な意味合いを示すものであり、個々の借地契約の実情までも反映するものではありません。そのため、「借り得」部分をもとに求めた借地権価格が慣行的借地権割合から求めた価格よりも高い場合、借地契約の個別性を加味して借地権割合をやや高めに査定するケースもあります。反対に、「借り得」部分をもとに求めた借地権価格が慣行的借地権割合から求めた価格よりも低い場合、同様の考え方に基づき、借地権割合をやや低めに査定するケースもあります。その意味で、それぞれの試算価格を相互に検証する必要があるということになります。

❹もう一度基本に立ち戻る

　図表8からも明らかなように、借地権の価格と底地価格は各々が土地価格（更地価格）の構成要素となっています。そのため、試算価格を検討する場合、一方のみからアプローチするだけでは不十分なことがわかります。

　財貨の獲得量は投下資本の量によって決定されるのが経済学の常識ですが、借地権価格の場合、投下資本の量という概念が適用されないところに、経済常識と異なる特徴があります。一般的にいわれている借地権価格とは

経済地代との差額を意味し、自然発生的に生ずる「借り得」部分の価格であって、投下資本としての賃料の対価という性格を有しないところに大きな特徴があります。ここが一般の理解を一層難しくさせているところです（**図表9**、**図表10**）。

図表9 借地権価格の本質

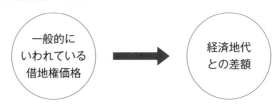

図表10 とらえ方の重要な相違点

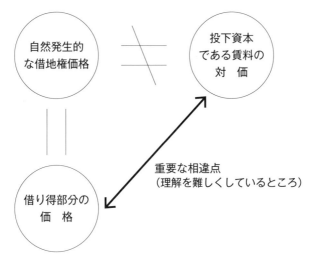

なお、昭和44年に設定された不動産鑑定評価基準（実質的にはこれが当初の基準）においては、借地権の価格が発生する根拠を全面的に差額地代説に置いており、ここに価格現象として借地権をとらえる不動産鑑定評価基準の前向きな姿勢があったとの指摘もされています。ただし、すでに述

べたとおり、借地権者に帰属する経済的利益が直ちに借地権の価格を形成するものではなく、鑑定評価においては市場において慣行的に取引の対象となっている部分の価値を求めるという点に、当時から難しい問題が存在していました。当時の基準では、借地権の価格は「慣行的に取引の対象となっている経済的利益の全部又は一部」とされていましたが、「全部又は一部」ということばが実務的にどのような内容を指すのかが明らかでなかったこともあり、現行基準では「慣行的に取引の対象となっている部分」と変更されています。

　ちなみに、当時の基準に沿って考えれば、借地権設定時に権利金を支払っている場合にはそれがほとんど借地権価格となり（＝経済的利益の全部）、権利金の授受がなく自然発生的に借地権価格が生じてきた場合には、経済的利益の一部が借地権価格として扱われるとも読めます。そして、「一部が」ということを根拠付けようとする場合、そこに借地権割合が登場していたと推察することもできます。

　借地権価格の鑑定評価はこのように奥が深く、理論的にも実務的にも難しいものを多く含んでいますが、現在でも事情は変わりありません。

第1章
借地権の価値を測る物差し

4 賃料差額還元法の拠り所

Question

借地権価格の評価手法の一つである賃料差額還元法の拠り所は「借り得」部分にありますが、具体的な試算例とその考え方を教えて下さい。

Answer

■1 判断を迷わせる要因

賃料差額還元法（次項**2**参照）によって求めた借地権価格が慣行的借地権割合によって求めた価格を相当に上回る場合、これをどのようにとらえ、どのような結論を下せばよいか判断に迷うことが多々あります。このような結果が生じた場合、借り得部分が大きい（経済地代に比べて地代水準は低い）ことから、理論的にとらえた借地権価格は慣行的なものよりも高いと考えられます。しかし、その結果がストレートに鑑定評価額に結び付くわけではありません。借地慣行が成熟し、その地域において妥当とされる慣行的な借地権割合が存在する場合には、いくら理論的な手法による結果が高く求められたといっても慣行割合を度外視して価格を決定するわけにはいきません。そのため、最終的な借地権割合は慣行割合を中心に、（a）当該借地権の安定性、（b）借地上の建物の残存耐用年数、（c）契約内容の個

25

別性、を加味して決定する必要があるといえます。

次に、賃料差額還元法によって求めた借地権価格が慣行的借地権割合によって求めた価格を相当に下回る場合も判断に迷うことがあります。このような場合、先程とは反対に、借り得部分が小さい（経済地代に比べて地代水準は高い）ことから、理論的にとらえた場合の借地権価格は慣行的なものよりも低いということになります。しかし、このような場合でも、借主には地代の高低に関係なく借地借家法の保護が働いているため、賃料差額のみによって借地権価格が決定されるというのも現実を反映し切れない面があります。そのため、このような場合にも慣行を度外視した鑑定評価額の決定はできず、ここに判断を迷わせる要因があります。

❷判断の基準をどこに求めるか

1. 賃料差額還元法とその拠り所

不動産鑑定評価基準によれば、賃料差額還元法とは、借地権の設定契約に基づく賃料差額のうち取引の対象となっている部分を還元する方法により借地権の価格を求める手法です（ただし、借地権の取引慣行の成熟度が高い地域において適用する）(**図表11**)。

借地権の取引慣行の成熟度の高い地域においては、この手法の他に次の手法も可能な限り適用し、これらを関連付けて鑑定評価額を決定することとされています。

（a）　借地権を含む複合不動産の取引事例に基づく比準価格

（b）　土地残余法による収益価格

（c）　借地権取引が慣行として成熟している場合における当該地域の借地権割合により求めた価格

図表11 賃料差額還元法による借地権の価格

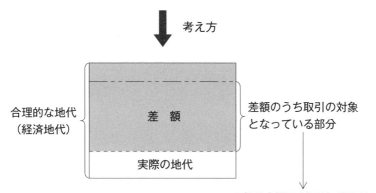

　次に、賃料差額還元法の拠り所ですが、これは今まで随所で説明してきたとおり「借り得」部分の存在に求められます。すなわち、借地権の価格は地代の対価ではなく、投資額の対価でもなく、借り得部分の対価ということになりますが、借地借家法の保護のもとに借り得部分が永続することを前提として差額地代を永久還元（直接還元）する手法が中心となります。もちろん、差額地代を有期とみる考え方もありますが、建物所有を目的とする土地賃貸借契約の場合、期間が満了しても地主に正当事由の存在しない限り契約は存続しますし、借主は更新料を支払うことにより裁判手続きを経ることなく契約は継続するため、永久還元の手法が現実を反映するものといえます。特に、東京をはじめとする大都市では、賃料差額からのアプローチは理論的にみて意義のある手法です。

2. 賃料差額還元法の適用例

　対象地の正常実質賃料相当額から実際支払賃料を控除した額を還元して借地権価格を試算した例を**図表12**に示します。

図表12　借地権価格の試算例

① 実際支払賃料(年額地代)	② 正常実質賃料相当額				
	イ 基礎価格(注1)	ロ 期待利回り	ハ 純賃料 (イ×ロ)	ニ 必要諸経費(注2)	ホ 計 (ハ+ニ)
291,312円	89,300,000円	4.0%	3,572,000円	211,400円	3,783,400円

③ 賃料差額 (②-①)	④ 還元利回り	⑤ 借地権価格 (③÷④)	⑥ 借地権割合 (⑤÷イ)
3,492,088円	5.0%	69,841,760円 ≒69,800,000円	≒78.2%

（注1）　更地価格をもって基礎価格とした。
（注2）　固定資産税及び都市計画税実額

　なお、本件の場合、地域の慣行的借地権割合は60％とされています。

　また、**図表12**のとおり、本件では賃料差額還元法の適用の結果、当該地域の慣行割合を上回った結果が求められているため、ここで試算された金額の全部でなく、慣行割合に相当する金額をもって借地権価格を決定しています。その過程において、借地契約の経緯等の個別事情も考慮しています。

3 より深い理解のために

　以下、賃料差額還元法に用いられている期待利回りと還元利回りの相違について掲げておきます。それぞれの性格については収益還元法の項目でも述べますが、本項の理解にも欠かせないため、重複する部分があること

につきご容赦下さい。

1. 還元利回り

　不動産の利回りという概念は、土地建物の価格を求める手法の一つである収益還元法と密接に関連しています。

　ちなみに、収益還元法は、対象不動産が将来生み出すであろうと期待される純収益の現在価値の総和を求めるものであり、純収益を還元利回りで還元して対象不動産の試算価格を求める手法です。

　そして、収益還元法においては、まず、対象不動産から将来生み出されると期待される純収益を査定し、次に、これを得るためには利回り（還元利回り）から逆算してどれ位の価格で購入すれば採算に見合うかという視点から不動産の価値を求めていきます。賃料差額還元法の考え方もこれと同じで、正常実質賃料（宅地の経済価値に即応した適正な賃料）と実際支払賃料との差額を還元利回りで還元して、借り得部分に相当する借地権価格を試算するものです。

2. 期待利回り

　期待利回りとは、賃貸借等に供する不動産を取得するために要した資本に相当する額に対して期待される純収益のその資本相当額に対する割合（年当たり）をいいます。

3. 期待利回りと還元利回りの相違

　期待利回りは収益還元法における還元利回りに類似する概念ですが、全く同じものではありません。両者は主に次の点で相違します。

1）目的の相違

　両者は、それが賃料を求めるための利回りか、価格を求めるための利回

りかという点で相違しています。

すなわち、期待利回りという場合は賃料を求める際に適用される利回りを意味します。これに対し、還元利回りという場合は価格を求める際に適用される利回りを意味します。

2）対象期間との関係

不動産の価格を借地権を対象としてとらえる場合、借地借家法の保護のもとに契約更新を繰り返し、対象不動産を永続的に使用できるために必要な投資額（＝借り得部分を基礎とした借地権者に帰属する経済的利益の現在価値）を前提にとらえていきます。その際、収益還元法の考え方を適用して借地権価格を求めるにあたっては、借り得部分の金額（年当たり）を還元利回りで還元して求めることになります。

これに対して、不動産の賃料という場合には、不動産の使用収益ができる期間を一定期間としてとらえ、これに対応する経済価値を求めることが前提です。そのため、元本である土地の基礎価格に乗ずる割合が期待利回りということになります。

また、還元利回りは価格を求めるための利回りであるため、半永久的に保有（利用）する期間に発生すると見込まれるリスクを含んだものとなります。

これに対し、期待利回りは賃料を求めるための利回りであるため、一定の賃貸借期間を対象としています。そのため、還元利回りと比較した場合、対象とする期間が短い分だけリスクも少ないという見方ができます。

したがって、一般的な関係として、「還元利回り＞期待利回り」という考え方が導かれます。

図表12では、正常実質賃料相当額を求めるための期待利回りを更地価格の４％、賃料差額を還元して借地権価格を求めるための還元利回りを５％と査定し、借地権価格を求めています。

30

なお、期待利回り（4％）は、本書執筆時点での金利動向、市場参加者の借地に対する期待動向のほか、定期借地権の期待利回りも参考の上、査定したものです。また、還元利回り（5％）は、賃貸借契約の永続性、期待利回りとの関係、当該賃貸借期間の継続に対する不確実性（リスク）等を考慮の上、査定したものです。

5 借地権の取引慣行と借地権割合との関係

Question

借地権価格の評価にあたっては理論的な側面だけでなく、借地権の取引慣行の有無やその程度に十分留意すべきとのことでしたが、具体的にはどのような内容でしょうか。また、借地権が建物に随伴して取引されるケースと単独で取引されるケースとがあるようですが、その相違はどのような点にあるのでしょうか。

Answer

1 判断を迷わせる要因

借地権価格を評価する際、しばしば突き当たる壁は、不動産鑑定評価基準に理論的な手法として位置付けられている賃料差額還元法（借り得部分を根拠とする方法）が、どれだけの説得力をもって取引実態を説明し得るかにあると思われます。

わが国で戦前から賃貸に供されてきた土地の多くは地代が低廉で、借り得部分を拠り所として借地権価格発生の要因を説明することが可能なことはすでに述べました。しかし、このような考え方に基づいて試算した価格がそのまま市場における取引価格に結び付くかどうかは、案件ごとに検討の余地があります。それは、借地権価格の評価にあたってはその土地の属

する地域の取引慣行の有無やその程度（成熟度）を調査し、その結果を踏まえて、借り得として試算された金額のうち、どれ程の割合が取引の対象となり得るかを見極めなければならないからです。

このような点で、賃料差額還元法の適用結果と現実の取引実態との整合性について判断に迷うケースが生じてきます。

借り得部分の累積という考え方から試算された金額が、その地域の慣行的借地権割合（＝更地価格に対する借地権価格の割合）から求めた金額を超えていれば、買い手は購入を控えることでしょう。反対に、借り得部分から試算された金額が、慣行的借地権割合から求めた金額よりも少なければ、売り手はその金額では売却に応じず、もう少し高く購入してくれる相手方を探すこととなるでしょう。

このような事情を考慮した場合、賃料差額還元法による結果がそのまま借地権の鑑定評価額に直結するわけではなく、この点に判断を迷わせる要因が潜んでいます。しかし、慣行的借地権割合は個々の借地契約の個別性まで反映するものではなく、その程度を検証する意味でも賃料差額還元法の適用は鑑定評価において欠かせないものとなっています。

２ 判断の基準をどこに求めるか

以上で述べてきた考え方を借地権価格の発生要因という視点から整理すれば、次の２つに要約されます（**図表13**）。

（ａ）　借地権の価格はこのようにあるべきだというとらえ方（賃料差額
　　　　還元法など）

（ｂ）　借地権取引の慣行はこのようになっているというとらえ方（借地
　　　　権割合をベースとするもの）

図表⓭ 借地権価格のとらえ方

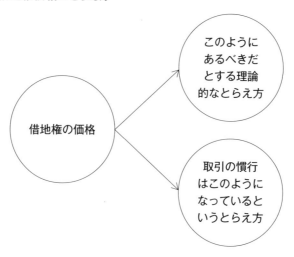

　もちろん、二者択一で評価手法が定まるというわけではありません。
　また、不動産鑑定評価基準に規定されている手法はこれだけではありません。すなわち、借地権の取引事例が収集できれば取引事例比較法の適用の余地があり、借地権付建物を賃貸して得られる純収益から建物が生み出した部分を控除した残りの部分を還元利回りで還元して借地権の価格を求める方法（土地残余法）もあります。各々の詳細は本項では割愛しますが、これらの手法の中でも慣行的借地権割合に基づく方法は、借地権取引の実態を踏まえた場合、大きなウェイトを占めていることは間違いありません。その意味で、借地権割合なるものが形成されてきた背景も含めて評価上の留意点を押さえておくことが重要です。

3 評価上の留意点

1. 借地権取引の慣行について

　借地権の中には、その取引が慣行化している地域とそうでない地域とがあります。前者のような地域では借地権割合は高く、反対に後者のような

地域では借地権割合は低いのが一般的です。

　加えて、借地権取引が慣行化している地域でも、賃貸借契約締結時に一時金（権利金）が授受されている場合には借地権価格が顕在化し、これが授受されていない場合でも継続契約中の土地に借地権価格が潜在的に含まれているなど様々です。

2. 借地権割合とは

　借地権割合とは、更地価格に対する借地権価格の割合を意味します。しばしば、この地域の借地権割合は6割であるとか、7割であるというような話を耳にします。このような場合、土地価格（更地価格）に6割や7割を乗じた金額が借地権の売買金額の目安とされたりします。この考え方を適用して価格を求める方法が今まで説明してきた方法に他なりません。

　ただし、ここで用いられる割合は借地上の建物が堅固なもの（鉄筋コンクリート造等）であるか、非堅固なもの（木造等）であるかにかかわらず同じ割合となっています。また、個々の借地契約の期間や支払地代の額による借地権価格への影響は反映されていない点に留意が必要です。すなわち、あくまでもその地域の借地権取引の一般的傾向を最大公約数的にとらえた場合の数値という意味合いのものと理解すべきでしょう。

　しかし、この割合は実務では必ずといってよいほど活用されており、借地権価格決定の際には、この方法で試算した価格とのバランスが図られているといえます。

3. 借地権単独の取引か建物に随伴する取引か

　借地権価格の評価の際には、借地慣行の有無やその程度を調査するとともに、その地域において借地権が単独で取引の対象となるのか、主として建物に随伴して取引の対象となるのかを把握する必要があります。

　結論からいえば、借地権が単独で取引の対象となることは極めて少なく、

大部分が建物に随伴して（すなわち、借地権付きの建物として）取引対象となっているといえます。したがって、借地権付建物の取引事例が収集できたとしても、ほとんどのケースで借地権価格と建物価格が一体表示されているため、このような事例を活用する場合には配分法を用いて両者の内訳を適正に把握（査定）する必要があります（**図表14**）。

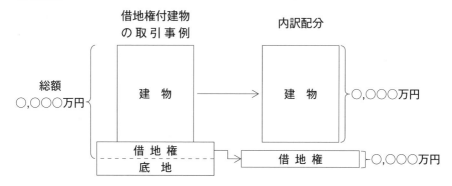

図表14 配分法の適用（借地権の取引価格の査定）

ただし、借地権付建物の取引事情や契約内容は個々に異なるだけでなく、建物価格の査定いかんで借地権価格の内訳配分が異なってくることに留意が必要です。したがって、事例の内容が的確に把握されない限り、取引事例比較法を適用して求めた比準価格の精度が問題となってきます。

4 より深い理解のために

借地権割合による方法が実務に定着した経緯及び適用上の問題点を著したものとして、次の記述が参考になります。

> 借地権の評価にあたって、はじめて借地権割合を組織的に大規模に用いましたのは、東京、横浜における震災復興に伴なう土地区画整理事業にお

ける借地権の精算のために必要な評価に関してであったようです。この場合における文献をふりかえってみますと「借地権価格はその位置、賃貸料、権利存続期間などによって異なるものであるが、各借地について個別に評価をなすことはほとんど不可能なるがゆえに、精通した者の意見を徴した結果、借地価格は、ほぼ土地価格に比例することを認め、土地価格に対する割合を求めておき、土地価格にこの割合を乗ずること」としたとあります。この方法は、個々に精確に評定することは、時間、手数、経費等の制約によって望めないので、当時思いきってうち立てられた余儀ない算定評価として実務的な便法といえましょう。以来このような便法が関係官庁及び民間において次第に用いられるようになりました。算定評価または概算評価の段階では、このような実務的な便法に強く依存せざるを得ないかも知れないが、個別精密に個別性に照応した鑑定評価を行なうに当たっては、安易にこの手法に余り強くたより過ぎることなく、上述のような経緯のある手法であることを、十分に再認識すべきではないでしょうか。

（嶋田久吉『改訂　不動産鑑定評価の基礎知識』文雅堂銀行研究社、1967年４月）

　ここに記述されている内容からも読み取れるとおり、借地権価格のおおよその目安を知る手段としては相続税の路線価図等に示されている割合が役立ちますが、個々の鑑定評価にあたってはその他の手法も関連付けて最終判断を行うことが求められます。

　上記のほか、実務上、試算価格の一つとして地域の慣行的借地権割合を適用して借地権価格を求める根拠として、次の記述が参考になります。

　借地権の価格は、……、当事者間の契約その他の個別的要因、一般的要因（地域要因を含む）によって形成される。隣地同士であっても必ずしも近似しているとは限らないはずである。

一般的傾向としては、借地権割合は、収益性の高い土地ほど高く、すなわち、都会地ほど高く、繁華街ほど高く、住宅地より商業地が高く、地価の高い所ほど高い傾向がみられるが、それはその地域の最大公約数値についていえるにすぎず、その地域の一定の割合とみるのはいきすぎである。

　しかしながら、税制上あるいは、公共用地の取得等のために借地権割合が設けられた結果、社会一般がそれにならう例がないではないので、評価基準は、借地権取引が慣行として成熟している場合における借地権割合を、総合的比較考量事項としている（省略）。

（門脇惇『不動産鑑定評価要説』税務経理協会、昭和57年6月、八訂版、p.171）

　ここでは昭和44年当時の基準を前提とした解説となっているため、借地権割合による価格が比較考量事項とされていますが、平成26年基準改正によりこの方法のウェイトが高まり、他の手法による結果と「関連づけて」価格を決定することとされました。

Column

「借地慣行が生じた経緯」

　借地慣行が生じた経緯については相当過去に遡る必要がありますが、例えば次の解説にその一端を垣間見ることができます。鑑定評価額を決定する背景には、このような歴史的経緯があることを知っておくと、理解が深まると思われます。

　徳川幕府末期に於ける土地に対する公租公課は金品の外に賦役があった。それが、街道筋では特に甚しかったので、手不足の地主は非常に困り、お酒持参で土地を買ってくれと頼み廻った例さえあることが古老の伝言によっても窺知される。

　明治維新後は社会状態が一変し、所謂御一新になってからは、公課

としての賦役は無くなったけれども、東京の地主は今日の如く安楽なものではなかった。（中略）

この時代の借地関係に於いて借地権の価格などというようなことは夢にも見られなかったことで、東京市中到るところ空地があるという始末であった。たまたま借りたいという者が現われると、百坪希望者には地代を安くするから二百坪借りてくれという押しつけ地主が多かった（中略）。

ところが、市街地の需要を増大する客観的情勢の変化を示したのは、日清戦争後と観られる。即ち、人口の都市集中に伴って工場住宅竝に小売商店向の土地に対する需要が、そろそろ漸増の兆候を見せて来たが、それでも、借地権の価格の発生を見るに至らなかった。当初は特に有望な土地を周旋した人には謝礼をするとか、つけ届けするという程度であった。然るに、日露戦争時代になると、**土地に附属する建物を実価以上に評価して取引するものが多くなり、この実価以上のものが借地権の価格に相当すべきものだという観念が、不動産評価の専門家達によって基礎つけられるようになって来た。**（中略）

第一次欧州大戦後より震災前後にかけて、都市計画が進められるに至り、市街地の整理、換地処分等が行われ、更地の需要増大し、その評価にも、非常なる苦心を要する時代となった。区画整理の時に、公式に五分ないし一割程度の借地権の価格を支出して、買収が行われたが、これも区画整理促進という例外的な事情のもとに於ける便宜上の処理手段であったから、一般不動産市場に通用する標準ではなかった。

因に、借地借家法制定は大正十年であるが、……この時代までは借地権の価格が公に認められていなかったものと解される。

しかして、漸次借地権の価格が認められるような機運になり、取引上に独立した価格として取扱われるようになった。取引上、独立した価格として世間一般に取扱われるようになったのは、貸地を更地とす

べく、地主が借地人と折衝して、借地の権利を独立した権利の価格として取引（買収）するようになって以来、東京市の復興計画が漸く進捗するようになるにつれ、社会一般の通念として、独立した借地権の価格が、愈々以て公認されるようになった。

（花島得二、雉本俊平編『借地権』港出版社、昭和37年10月、p.20〜22、花島得二執筆部分）

第 **2** 章

売却相手により
底地の評価が
異なることの合理性

1 第三者が底地を 買い取る場合の価格 （正常価格）とは

Question

底地を借地権者以外の第三者に売却する場合、借地権者に売却する場合と比べて、なぜ低い価格（正常価格）で鑑定評価額が求められるのでしょうか。また、正常価格の評価例を教えて下さい。

Answer

1 判断を迷わせる要因

1. 底地の収益価格が低く求められる理由

底地の収益価格が他の試算価格に比べて低く求められる理由には、第三者が底地を取得する場合には地代収益を得ることが目的となっているものの、その水準が地価に比べて著しく低くなっていることがあげられます。

この他に考えられる要因としては、底地の実際の売買面から次の事項も指摘されています。

（a） 底地の買主が、後日、借地権を取得して完全所有権を保有しようという動機が背後にあること。

（b） 底地の買主がこれを借地人に有利に売却するために取得していること。

このような動機が取引価格に反映された場合には、結果として底地の収

42

益価格が比準価格に比べて低額となるという現象が生じます。

なお、不動産鑑定評価基準に規定されている底地の鑑定評価に関する解説に次のものがあります。

> なお、底地は、将来において、更新料・条件変更承諾料等の一時金の授受が見込まれる場合があるほか、借地権が消滅し完全所有権に復帰することによる最有効使用の可能性、市場性及び担保価値の回復等の期待性を加味して、その価格が形成されるものであり、単なる地代徴収権に相応する価格のみではないことに留意しなければならない。
> （公益社団法人日本不動産鑑定士協会連合会監修、鑑定評価基準委員会編『要説不動産鑑定評価基準と価格等調査ガイドライン』住宅新報社、2015年10月30日、p.325）

旧借地法の下で永続する借地契約について、「期間満了等によって復帰する経済的利益の現在価値」を求めることは現実性に乏しいことは**2**において述べますが、実際の売買における底地の購入の動機面からすれば、底地の価格は「単なる地代徴収権に相応する価格のみではない」という趣旨が読み取れます。**図表1**にその考え方のフローを掲げます。

図表1 有期前提の底地の収益価格

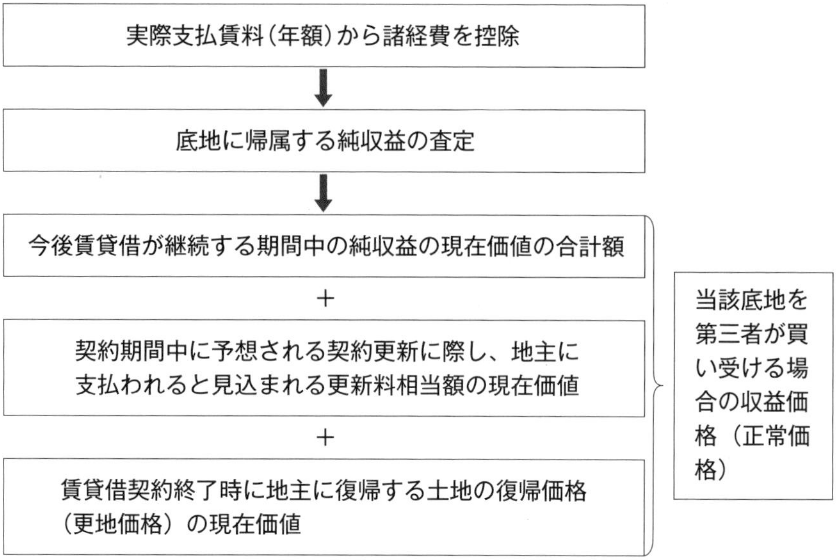

実際支払賃料（年額）から諸経費を控除

↓

底地に帰属する純収益の査定

↓

今後賃貸借が継続する期間中の純収益の現在価値の合計額

＋

契約期間中に予想される契約更新に際し、地主に
支払われると見込まれる更新料相当額の現在価値

＋

賃貸借契約終了時に地主に復帰する土地の復帰価格
（更地価格）の現在価値

} 当該底地を
第三者が買
い受ける場
合の収益価
格（正常価
格）

2. 底地は特殊な商品であること

底地は特殊な商品であることを知っておく必要があります。

底地は誰もが買う、誰もが売るという商品ではなく、売買されるのは特別の場合であると心得ておく必要があります。

2 判断の基準をどこに求めるか

平成4年8月に施行された借地借家法の下では、新規に設定する借地権の類型として普通借地権（期間は建物の堅固・非堅固とは無関係に一律30年）と定期借地権の2種類のものが認められています。しかし、現実に新しい借地借家法の下で普通借地権を設定された例は極めて少ないと思われます。したがって、底地評価の依頼案件も旧借地法に基づいたものが大半といえるのではないでしょうか。借地権の価格と底地の価格とは密接に関連しており、これらは表裏一体の関係にあります。このことは、不動産の価

格が有する特徴（＝不動産の価格は、その不動産の所有権、賃借権等の権利の対価または経済的利益の対価であり、2つ以上の権利利益が同一の不動産の上に存する場合には、それぞれの権利利益について価格が形成され得ること）を借地関係に当てはめた結果に他なりません。

上記のことを念頭に置けば、既出のように更地価格から借地権価格を控除して求めた価格を底地の試算価格の一つとして取り上げていることの根拠を見出すことができると思います。

ところで、底地の第三者間の取引は少なく、むしろ当事者間取引（借地人が底地を買い取って完全所有権とするもの）のほうが多いのが実情ですが、その際に求める価格は限定価格に該当します。限定価格が正常価格を求める場合と大きく相違する点は、借地権者が底地を併合することにより、底地を単独で第三者に売却する際にみられる市場性の減退という現象が解消され、正常価格を上回る増分価値が生ずるところにあります。

ちなみに、底地の正常価格と限定価格の関係を表したものが**図表2**です。

この図からもイメージされることですが、借地権と底地をそれぞれ別個にとらえた場合（底地を借地権者以外の第三者に売却する場合もこれに該当する）の各々の価格の合計額は、必ずしも更地価格とはならないということです。

その要因としては次のことが考えられます。

（a）　借地権の場合

　　　借地条件により当該土地の最有効使用が実現されていない場合があり、また、担保価値の面においても完全所有権に比べれば劣る面があること。

（b）　底地について

　　　借地権が付着していることによる市場性担保価値の減退が考えられること。

（c）　借地権の価格及び底地の価格は、（a）（b）の不利益も反映して個別的に形成されること。

図表2 底地の正常価格と限定価格の関係

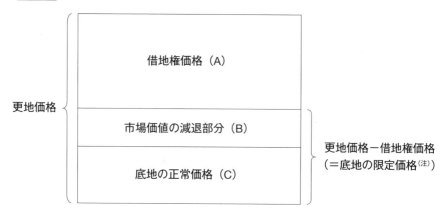

（注） 更地価格から借地権価格を控除して求めた価格は底地価格の上限を示します。
　　実際には、正常価格は「更地価格－借地権価格(A)」の結果から、さらに市場価値の減退部分(B)を控除したものとなります。
　　借地権者が底地を買い取る場合には、その結果、完全所有権の状態が実現し、市場価値の減退部分(B)が回復されて底地の正常価格(C)に加わるため、底地価格はその分割高となります。これが限定価格です。

　ところで、底地の価格は、借地権の付着している宅地について、借地権の価格との相互関連において、借地権設定者に帰属する経済的利益を貨幣額で表示したものです。そして、借地権設定者に帰属する経済的利益とは、当該宅地の実際支払賃料から諸経費等を控除した部分の賃貸借等の期間に対応する経済的利益及びその期間の満了等によって復帰する経済的利益の現在価値をいいます（不動産鑑定評価基準各論第1章第1節Ⅰ.3(2)）。

　これに基づけば、借地権設定者に帰属する経済的利益とは、借地期間が有限で、期間満了後には借地権設定者に底地が確実に返還されると予想される場合には、期間満了等によって復帰する経済的利益の現在価値も織り込むこととなります。しかし、**3**の評価例のように、旧借地法の下で締結された建物所有を目的とする土地賃貸借で、しかも期間満了に伴う更新を繰り返してきた契約に「期間満了等によって復帰する経済的利益の現在価

値」の概念を当てはめるのは現実性に欠けます。そのため、**3**の評価例においては、収益期間を永続的なものとみて、直接還元法（一期間の純収益を還元利回りで還元して収益価格を求める方法）を適用しています。したがって、ここでは DCF 法による試算（収益期間を一定とみなす）とは異なり、期間の満了等によって復帰する経済的利益の現在価値の部分は計算式に表れてきません。

3 正常価格の評価例

本件は、旧借地法の時代に締結された借地契約を対象とするものであり、非堅固建物の所有を目的とする土地賃借権の付着した状態での土地所有権（＝底地）の価格を求めるものです。

なお、本項では底地を借地権者以外の第三者が買い取る場合を前提として述べていきます。

1．対象不動産の表示

　　東京都○○区○○ 3 丁目15番25　宅地　登記簿面積380.00㎡

2．価格時点

　　○○○○年○月 1 日

3．鑑定評価の依頼目的

　　売買の参考

4．価格の種類

　　正常価格

5．対象不動産の確認

　A　物的確認

　　対象地の登記簿（登記事項証明書）、公図写し、地積測量図、○○○○年度固定資産課税証明書等の資料により一致を確認していますが、詳細は省略します。なお、評価上採用した契約数量と登記簿数量とは一致しています。

B　権利の態様の確認

（1）　契約の目的

　　　非堅固建物の所有を目的とする土地賃借権の付着した土地の所有権（底地）

（2）　確認に用いた資料

　　　土地賃貸借契約書（原契約及びその後の更新契約を含める）、建物登記簿（登記事項証明書）、賃料改定に関する覚書、立会者の口頭説明

（3）　賃貸借の当事者

　　　賃貸人：A株式会社

　　　賃借人：B氏（個人）

（4）　契約数量

　　　380.00㎡

（5）　契約の経緯

　　　○○○○年○月1日付で非堅固建物の所有を目的とする土地賃貸借契約が締結されました（期間は20年）。その間の○○○○年11月15日に現賃借人が相続により原契約を継承し、その後二度にわたる更新がなされています。以降、何回かの賃料改定を経て価格時点に至っています。

（6）　契約期間（更新後）

　　　○○○○年○月1日から20年間

（7）　月額支払賃料

　　　現行　月額90,000円

（8）　一時金の有無と名称

　　　原契約締結時における権利金の授受は不明です。

　　　更新料は、1回目の更新時に2,500,000円、2回目の更新時に3,000,000円が賃借人から賃貸人に支払われています。

（9）　特約

　　　第三者への土地賃借権の無断譲渡及び無断転貸の禁止特約が付されています。

6．近隣地域の状況

　　近隣地域は小規模な店舗・事務所と店舗付共同住宅が混在する地域ですが、繁華性は劣っています。

　　公法上の規制は、近隣商業地域、準防火地域、指定建蔽率60％、指定容積率200％とされています（その他は省略）。

7．近隣地域における借地権価格及び底地価格の形成要因

（1）　借地権取引の慣行の有無とその程度

　　　近隣地域における借地権の取引慣行は成熟しており、借地権取引は建物の取引に随伴して発生するのが一般的です。

　　　また、第三者間取引における借地権割合は、非堅固建物の所有を目的とするもので更地価格の60％～70％程度であり、底地は当事者間取引が多いといえます。

（2）　借地権取引の態様

　　　借地権の価格は自然発生的なものが大部分で、非堅固建物の所有を目的とする賃借権が多く、契約は書面によるものが多いといえます。また、借地権取引は賃貸借の当事者間のみならず、第三者を対象としたものもあります。

　　　なお、更新料、建替承諾料、借地条件変更承諾料等の一時金の授受はほぼ慣行化しており、借地権の名義書換料は一般に売主負担となっています。

8．対象不動産の状況

（1）　土地

　　　近隣地域の標準的な画地と比較して格別の増減価要因は見受けられない整形な土地を想定しているため、記載は省略します。

（2）　建物

対象地上には4棟の居宅があり、その状況は以下のとおりです。

① 建築時期　　〇〇〇〇年2月頃（4棟とも）

② 構造　　　　木造瓦葺平家建（同上）

③ 用途　　　　居宅

④ 規模　　　　4棟とも各85.00㎡

⑤ 建物の状況　建築後45年以上を経過しており老朽化がみられ
ますが、維持管理は通常に行われています。

9．評価

底地の価格とは、借地権の付着している宅地について、借地権の価格
との相互関連において借地権設定者に帰属する経済的利益を貨幣額で表
示したものです。

これは、底地の価格が地代徴収権に相応する価格を中心に、将来期待
される更新料、借地条件変更承諾料、名義書換料等の一時金並びに将来
借地権を併合して一体化することにより完全所有権に復帰する期待を加
味して形成されていることに起因しています。

不動産鑑定評価基準では、底地の鑑定評価額は、実際支払賃料に基づ
く純収益等の現在価値の総和を求めることにより得た収益価格及び比準
価格を関連付けて決定する旨を規定しています。

そのため、本件評価にあたり、近隣地域及び同一需給圏内の類似地域
における底地の取引事例を調査しましたが、借地契約の当事者間におけ
る特殊な事情を含んだものを除き、最近の取引事例を収集することは困
難でした。よって、本件においては比準価格を求める手法に替え、更地
価格から借地権価格を控除して底地価格を求める手法を適用することと
しました。これは、底地の価格が、将来借地権を併合して一体化するこ
とにより完全所有権に復帰する期待を加味して形成されているという側
面に着目したものです。

ただし、底地は単独では市場性が乏しく、更地価格から借地権価格を控除した価格がそのまま底地の正常価格に結びつくとは限らないため、正常価格を求めるにあたっては、上記の控除計算の結果に対し市場性減価を考慮する必要があります。

（1）　更地価格から借地権価格を控除して求めた価格

　①　借地権価格の基礎となる更地価格

　　　取引事例比較法による比準価格及び収益還元法（土地残余法）による収益価格を求め、これを調整の上、借地権価格の基礎となる更地価格を105,000,000円（276,000円／㎡）と査定しました（過程の記載は省略）。

　②　第三者を取引対象とする借地権価格

　　　以下の手法の適用結果を比較検討し、対象地の借地権価格を更地価格の60％相当額の63,000,000円と査定しました（近隣地域における慣行的借地権割合を重視して査定を行ったもの）。

　（a）　借地権及び借地権を含む複合不動産の取引事例に基づく比準価格

　（b）　借地権の設定契約に基づく賃料差額のうち取引の対象となっている部分を還元して得た価格

　（c）　借地権取引が慣行として成熟している場合における当該地域の借地権割合（60％）により求めた価格

　③　更地価格から借地権価格を控除して求めた価格

　　　上記①で求めた更地価格から②の借地権価格を控除した価格は、以下のとおり42,000,000円と査定されます。

　　　（更地価格）　　　　（借地権価格）　　　　（底地価格）
　　　105,000,000円　－　63,000,000円　＝　42,000,000円

（2）　収益還元法による底地の収益価格

　　　対象地にかかる実際支払賃料から必要諸経費を控除して得た純収益

を還元利回りで還元し、底地の収益価格を以下のとおり19,000,000円
と査定しました。

① 実際支払賃料　1,080,000円／年（月額地代90,000×12月）

② 必要諸経費　131,700円／年（固定資産税・都市計画税）

③ 純収益（①－②）　948,300円

④ 還元利回り　5％（底地の特性を織り込み）

⑤ 底地の収益価格（③÷④）　19,000,000円（≒948,300円÷5％）

（3）　試算価格の調整と鑑定評価額の決定

　　　以上のとおり、

A　更地価格から借地権価格を控除して求めた価格　42,000,000円

B　収益還元法による収益価格　　　　　　　　　　19,000,000円

という結果が得られましたが、大幅な開差が生じました。

　　Aの価格は完全所有権の価格から借地権価格を控除して求めたも
のですが、底地を単独で取引対象とする（＝借地権者以外の第三者に
底地のみを譲渡する）場合の市場性の減退は考慮されていません。

　　この方式により試算した場合、試算上は更地価格から借地権価格
を控除した残余の部分が底地の価格となるはずですが、実際には借
地権が付着していることにより、土地所有者が自ら使用できない等
の理由から市場性や担保価値が減退し、これに相応する減価要因が
発生します。

　　本件においては、その減価分を地元精通者への聴取等を参考に
20％と査定し、市場性修正後の底地価格を

　　42,000,000円×（100％－20％）＝33,600,000円

と試算しました。

　　次に、Bの価格は不動産の収益性の観点から対象不動産の経済価
値を把握したものであり、対象不動産が将来生み出すであろうと期
待される純収益の現在価値の総和を求めたものです。

第2章
売却相手により底地の評価が異なることの合理性

　本件試算価格の調整においては、上記にある手法の特徴を相互に比較検討の上、本件が第三者間での取引を前提とした正常価格の評価であることから、上記Bの価格を重視するとともに、将来の建替時に期待される一時金の授受の可能性も加味して、鑑定評価額を20,000,000円と決定したものです。

2

借地権者が底地を買い取る場合の価格（限定価格）とは

Question

底 地を借地権者に売却する場合、第三者に売却する場合と比べて、なぜ割高な価格（限定価格）で鑑定評価額が求められるのでしょうか。また、限定価格の評価例を教えて下さい。

Answer

1 判断を迷わせる要因

底地を第三者に譲渡する場合と当該借地権者に譲渡する場合で、なぜ考え方が異なるのかという疑問が出てくると思われます。

不動産は一物一価ではなく、一つのものにいくつもの価格が付されていることはいうまでもありません。それだけでなく、一つの不動産に賃借権、地役権等をはじめとする所有者の使用収益を制約する権利が付着し、これらが所有権とともに併存することは日常茶飯事です。また、それぞれの権利につき、所有権とは異なった観点から経済価値が生じている場合もあります。

本項で扱っている借地権と底地の問題も同じことがいえますが、これらが相対立する概念であることから評価内容も煩雑となってきます。

借地権と底地とは常に表裏一体をなす概念ですが、借地権ということば

は借地借家法に登場してくるものの、底地という概念はこの法律のどこを探しても現れてきません。

　一般的に、底地とは、ある土地に借地権が設定されている場合の地主の権利割合のようなもので、確かに原則的には、「底地の価格＝更地価格－借地権の価格」となります。また、契約締結時に権利金を授受した場合には、その時点では、「底地価格＝更地価格－権利金の金額」という算式が一応成り立ちます。ただ、問題を難しくさせている要因は、借地借家法の保護を受ける借地権が設定された場合には、賃貸人といえども自己所有地の利用が将来にわたり事実上不可能に近くなるという点を念頭に置かなければなりません。そのため、底地の価値は単純に、「更地価格－借地権価格」という算式で求められた結果まで届かないのではないかという疑問がしばしば生ずるわけです。借地借家法の保護を受ける強力な権利ともいうべき借地権が存在する土地を、賃貸借の当事者でない全くの第三者が購入するのは特別の動機があってのものという見方が、むしろ支配的といえます。このような状況において、底地単独での第三者取引価格は上記の算式で求めた価格では実態を反映せず、これに市場性減価を織り込む必要が生ずるということになります。

　これに対し、当該借地権者が底地を購入することになれば状況は全く異なり、権利の混同によって完全な所有権の状態が実現します。

　本文中では鑑定評価の専門用語での説明が主体となりますが、常識的な見地から借地権と底地の関係をとらえることにより、底地の購入者（第三者または当該借地権者）による価格の相違を合理的に説明できるものと思われます。

②判断の基準をどこに求めるか

　借地権者が底地を買い取る場合の価格が限定価格となる理由は、買い取りの結果、借地権と底地が同一人に帰属し（権利の混同）、完全所有権の状

態が実現して底地の市場性が回復するためです。そのため、借地権者は第三者売却の際の底地価格（正常価格）より割高な価格で買い取っても、経済合理性からして採算が合うということになります。

不動産鑑定評価基準には、「底地を当該借地権者が買い取る場合における底地の鑑定評価に当たっては、当該宅地又は建物及びその敷地が同一所有者に帰属することによる市場性の回復等に即応する経済価値の増分が生ずる場合があることに留意すべきである。」との記載があります（不動産鑑定評価基準各論第1章第1節I.3(2)）。

不動産鑑定評価基準には、底地の限定価格に関してはこれ以上の具体的な規定は見受けられませんが、その考え方を実務に適用したものが**3**の評価例です。

不動産鑑定評価基準では、借地権者が底地の併合を目的とする売買に関連する場合は限定価格の対象として例示していますが、反対のケース、すなわち底地の所有者が借地権の併合を目的とする売買に関連する場合においては、その対象として例示していません。ただ、これに関連した解説として次のものがあります。

　　……底地の所有者が借地権の併合を目的とする売買に関連する場合においても、借地権の存する土地が完全所有権に復帰することとなり、当該土地に増分価値が生ずることとなるので、第三者が介入する余地がなくなり市場が相対的に限定されることから求める価格は限定価格となる場合も考えられる。しかし、借地権取引の態様は都市によって異なり、同一都市内においても地域によって異なることもある。底地の所有者が借地権の併合を目的として売買する場合においても、完全所有権に復帰することによる増分価値を考慮して取り引きされず、第三者間取引の場合とその取引価格に差異が見られないような場合には、限定価格とはならない。

（公益社団法人日本不動産鑑定士協会連合会監修、鑑定評価基準委員会編『要

説不動産鑑定評価基準と価格等調査ガイドライン』住宅新報社、2015年10月30日、p.116）

　借地人が底地を購入する場合でなく底地権者がその地上の借地権を購入する場合にあっては、自己の所有地上に付された借地権であって、制約は自己がつけたものであるから（中略）底地権者が借地権を購入する場合にはその併合がそのまま効用増につながらないとしている。

（横須賀博「収益方式による相続税課税上の底地の評価」『不動産鑑定』2000年12月号、p.41）

　これらの考え方をヒントに筆者なりに検討した結果は以下のとおりです。

　すなわち、底地の所有者が借地権を買い取る際に市場価値を乖離する現象が生じないのは、それを買い取ることによって借地権が消滅するものの、消滅の対価は一般における借地権取引の場合と基本的に変わらないためであると考えられます。

　借地権は底地と異なり、それ自体で取引慣行が生じている地域が多く、このような地域では一般市場で売買を行うことが可能となります。また、更地価格に対する借地権価格の割合も路線価図に記載されているものをはじめ、当該地域の慣行的割合を把握できることが多くあります。

　借地権者はこの割合を目安に、底地の所有者に買い取ってもらえるかを打診し、前向きの回答が得られなければ名義書換承諾料を支払った上で一般市場での売却を検討することでしょう。その場合の借地権割合は、買い取り先が底地の所有者である場合でも、一般市場を対象とする場合でも、借地権者からすれば何ら変わりはないといえます。また、底地の所有者からすれば、借地権を設定することによって生じた価値の目減り分（借地権価格に相当）が底地との併合によって回復するに過ぎないため、借地権を買い取る際には正常価格での取引が経済合理性に見合うものと考えるのが

自然ではないかと思われます。すなわち、その際の借地権の価格は一般の市場価値を乖離したものとはならず、限定価格の対象とはなりづらいと理解してよいのではないでしょうか。

❸限定価格の評価例

　本項では限定価格の評価に特有の部分に焦点を当てて述べていきます。なお、対象不動産等の記載は必要最小限としました。

1. 対象不動産の状況

　対象不動産は、旧法の時期に締結された借地契約に基づき、個人（甲氏）が株式会社乙社に賃貸している土地（底地）です。今般、借地人である乙社より底地の買い取り要望があったため、適正価格の鑑定評価依頼を受けたものです。

　対象不動産は東京都の隣接県に所在し、私鉄○○線沿線に位置する商業地の一角にあります。その概要は以下のとおりです。

　A　物的な状況
　　①　面積　270.00㎡（登記簿）
　　②　接道状況　南側が幅員10mの市道に面する。
　　③　利用の現況　地上には鉄筋コンクリート造5階建事務所ビルが存在する。
　　④　公法上の規制　商業地域、指定建蔽率200%、指定容積率400%、防火地域。
　B　賃貸借契約の状況
　　①　契約の目的
　　　　堅固建物の所有を目的とする土地賃借権の付着した土地の所有権（底地）

② 賃貸借の当事者

賃貸人：甲氏（個人）　　賃借人：株式会社乙社

③ 契約数量

270.00㎡

④ 契約期間

（当初契約）　昭和○○年○月１日から30年間

（更新後契約）　平成○○年○月１日から30年間

⑤ 月額支払賃料

現行　月額700,000円

⑥ 一時金の有無と名称

権利金の授受はなし。

○○○○年の更新にあたり更新料が支払われていますが、金額は不明とのことです。

C　価格時点

○○○○年○月１日

2. 評価の過程

次の手順により試算価格を求めました。

（1）　更地価格の査定

（2）　底地の正常価格の査定

① 実際支払賃料に基づく底地の収益価格

② 更地価格から借地権価格を控除して求めた価格

（3）　借地権と底地の併合による増分価値の査定

（4）　底地への増分価値の配分及び借地権者が底地を買い取る場合の適正価格（限定価格）の決定

これらの手順を適用した結果は以下のとおりです。

（１）　更地価格の査定（過程省略）

432,000,000円（1,600,000円／㎡）

（２）　底地の正常価格の査定

適切な底地の取引事例が収集できなかったため、次の2つの方法を適用の上、収益価格を重視して底地の正常価格を90,700,000円と査定しました（過程省略）。

①　実際支払賃料に基づく底地の収益価格　90,700,000円

②　更地価格から借地権価格を控除して求めた価格

更地価格432,000,000円　−　借地権価格302,400,000円※

＝　底地価格129,600,000円

※借地権価格の査定

次の2つの方法を適用の上、慣行的借地権割合による方法を重視して、借地権価格を上記のとおり302,400,000円と査定しました（過程省略）。

（a）　対象不動産の正常実質賃料から実際支払賃料を控除した額（賃料差額）を還元して得た価格。

（b）　慣行的借地権割合による方法によって求めた価格。

なお、近隣地域及び同一需給圏内の類似地域における慣行的借地権割合は70％です。

（３）　借地権と底地の併合による増分価値の査定

上記（2）で求めた底地価格及び借地権価格を合算したところ、次のとおり393,100,000円となりましたが、更地価格との間に38,900,000円の差額が発生しました。

底地価格90,700,000円＋借地権価格302,400,000円＝393,100,000円

更地価格432,000,000円−393,100,000円＝38,900,000円

なお、当該差額は借地権と底地の併合によって生じた経済価値の増分であると考えられます。

（４）　底地への増分価値の配分及び借地権者が底地を買い取る場合の適正価格（限定価格）の決定

上記に掲げた経済価値の増分は、借地権者が底地を買い取ることに

よって完全所有権の状態が実現し、その結果、従前から潜在化されていた底地の市場性が回復することにより発生したものと考えられます。そして、このようにして生ずる経済的利益は、本件の場合、併合後の所有形態及び利用形態を踏まえれば、すべて借地権者が享受することが合理的と判断しました。したがって、併合による経済価値の増分につき、その全額を底地に配分する（＝借地権者の買取価格に加算する）こととしました。

　そのため、増分価値の配分後の底地価格（限定価格）は以下のとおりとなります。

（底地の正常価格）		（増分価値の配分額）		（底地の限定価格）
90,700,000円	＋	38,900,000円	＝	129,600,000円

　当該価格で取引を行うことにつき合理性を見い出せるケースは、借地権者及び土地所有者の当事者間取引のみであり、市場が相対的に限定され市場価値と乖離することから、当該価格が本項で求める限定価格といえます。

第**3**章

計算式の処理よりも
本質の理解が
求められる評価手法

1 収益還元法と還元利回りとの関連性

Ⅰ 収益還元法と還元利回り

Question

収 益還元法の基本的な考え方やその中に登場する還元利回りの性格及び特徴について教えて下さい。それとともに、「還元利回り」とは区別して用いられている「最終還元利回り」の意味と、これを査定する際の留意点についても教えて下さい。

Answer

1 還元利回りの基本的な考え方

1. 収益還元法の考え方

収益還元法は、対象不動産が将来生み出すであろうと期待される純収益の現在価値の総和を求めることにより対象不動産の試算価格を求める手法です。

ここで、賃貸用不動産を前提とすれば、純収益とは家賃収入等の総額から維持管理費をはじめとする総費用を控除した残りの部分を意味しています。

第3章
計算式の処理よりも本質の理解が求められる評価手法

　収益還元法は、収益性に馴染まない地域では現実的な説明力に欠けるという特徴がありますが、商業用不動産や投資用賃貸住宅等の鑑定評価においては有力な手法といえます。また、取引事例比較法によって求めた価格（比準価格）に対する検証手段としても活用すべき重要な役割を担っています。

　収益還元法の詳細を説明しようとすれば、それだけで相当な時間が必要となりますが、ここでは還元利回りとの関連をとらえる上で必要な範囲にとどめます。

１）純収益の「現在価値の総和」という意味

　収益還元法の基本ですが、この手法によって求めるべきは「純収益の総和」でなく、「純収益の現在価値の総和」とされていることに留意が必要です。

　図表１と**図表２**をもとに考えてみましょう。

図表１　　**純収益の総和という場合**

純収益 1,000 万円	〃	〃	〃	〃	〃	〃	〃	〃

1年目 2年目 3年目……　　　　　　　　　　　　　　　　　　n年目
□の総和が純収益の総和となります。

65

図表2　純収益の現在価値の総和という場合

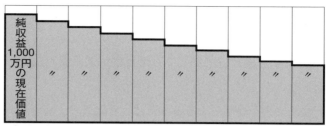

☐の全体が純収益の現在価値の総和となります。

　対象不動産を賃貸することにより、年々1,000万円の純収益が期待できるとします。仮に、この傾向が今後10年間続くとすれば、上記の2つの意味の違いは次のようなところに現れます。
　まず、「純収益の総和」としてとらえた場合は、これは**図表1**において10個の長方形をすべて合計したものがこれに相当します。すなわち、1年目の純収益1,000万円が10年間累積されるため、純収益の総和は1億円となります。
　これに対して、「純収益の現在価値の総和」という場合には、今後の10年間について1年間ごとに純収益の現在価値を求めて、これを合計したものという意味になります。ここで現在価値とは、**図表2**が示すように将来得られるであろう純収益を現在時点での価値に置き換えたものという意味合いで使用されています。このような計算を行う理由は、現在手元にある1,000万円と1年目の期末に得られる1,000万円、2年目の期末に得られる1,000万円、……そして10年目の期末に得られる1,000万円とでは、金額が同じでも現時点での価値が違ってくるためです。

2）「現在価値の総和」の求め方
　仮に、現在手元にある1,000万円を金融機関に預けるか、またはより効

率の良い方法で運用できるとすれば、1年目期末、2年目期末、……、10年目期末には利回り相当分だけ手取り金額が増えていく計算となります。このことを逆に考えれば、1年目期末、2年目期末、……、10年目期末の1,000万円は、同じ1,000万円でも現在価値に置き換えた場合にはそれぞれの利回り分だけ割り引かれた金額となるということです。そして、現在価値の総和とは、**図表2**の図では ▨ 部分の合計を指すことになります。

　ここで利回りを仮に5％とし（計算例では不動産投資への危険性等を考慮して設定された利回りを使用）、現在価値の計算を行った結果は以下のとおりです。また、利回り自体は用途、収益性、利便性等によって異なり、経済状況によっても変動しますので、ここでは一例という意味で使用しています。

（現在価値）

- 1年目期末の1,000万円　→　1,000万円 ÷（1 ＋0.05）≒ 952万円
- 2年目期末の1,000万円　→　1,000万円 ÷（1 ＋0.05）^{2} ≒ 907万円
- 10年目期末の1,000万円　→　1,000万円 ÷（1 ＋0.05）^{10} ≒ 614万円

　ここでは、単純化のため純収益の期待される期間を有限（10年）として計算してみましたが、純収益が永続的に得られると想定した場合には次の算式で収益価格を求めることになります。

$$P = \frac{a}{(1+r)} + \frac{a}{(1+r)^2} + \cdots\cdots + \frac{a}{(1+r)^n}$$

P：純収益の現在価値の総和（すなわち収益価格）

a：一期間（年間）の純収益

r：利回り（一期間の純収益から収益価格を求める際に使用する利回りのことを特に還元利回りと呼ぶ）

n：期間

この式は数学的処理を施すことにより、$P = \dfrac{a}{r}$ という単純な結果に集約されます。

この式に当てはめ、純収益が永続的に得られると想定した場合の収益価格を求めれば次のとおりです。

$$P = \frac{1,000万円}{(1+0.05)} + \frac{1,000万円}{(1+0.05)^2} + \cdots\cdots + \frac{1,000万円}{(1+0.05)^n}$$

$$\therefore \quad P = \frac{1,000万円}{0.05}$$

$$= 20,000万円 \text{（収益価格）}$$

以上、収益還元法を適用する際の基本的な仕組みを述べました。次に、この手法の中に登場する還元利回りについて、その性格や特徴を示します。

2. 還元利回りの性格と特徴

収益還元法で適用する土地の還元利回りは、一般的に、住宅地よりも商業地のほうが低く、郊外にある土地よりも都市の中心部のほうが低いという傾向があります。土地建物を一体としてとらえた複合不動産の還元利回りについても傾向は一致しています。そして、収益還元法の適用過程には判断が多く介入し、還元利回りのわずかな相違が価格差を生ずる要因となることにも留意が必要です。

また、還元利回りの傾向を実務的にとらえるには、さらに次の点が指摘されています。

①　土地に対する利回りのほうが建物に対する利回りよりも一般的に低

いこと。

　その理由は、土地は建物のようにその地域や立地条件に即して建設し投資するリスクが一般的に少ないことがあげられます。また、建物は使用とともに価値が減少していきますが、土地は使用による価値の減少が発生しないことが還元利回りにも反映される傾向にあります。

　このように、投資対象としてみた場合、建物よりも土地のほうが危険割増的な要素が少ないことが大きな特徴です。

②　建物の中でも、木造のほうが鉄筋造等の堅固なものよりも利回りが高く、品等の低い建物のほうが高級な建物よりも利回りが高いこと。

　また、用途が特殊なものになればなるほど利回りは高くなるという傾向にあります。

③　市場性のあるもの、増価性のあるもの、将来における賃料増額の期待性のあるものほど利回りは低い傾向にあること。

3. 還元利回りと最終還元利回りの関係

　最終還元利回りとは、文字どおり最終の収益期間に対応する利回りです。すなわち、貸主と借主間で賃貸借関係が終了し、所有者のもとに不動産が返還される時点での一期間の予想純収益を、その時点での還元利回りで割り戻すことにより復帰価格を求める目的で用いられます。収益価格を求めるためには、さらにその結果を現在価値に割り引くという計算が必要となります。

　最終還元利回りは上記の目的や性格を有することから、直接還元法（永久還元）でなくDCF法（有期を前提）の適用過程で用いられる利回りということになります。

　ちなみに、不動産鑑定評価基準運用上の留意事項では、最終還元利回りの求め方について次の規定があります。

●不動産鑑定評価基準運用上の留意事項

　オ　最終還元利回りの求め方について

　　最終還元利回りは、価格時点の還元利回りをもとに、保有期間満了時点における市場動向並びにそれ以降の収益の変動予測及び予測に伴う不確実性を反映させて求めることが必要である。

（留意事項V．1．（4）．②）

すなわち、最終還元利回りを査定するにあたっては、それが将来時点を対象として適用されるものなので、通常の還元利回りに比べて一層の不確実性（リスク）や長期間における変動予測も反映させる必要があるということです。そのため、通常の還元利回りよりも高めに設定されることが一般的です。

2 評価上の留意点

このように、還元利回りを適用するにあたっては考慮すべき点が多々あり、実務上の課題も多くあります。しかし、これらの利回りを標準化してしまった場合には、標準的なクラスの建物よりも収益性が相当優れる建物の収益価格が、本来適用すべき利回りよりも高めの利回りで純収益を割り戻す結果となり、実際よりも低い水準で求められることとなります。反対に、標準的なクラスの建物よりも収益性が相当劣る建物の収益価格が、本来適用すべき利回りよりも低めの利回りで純収益を割り戻す結果となり、実際よりも高い水準で求められてしまいます。

還元利回りの査定にあたっては、不動産鑑定評価基準に掲げられている事項を総合的に考慮する必要がありますが、本項では割愛します。

第3章
計算式の処理よりも本質の理解が求められる評価手法

Ⅱ　還元利回りと割引率

Question

収 益還元法に用いる還元利回りと割引率の相違を鑑定評価の依頼者に
わかりやすく説明しなければなりません。専門的に説明しようとす
ればするほどわかりにくくなりますが、どのように考えればよいでしょう
か。

Answer

1 還元利回りと割引率の基本的な考え方

　還元利回りと割引率の相違点の最大のポイントは、還元利回りが収益と
元本に対する変動予測を含んだ利回りであるのに対し、割引率はこれを含
まない点にあります。

　還元利回り及び割引率は、ともに不動産の収益性を表すものですが、収
益価格を求める際に次のように区別して扱われています。

　すなわち、還元利回りは収益期間を永続的なものとみなして直接還元法
による収益価格を試算する際に用いられます。また、DCF法を適用する際、
収益期間満了時点で復帰価格を算定するにあたり、その時点（一期間）で
の純収益を利回りで割り戻して将来の価格を求める目的にも用いられます
（これを特に「最終還元利回り」と呼ぶ）。

　これに対して、割引率は、収益期間が有限である場合に適用される
DCF法の算定過程において、将来の一年毎の純収益を現在時点の価値に
割り戻す際に使用される率です。

　このように、還元利回りと割引率との相違を説明する際には、その背後

にある手法の相違も念頭に置く必要があります。

　還元利回りや割引率の説明に直接還元法やDCF法という手法が登場してきましたが、それぞれの基本的な仕組みは以下のとおりです。

1. 直接還元法

　直接還元法は、一期間の純収益を還元利回りで還元して対象不動産の収益価格を求める手法ですが、純収益が永続することを前提とした計算式となっているため、永久還元の手法とも呼ばれています。

　この手法が適用される典型的な例は更地の鑑定評価ですが、建物及びその敷地の場合でも、建物等の償却資産の耐用年数が尽きた時点で償却累計額を建設費に投入し、永続的に純収益を生むことができると想定して鑑定評価を行うことが可能となります。

　計算式は以下のとおりですが、一期間の純収益（a）を還元利回り（r）で割り戻すことにより、対象不動産の収益価格（P）を求めることとなります。

$$P = \frac{a}{r}$$

P：収益価格　　a：純収益　　r：還元利回り

2. DCF法

　DCF法（Discounted Cash Flow Analysis）は、直接還元法と異なり、年々の純収益が変動する場合でもその流れを的確に土地建物の価格に反映できる点に特徴があります。

　DCF法も収益還元法の手法の一つであり、従来から実務に適用されてきました。ただし、不動産鑑定評価基準に織り込まれたのは平成14年の

第3章
計算式の処理よりも本質の理解が求められる評価手法

基準改正時です。この手法は、投資不動産のように賃貸によって収益を生み出す不動産の評価に適した手法であり、将来継続的に発生する純収益（キャッシュ・フロー）の流れを一定期間とらえて把握するものです。

　その際、期間中に発生する年々の純収益を、割引率を用いて現在価値に置き換えるとともに、投資期間終了後の不動産価格（＝復帰価格）を現在価値に置き換え、これらをすべて合計することによって不動産の収益価格を求めることになります。算式は以下のとおりです。

（DCF 法による収益価格の計算式）

$$P = \sum_{k=1}^{n} + \frac{a_k}{(1+Y)^k} + \frac{P_R}{(1+Y)^n}$$

P　：求める不動産の収益価格

a_k：毎期の純収益

Y　：割引率

n　：保有期間

P_R：復帰価格

　　　復帰価格とは、保有期間の満了時点における対象不動産の価格をいい、
　　　基本的には次の式により表されます。

$$P_R = \frac{a_{n+1}}{r_n}$$

a_{n+1}：n＋1期の純収益

r_n　　：保有期間の満了時点における還元利回り（＝最終還元利回り）

　これを要約すれば、以下のとおりです。

　DCF法による収益価格＝毎期の純収益の現在価値の合計額＋

　　　　　　　　　　　復帰価格の現在価値

2 評価上の留意点

　以上で述べてきたとおり、還元利回りが直接還元法の収益価格及び
DCF法の復帰価格の算定に用いられ、割引率がDCF法の割引現在価値
の計算に用いられるという点から両者は区別されていますが、これはあく
までも手法上の問題に過ぎません。

　それ以上に重要な点は本質面における相違であり、両者間には基本的に
次の特徴がみられます。

　まず、還元利回りは投資収益や投資の回収を図るための判断の指標とし
て用いられ、将来予測の不確実性（リスク）を反映するとともに、収益と
元本に対する変動予測を含んでいるということです。

　これに対し、割引率は投資収益という視点からの判断指標に用いられ、
将来予測の不確実性（リスク）は反映するものの、収益と元本に対する変
動予測を含んでいない点に相違があります。

　次に、不動産鑑定評価基準運用上の留意事項（Ⅴ.1.(4).①.オ.(エ)）
では、還元利回りと割引率との関係を次のように表しています。

$$r = Y - g$$

　　r ：還元利回り

　　Y ：割引率

　　g ：純収益の変動率

　この式は、割引率をもとに純収益の変動率を反映させて還元利回りを求
める方法を意味しています。すなわち、割引率には将来の変動予測を含ん
でいないため、これをもとに還元利回りを求める方式を採用する場合には、
割引率に純収益の変動率を加減する必要があるからです。不動産鑑定評価

基準による算式（r＝Y－g）も、この考え方に基づいています。

　このように、割引率と還元利回りとの関係は、式に表してしまえば非常に単純なものとなりますが、これを筋道を追って説明することは決して容易ではありません。

　……、割引率に変動率をプラス・マイナスして還元利回りを求める方法もあります。たとえば、期日が１年後の100万円の手形を割り引いて95万円を受けとったとすると、その割引率は年５％ということになります。もっとも、その割引率は、その時の金利情勢や手形の発行元の信用度などによって異なってきます。

　鑑定評価での割引率の求め方は、上記の方法で求める率のうち割引率の部分のみで算出します。

　なお、求められた割引率が５％で、景気が上昇傾向にあり、毎年に均らしてみると、0.5％の変動率で純収益が上昇していると判定される場合は、

　　（割引率）　－　（変動率）　＝　（還元利回り）
　　　５％　　　　　0.5％　　　　　4.5％

となり、逆に、景気が下落傾向にあり、純収益の変動率が年マイナス0.5％であれば、

　　（割引率）　＋　（変動率）　＝　（還元利回り）
　　　５％　　　　　0.5％　　　　　5.5％

となり、変動率がゼロだとすると、

　　（割引率）　±　（変動率）　＝　（還元利回り）
　　　５％　　　　　０％　　　　　　５％

となります。

　いいかえれば、景気が上昇傾向にあり、純収益が将来増加し続けていくと認識されていれば、低利回りで投資してもいいということで、貸ビルなどの投資対象物件の価格は高くなるし、景気が下落傾向にあれば危険率を

織り込んだ高利回りでないと投資しなくなるので、価格は低くなる、という関係になります。

（鵜野和夫『不動産の鑑定評価がもっとよくわかる本「不動産鑑定評価書」を理解し、役立てるために』、プログレス、2013年7月、p.122〜123）

　これらの記述から読み取れるとおり、純収益が増加している場合には、割引率から変動率を差し引いた分だけ還元利回りが低くなり、その結果、純収益を還元利回りで還元した後の不動産の価格は高くなります。反対に、純収益が減少している場合には、割引率に変動率を加えた分だけ還元利回りが高くなり、その結果、純収益を還元利回りで還元した後の不動産の価格は低くなるという現象が生じます。

　このように考えることにより、r＝Y−gという算式の意味を読み取ることができます。すなわち、割引率に純収益の変動率を加減することによって還元利回りが求められ、その結果が収益価格に反映されるということになります。

　なお、地価公示で採用されている土地残余法（いわゆる新手法）においては、上記算式によって還元利回りを求めていますが、そこでは割引率に相当する利回りのことを基本利率と呼んでいます。

Ⅲ　期待利回りと還元利回り

Question

賃 料を求める手法である積算法と収益還元法に登場する還元利回りの区別がよくつきません。不動産鑑定評価基準によれば、これらが類似する概念であるとともに、相違する点もあるようですが、どのように考えればよいでしょうか。

Answer

1 期待利回りの基本的な考え方

　期待利回りとは、賃貸借等に供する不動産を取得するために要した資本に相当する額に対して期待される純収益のその資本相当額に対する割合をいいます（不動産鑑定評価基準総論第7章第2節Ⅱ.1.(2).②)。

　例えば、ビルの建築に5億円を投資したとします。これを20年で回収しようとすれば、最低限でも、

　　5億円÷20年＝2,500万円

を年々の家賃として受け取る必要があります。

　この2,500万円という家賃は、投資額との関連でとらえれば、

　　2,500万円（年）÷5億円＝5％／年

という利回りとなります。これを裏から考えれば、

　　5億円×5％／年＝2,500万円

となり、5億円の投資額に対して、その回収のためには5％の利回りが必要となるといえます。期待利回りとはこのような意味で使用されています（**図表3**)。

図表3 期待利回り

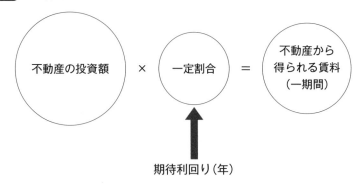

　期待利回りは収益還元法における還元利回りに類似する概念ですが、全く同じものではありません。これに関しては、第1章でも述べましたが、重要であるため、改めて要点のみ示します。

1．目的の相違
　ここにいう目的の相違とは、一概に「利回り」といっても、それが賃料を求めるための利回りか、価格を求めるための利回りかという点で相違しているということです。
　すなわち、期待利回りという場合には、あくまでも賃料を求める際に適用される利回りを意味します。これに対し、還元利回りという場合には、価格を求める際に適用される利回りを意味します。

2．利回りの対象期間との関係
　不動産の価格と賃料とは、元本と果実の相関関係（適正な元本から適正な賃料が求められるという相関関係）にありますが、期待利回りと還元利回りの関係をとらえる際にも、元本（価格）と賃料との関連からアプローチすることが必要となります。
　すなわち、不動産の価格という場合には、対象不動産の使用収益ができ

第3章
計算式の処理よりも本質の理解が求められる評価手法

る全期間にわたって自ら保有することを前提に経済価値をとらえています（借地権等の利用権は別とする）。そして、収益還元法を適用して不動産の価格を求める際には、純収益を還元利回りで還元して収益価格を求めることになります。

これに対して、不動産の賃料という場合には、不動産の使用収益ができる期間を一定期間としてとらえ、これに対応する経済価値を求めることとなります。そのため、賃料評価の一つの手法である積算法を適用して賃料を求める際には、基礎価格に対し、賃貸借期間に相応する期待利回りを乗ずることが基本となります。

このようにとらえていった場合、**図表4**の関係が導かれます。

図表4 **不動産の価格、賃料と適用する利回り**

不動産の価格 ◆➡ 全期間にわたる使用収益を前提……還元利回りを適用

不動産の賃料 ◆➡ 一定期間の使用収益を前提……期待利回りを適用

❷評価上の留意点

これらをまとめれば、還元利回りは価格を求めるための利回りであるため、半永久的に保有する期間に発生すると見込まれるリスクを含んだものとなります。

これに対し、期待利回りは賃料を求めるための利回りであるため、一定の賃貸借期間を対象としています。そのため、還元利回りと比較した場合、対象とする期間が短い分だけリスクも少ないという見方ができます。

したがって、一般的な関係としては、「還元利回り＞期待利回り」となります。

79

2 土地残余法の仕組み

Question

収益還元法の一つである土地残余法の仕組みは複雑ですが、どのようにすれば理解できますか。特に、対象不動産から将来得られる純収益が変動することを前提とした場合の手法（いわゆる新手法）やその適用例を教えて下さい。

Answer

1 判断を迷わせる要因

収益還元法は、対象不動産が将来生み出すであろうと期待される純収益の現在価値の総和を求める手法ですが、土地残余法に関して、不動産鑑定評価基準（運用上の留意事項）では純収益が変動しないという前提で土地残余の規定が置かれています。しかし、過去の趨勢を長期的にみれば、土地残余法の基礎となる家賃水準には上昇傾向が認められます。

そのため、長期的な傾向を純収益の変動に反映させて（＝純収益が年々一定ではなく変動するものとして）土地の収益価格を求める方法が研究され、これが地価公示や一般の鑑定実務にも採用されています。現行基準の本文に直接規定されているわけではありませんが、平成6年9月9日付で国土庁（現国土交通省）土地鑑定委員会において「収益還元法（新手法）につ

いて」として承認されています（以下、「新手法」という）。

　ただ、新手法はその計算過程の中に煩雑な数学的処理や様々な計算要素（基本利率、経済的耐用年数、未収入期間、賃料の変動率等）が登場するため、その概念や本質を把握するのに迷いが生ずるのではないでしょうか。

　すでに述べたとおり、新手法は、純収益が将来にわたり一定の割合で変動するという前提に立っています。そして、従来から不動産鑑定評価基準に規定されている手法と新手法との相違は、次のような点にもみられます。

① 従来の手法では総費用の中に減価償却費を含めて計算する方法が実務上大勢を占めていましたが、新手法ではこれを総費用から除外しています。そのため、新手法では減価償却費相当額が建物の純収益に含めて取り扱われています（**図表5**）。

　すなわち、新手法では、建物から期待される純収益はその建物から得られるであろうと期待される純収益と、建物投資の回収分（減価償却費がこれに該当する）とから成り立っていると考えることができます。

図表5　償却前の純収益のイメージ

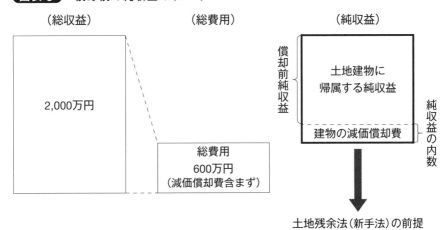

② 新手法では減価償却費を除く諸費用を従来の手法どおり計上するとともに、新たに建物等の取壊費用の積立金等の項目を追加計上しています。これは、当該土地上に建築することを想定した建物が耐用年数の満了により取り壊されることとなった場合に必要な取壊費用を毎期の収益から積み立てるという趣旨です。

　　　ただし、取り壊して賃貸が終了するというわけではなく、その後に新たに建物を建築して賃貸を繰り返すという前提に立っていることはいうまでもありません。なぜなら、純収益が永続することを前提に収益価格を求めるからです。

③ 建物の建築期間中は家賃収入が得られないことから、新手法ではこれを純収益の計算に反映させるために、収入の得られない期間だけ純収益を減額させる措置として未収入期間修正率という考え方を導入しています。すなわち、土地に帰属する純収益を求めた後に、これに未収入期間修正率を乗じ、未収入期間を考慮した土地に帰属する純収益を求めます。

　以上が従来の手法と新手法の主な相違点ですが、このような点が新手法の適用を煩雑なものとしている要因です。入力に必要な資料が手元にそろえば、収益価格自体はパソコンのソフトで計算されたものがアウトプットされますが、肝心なことは収益価格の計算過程や考え方をいかに鑑定評価の依頼者にわかりやすく説明できるかどうかです。

❷土地残余法による収益価格の試算例

１．土地（更地）の収益価格の試算

　図表6は新手法の計算過程を整理したものであり、以下の試算はこの考え方に沿って行ったものです。ただし、説明の煩雑さを避けるため、計算要素の一部の記載を省略した箇所があります。

第3章
計算式の処理よりも本質の理解が求められる評価手法

図表6 新手法での計算過程

更地に最有効使用の建物等の建築を想定した上で、公法上の制限（建蔽率、容積率等）を踏まえて建物の延床面積、有効面積等を算定（総収益を計算する前提条件を決めておくため）

総収益の査定（A）
（上記の有効面積に支払賃料を乗じ、さらに保証金の運用益等を加えて総収益を査定）

総費用の査定（B）
（減価償却費以外の諸費用を見積り、総費用を査定）

土地建物等に帰属する純収益の査定（C）
（A）－（B）＝（C）

↓

建物等に帰属する純収益の査定（D）
（建物等の初期投資額に元利逓増償還率と呼ばれる利回りを
乗じて建物等に帰属する純収益を査定）

土地に帰属する純収益の査定（E）
（C）－（D）＝（E）

↓

未収入期間を考慮した土地に帰属する純収益の査定（F）
（E）× 未収入期間修正率 ＝（F）

土地の収益価格の査定（G）

$$\frac{未収入期間を考慮した土地に帰属する純収益（F）}{還元利回り（＝基本利率－純収益の変動率）} ＝ 土地の収益価格（G）$$

○簡素化した数値を用いた土地（更地）の収益価格の試算

〈前提〉

　純収益、利回り、純収益の変動率について、次を前提とします。

・土地に帰属する純収益（年）[注1] 1,000万円

　（注1）**図表6**の過程を経て求められたものとします。また、減価償却費は総費用に含めず、かつ、未収入期間修正率を乗じた後の金額とします。

・基本利率[注2] 5％／年

　（注2）新手法では、純収益を現在価値に割り戻すための利回りのことを基本利率と呼んでいます。基本利率は不動産投資への危険性等を考慮して設定されています。

・純収益の変動率　0.5％／年上昇（想定）

　なお、基本利率、純収益の動向は経済状況や建物の用途等に応じて変動するものですが、ここでは土地残余法の本質的な考え方を理解することが目的であるため、手法の適用基礎となる数値はシンプルなものとしました。基本利率や変動率等は、評価を行う時点で見直しも含めて個々に検討が必要となります。

〈純収益が変動する場合の土地の収益価格〉

　土地の収益価格をP、収入期間をnとすれば、

$$P = \frac{1,000万円}{(1+0.05)} + \frac{1,000万円\times(1+0.005)}{(1+0.05)^2} + \frac{1,000万円\times(1+0.005)^2}{(1+0.05)^3}$$

$$+\cdots\cdots+ \frac{1,000万円\times(1+0.005)^{n-1}}{(1+0.05)^n}$$

となります。ここで、分母に基本利率を加えて割引計算を行っている理由は、求められる収益価格が年々の純収益の現在価値の総和であることによります。上記の計算式は等比級数を用いた数学的な処理を施して整理を行うことにより、

$$P = \frac{1,000万円}{(5\% - 0.5\%)}$$

という簡素な式に集約され、その結果、土地の収益価格は約2億2,200万円と求められます。これを一般的な記号で表現すれば、

$$P = \frac{a}{(r - g)}$$

と表すことができます（ただし、P：収益価格、a：一期間の純収益、r：基本利率、g：純収益の変動率）。

2．実際の資料を用いた試算例

1.では簡素化した数値を用いて収益還元法の説明を行いましたが、現実には総収益や総費用の査定に際していくつもの項目の計算を行う必要があります。また、建物等に帰属する純収益の査定に際しても、新手法ではいくつかの計算要素を組み合わせて元利逓増償還率という係数（利率）を求め、これを建物価格に乗じることになります。さらに、未収入期間修正率についても、これを求めるために煩雑な計算過程を経ざるを得ません。

〈試算例〉

対象地は近隣商業地域内にあり、現状は店舗兼事務所の敷地として利用されています。周辺の土地の利用状況を調査したところ、中規模の店舗や事務所が多い路線商業地域であり、近隣地域の標準的使用も中規模の店舗兼事務所の敷地と判断されます。

また、地域要因にも特別の変動要素は見当たらないため、近隣地域の状況も当面は現状を維持していくものと予測されます。

なお、対象地の面積、法令上の制限等は次のとおりです。

（面積）250㎡

（形状）長方形地

（道路条件）東側が幅員 6 mの市道に接面します。

（法令上の制限）近隣商業地域、指定建蔽率60％、指定容積率200％、準防火地域、高度地区内。

収益還元法の適用にあたっては、対象地上に最有効使用の建物の建築を想定しますが、本試算例において対象地上に想定した建物の概要は次のとおりです。

（用途）店舗兼事務所

（建築面積）166㎡

（構造等）鉄筋コンクリート造 3 階建

（延床面積）498㎡

これをもとに建物の賃貸可能床面積（有効面積）を試算し、近隣地域における類似物件との比較から対象建物の適正な支払賃料（月額の㎡当たり単価）及び保証金を査定し、これらの資料を用いて**図表 7** のとおり総収益を査定しました。

図表7　総収益の査定

階	床面積	有効率	有効面積	賃料単価	月額支払賃料	保証金
1	166㎡	85％	141.1㎡	2,500円／㎡	352,750円	1,763,750円
2	166㎡	90％	149.4㎡	2,000円／㎡	298,800円	896,400円
3	166㎡	90％	149.4㎡	2,000円／㎡	298,800円	896,400円
計	498㎡	―	439.9㎡	―	950,350円	3,556,550円

①年額支払賃料　　950,350円 × 12か月 ＝ 11,404,200円

②保証金の運用益　3,556,550円 × 1 ％^(注) ＝ 35,565円

なお、保証金については、1 階は月額支払賃料の 5 か月分、2 〜 3 階は月額支払賃料の 3 か月分を計上しました。

③総収益（①＋②）　11,439,765円（年額実質賃料）

（注）　ここでは中長期的な金利動向を勘案し、運用益を 1 ％（年）と査定しました。

第3章
計算式の処理よりも本質の理解が求められる評価手法

　次に総費用ですが、それぞれの項目につき合理的根拠に基づいて必要な額を見積り、これを合計して求めることとなります。本件試算においては、**図表8**のとおり総費用を査定しました。

図表8 総費用の査定

---

1. 修繕費　515,000円

   （初期投資額）103,000,000円×0.5%

2. 維持管理費　342,126円

   （年額支払賃料）11,404,200円×3%

3. 公租公課（土地建物）　1,140,420円

   （年額支払賃料）11,404,200円×10%[注1]

4. 損害保険料　103,000円

   （建物等の初期投資額[注2]）103,000,000円×0.1%

5. 貸倒れ準備費……保証金で賃料の支払いを担保されているため計上しない

6. 空室等による損失相当額　953,314円

   （総収益）11,439,765円×1／12

7. 建物等の取壊費用の積立金　103,000円

   （建物等の初期投資額）103,000,000円×0.1%

8. 総費用　3,156,860円

   （上記1～7の合計）（経費率27.6%）[注3]

（注1）　建物については総投資額に対する課税評価割合から査定し、土地については実額相当額等を用いて査定する方法もありますが、ここでは総収入の一定割合から相当額を査定する方法を採用しました。

（注2）　建物の初期投資額は再調達原価をもとにして査定しましたが、その過程は省略します。

（注3）　経費率＝（総費用）3,156,860円÷（総収益）11,439,765円≒27.6%

第3章
計算式の処理よりも本質の理解が求められる評価手法

　以上の過程を経て総収益と総費用が求められたため、土地建物に帰属する純収益を、

　　（総収益）11,439,765円－（総費用）3,156,860円

　　＝（土地建物に帰属する純収益）8,282,905円

と査定しました。

　このようにして土地建物に帰属する純収益を求めた後に、建物等に帰属する純収益を査定して、これを控除する作業が必要となります。

　建物等に帰属する純収益の査定にあたり、不動産鑑定評価基準に従来から規定されている手法、すなわち、純収益が年々一定であることを前提とする土地残余法では、還元利回りを建物価格に乗じて建物に帰属する純収益を査定してきました。

　しかし、新手法では建物等の初期投資額に元利逓増償還率を乗じて建物に帰属する純収益を査定するところが従来と相違しています。

　すなわち、純収益に変動がないものと想定すれば、従来のように建物等に帰属する純収益を建物等の初期投資額に基本利率そのものを乗じて求めればよいことになりますが、純収益が変動する場合には事情は異なってきます。

　次の算式に基づいて考えてみましょう。

　ここで、初年度の建物等に帰属する純収益をP_B、基本利率をr、純収益の変動率をg、建物等の経済的耐用年数をnとすれば、毎期の建物等に帰属する純収益の現在価値の総和は、次の計算式によって求められます。

$$\frac{P_B}{(1+r)} + \frac{P_B(1+g)}{(1+r)^2} + \frac{P_B(1+g)^2}{(1+r)^3} + \cdots\cdots + \frac{P_B(1+g)^{n-1}}{(1+r)^n}$$

　収益還元法の考え方に沿えば、この合計額が建物価格（建物等の初期投資額（B））と等しくなるということになります。

　この等式に、等比級数に関する数学的な処理を施して整理すれば、

89

$$P_B = B \times \cfrac{r - g}{1 - \left\{\cfrac{1 + g}{1 + r}\right\}^n}$$

となり、建物等の初期投資額（B）に対して上記算式の右側の分数を乗じれば建物等に帰属する純収益（P_B）が求められます。

　なお、上記算式のとおり求められた分数のことを元利逓増償還率と呼んでいます。さらに、収益還元法の適用に際しては、建物の躯体部分と仕上部分及び設備部分とでは経済的耐用年数も異なることから、各々の部分ごとの耐用年数に基づいて計算した元利逓増償還率を建物等の全体価格に占める各々の価格の構成割合で加重平均した結果を建物の初期投資額に乗ずる方法が合理的と考えられます。

　以上の考え方に基づいて建物等に帰属する純収益を査定した結果が**図表9**です。

図表9　**建物等に帰属する純収益の査定**

（前提）

　基本利率5.0%

　躯体割合(注1)40%、仕上割合(注2)30%、設備割合(注3)30%

　賃料の変動率0.5%（年）

　躯体の経済的耐用年数50年、仕上の経済的耐用年数30年、

　設備の経済的耐用年数15年

　建物等の初期投資額103,000,000円

　　（注1）　躯体価格 ÷ 建物等価格

　　（注2）　仕上価格 ÷ 建物等価格

　　（注3）　設備価格 ÷ 建物等価格

（元利逓増償還率）

　本文中の算式に、r＝0.05、g＝0.005、n＝50（30及び15）を代入して計算した結果は、躯体部分0.050670、仕上部分0.061536、設備部分0.093435となり、これを各々の価格の構成割合で加重平均すれば、元利逓増償還率は、

　0.050670×40％＋0.061536×30％＋0.093435×30％＝0.0667593

と求められます。

（建物等に帰属する純収益）

　（建物等の初期投資額）103,000,000円×0.0667593≒6,876,208円

　次に、土地に帰属する純収益の査定ですが、これは土地建物に帰属する純収益から建物等に帰属する純収益を控除して、以下のとおり査定されます。

$$
\begin{pmatrix} 土地建物に帰属 \\ する純収益 \end{pmatrix} \quad \begin{pmatrix} 建物等に帰属 \\ する純収益 \end{pmatrix} \quad \begin{pmatrix} 土地に帰属 \\ する純収益 \end{pmatrix}
$$

　　8,282,905円　－　6,876,208円　＝　1,406,697円

　従来の土地残余法では、このようにして求められた純収益を還元利回りで還元して土地の収益価格を求めますが、新手法ではこの純収益に対し未収入期間修正率を乗じて修正する作業が加わります。

　ここで未収入期間修正率を求める理由ですが、価格時点と建物が建築されて実際に賃料が入る時点（初年度）との間には時間的なズレがあるため、収入の得られない期間の分だけ将来の純収益を割り引いて考えなければならず、そのためには計算上の手法として初年度の純収益を下方修正することが必要となります。そのために乗じる係数が未収入期間修正率です（**図表10**）。

図表10 未収入期間修正率

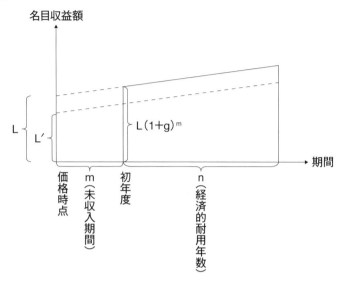

LをL'に修正するための率が未収入期間修正率であり、これを乗じて初年度の純収益を価格時点のものに置き換えます。未収入期間修正率を算式で表すと、次のような煩雑なものとなります。

$$未収入期間修正率 = \left(\frac{1+g}{1+r}\right)^m \times \frac{1-\left(\frac{1+g}{1+r}\right)^n}{1-\left(\frac{1+g}{1+r}\right)^{m+n}}$$

［出典］　一般財団法人日本不動産研究所「収益還元法新手法の手引き」（平成7年11月）をもとに作成。

　未収入期間修正率は、煩雑な計算式を用いて求めることとなります。その際の計算要素としては、基本利率、経済的耐用年数、未収入期間、賃料の変動率等が必要となり、その組合せによって未収入期間修正率も変化します。したがって、実務上はあらかじめパソコンに組み込まれた算式を利用するか、あるいは何通りかの計算要素の組み合わせに基づく修正率表を用意しておき、ケースに応じて使い分ける等の方法で対応することとなります。

このような方法で計算を行った結果、本件試算の場合、未収入期間修正率は0.9520と査定されました（基本利率5.0％、賃料の変動率0.5％、建物の経済的耐用年数50年、未収入期間1年の組合せに対応する数値）。これをすでに査定した土地に帰属する純収益（未収入期間考慮前）に乗じ、未収入期間考慮後の土地に帰属する純収益を次のとおり査定しました。

　　1,406,728円×0.9520

　　＝（未収入期間考慮後の土地に帰属する純収益）1,339,205円

　最後に、上記算式の結果を土地の還元利回り4.5％（＝基本利率5％－純収益の変動率0.5％）で還元し、土地残余法による収益価格を次のとおり求めました。

　　1,339,205円÷4.5％

　　≒（土地の収益価格）29,800,000円（119,000円／㎡）

　なお、還元利回りが基本利率から純収益の変動率を控除して求められることは、$P = \dfrac{a}{(r-g)}$（P：収益価格、a：純収益、r：基本利率、g：純収益の変動率）に照らして考えれば明らかです。

　以上の結果を要約して一覧表にまとめたものが**図表11**です。

図表11　**収益価格算定要約表**

総収益	総費用	純収益	建物等に帰属する純収益	土地に帰属する純収益	未収入期間修正後の純収益	還元利回り	収益価格
11,439,765円	3,156,850円	8,282,905円	6,876,177円	1,406,728円	1,339,205円	4.5％	29,800,000円

　本件は一つの試算例であり、基本利率、賃料の変動率、還元利回り等をはじめ、試算前提となる各要素は経済状況や建物の用途等に応じて適宜見直しが必要となります。

原価法の適用
（付帯費用を織り込んだ
積算価格の試算）

Question

原価法による積算価格（建物及びその敷地）を求める際、土地や建物の再調達原価だけでなく、建物の建築に伴って通常生ずる付帯費用についても再調達原価を見積り、これについても減価修正を行って積算価格の一つの構成要素とすることとされています（平成26年不動産鑑定評価基準改正による）。ただ、このような方法が従来の実務になかなか馴染まず、依頼者からその趣旨を質問された場合でも回答に戸惑っています。どのように考えればよいでしょうか。

Answer

1 判断を迷わせる要因

　従来の不動産鑑定評価基準の中にも、原価法による積算価格を求めるにあたり、発注者が通常負担すべき付帯費用を再調達原価に織り込む旨の規定はありましたが、付帯費用として何を織り込むべきかについては、これ以上の規定がありませんでした。そのため、実務においても、再調達原価の中に付帯費用が含まれているものとして、暗黙の了解のもとに積算価格を求めていた傾向にあったのではないでしょうか。

　平成26年の基準改正においてはこの点が明確にされ、再調達原価に織

り込むべき通常の付帯費用に関して、次の事項が列記されています。

　ア　付帯費用には建物の引渡しまでの期間に対応するコストを含むこと。

　イ　上記アは、分譲マンション等だけでなく、自己建設の建物について
　　も考慮すべきこと。

❷判断の基準をどこに求めるか

現行不動産鑑定評価基準には、次の規定があります。

●不動産鑑定評価基準
……通常の付帯費用には、建物引渡しまでに発注者が負担する通常の資金
調達費用や標準的な開発リスク相当額等が含まれる場合があることに留意
する必要がある。

（総論第7章第1節Ⅱ2.（2））

また、不動産鑑定評価基準運用上の留意事項においても、次の規定があ
ります。

●不動産鑑定評価基準運用上の留意事項
　イ　資金調達費用とは、建築費及び発注者が負担すべき費用に相当する
　　資金について、**建物引渡しまでの期間に対応する調達費用をいう。**
　ウ　開発リスク相当額とは、開発を伴う不動産について、当該開発に係
　　る工事が終了し、不動産の効用が十分に発揮されるに至るまでの不確
　　実性に関し、事業者（発注者）が通常負担する危険負担率を金額で表
　　示したものである。

（留意事項ⅴ.1（2）①）

❸ 付帯費用を織り込んだ積算価格の試算例

1．対象不動産

　○○市に所在する事務所とその敷地ですが、概要は「対象不動産の状況」（後掲）のとおりです。

2．近隣地域の状況

　対象不動産の所在する近隣地域の地価形成に影響をもつ地域要因は、以下のとおりです。

（1）　近隣地域の範囲

　　　○○市○○○区○○町一丁目で下記公法上の制限を受ける地域

（2）　街路条件

　　　幅員12mの市道が中心で、道路の連続性は普通

（3）　交通事情

　　　JR○○線「○○町」駅より近隣地域の中心まで南東方へ約1,900mの位置にあります。

（4）　地域的特性

　　　近隣地域は中小工場が建ち並ぶ工業地域であり、事業所等も混在しています。地域要因に格別の変動要素はないため、当分の間、現状を維持するものと予測されます。

（5）　公法上の規制

　　　準工業地域、指定建蔽率60％、指定容積率200％、高度地区4種、準防火地域。

（6）　供給処理施設

　　　水道あり、都市ガスあり、公共下水道あり

（7）　自然的災害、公害、危険・嫌悪施設

　　　なし

（8） 標準的な画地

　　幅員12mの市道に一面が接する規模が1,000㎡程度の長方形状の

　　画地（間口約30m、奥行約35m）

（9） 標準的使用

　　中小工場、事業所の敷地

3．対象不動産の状況

（1） 土　　地

　① 街路条件

　　　西側約30mが幅員12mの○○市道にほぼ等高に接面します。

　② 交通接近条件

　　　近隣地域の標準的画地とほぼ同じ。

　③ 環境条件

　　　近隣地域の標準的画地とほぼ同じ。

　　　なお、対象地は土壌汚染対策法の要措置区域及び形質変更時要

　　届出区域には指定されていません。

　④ 行政的条件

　　　準工業地域、指定建蔽率60％、指定容積率200％、高度地区4

　　種、準防火地域。

　　　なお、対象不動産は文化財保護法の周知の埋蔵文化財包蔵地に

　　は該当しません。

　⑤ 画地条件

　　　間口：約30m

　　　奥行：約37m

　　　規模：1,102.06㎡

　　　地勢：平坦

　　　形状：長方形地

接面道路との関係：中間画地

⑥　標準的な画地と比較した場合の増減価要因

　　なし

⑦　最有効使用

　　事業所の敷地

（２）　建　物

　　　対象建物の価格形成に影響をもつ建物自体の個別的要因の主なものは、以下のとおりです。

①　建築時期　　○○○○年６月２日新築

②　構造　　　　鉄骨造亜鉛メッキ鋼板葺２階建

③　用途　　　　事務所

④　規模　　　　１階129.60㎡、２階129.60㎡、合計259.20㎡

⑤　建物の状況

　　　築後約22年を経過し、経年相応の減価がみられます。維持管理の程度は普通です。

（３）　建物及びその敷地

①　建物とその敷地・環境との関係

　　建物は敷地と適応し、環境とも適合しています。

②　建物及びその敷地としての最有効使用

　　　対象不動産の最有効使用は、近隣地域の標準的使用と同じ事業所の敷地と判断しました。事業所の運営にまとまった駐車場が必要な地域であり、建物規模と敷地規模との関係で減価要因は生じていないと判断しました。

４．積算価格の試算過程

Ａ．再調達原価

（１）　土　地

対象地は既成市街地に存し、土地の再調達原価を求めることが困難であることから、取引事例比較法を適用して求めた価格を対象地の更地価格としました。

① 　近隣地域の標準的使用における標準価格の査定

幅員12ｍの市道に一面が沿い、一画地の規模が1,000㎡程度の事務所の敷地（長方形地）の標準価格を下記（ａ）の価格との均衡に留意の上、下記（ｂ）の価格を重視して71,300円／㎡と査定しました。

（ａ）公示価格を規準とした価格　69,900円／㎡　（詳細省略）

（ｂ）取引事例比較法を適用して求めた価格

67,700円／㎡～71,400円／㎡　（詳細省略）

② 　対象地の更地価格の査定

上記①の標準的な画地と比べて対象地には特段の増減価要因はないため、標準的な画地の価格をもって対象地の更地価格と査定しました。

〈対象地の更地価格〉

（ａ）単価

$$\underset{\substack{\text{（標準価格）}\\71,300円／㎡}}{} \times \underset{\substack{\text{（格差修正率）}\\100\%}}{} = \underset{\substack{\text{（対象地の単価）}\\71,300円／㎡}}{}$$

（ｂ）総額

単価に面積を乗じ、端数整理を行って対象地の価格を78,600,000円と査定しました。

$$\underset{\substack{\text{（単価）}\\71,300円／㎡}}{} \times \underset{\substack{\text{（調査数量）}\\1,102.06㎡}}{} ≒ \underset{\substack{\text{（総額）}\\78,600,000円}}{}$$

③　土地の再調達原価

　　上記②の価格（78,600,000円）をもって土地の再調達原価と査定しました。

（2）　建　物

　　建物の再調達原価を求めるにあたっては、対象建物と類似の建物の建築費を参考として、新規に再調達する場合の再調達原価を以下のとおり査定しました。

（建物の再調達原価）44,000,000円（170,000円／㎡）

（3）　付帯費用

　　建物が竣工し、建築業者から建物の引渡しを受け使用収益が可能な状態に至るまでの期間に対するコストとして、設計監理料、資金調達費用、発注者の開発リスク、土地の公租公課等の金額を一括して土地建物の再調達原価の15％と査定し（デベロッパーからの聴取等を参考）、これを付帯費用として織り込みました。

　　　　　　　（土地建物の再調達原価）　　　　　　（付帯費用の再調達原価）
　　（78,600,000円　＋　44,000,000円）×　15％　≒　　　18,400,000円

（4）　土地建物及び付帯費用の再調達原価

　　（1）＋（2）＋（3）＝78,600,000円＋44,000,000円＋18,400,000円
　　　　　　　　　　　　＝141,000,000円

B．減価修正

（1）　土　地

　　減価修正の必要は生じないものと判断しました。

（2）　建　物

①　耐用年数に基づく方法

　　減価修正にあたっては、建物再調達原価を、躯体部分（40％）、仕上部分（30％）、設備部分（30％）に按分した上で、経済的

耐用年数を躯体部分40年、仕上部分20年、設備部分15年と査定し、各部分ごとに経過年数に相応する減価率を査定の上、減価額を試算しました。

その結果は、以下のとおり36,080,000円となります。

図表12 減価額査定表

NO.	構　成	構成割合	再調達原価(円)	経過年数／耐用年数	減価率	減価額（円）
①	躯体	0.40	17,600,000	22年／40年	0.55	9,680,000
②	仕上げ	0.30	13,200,000	22年／20年	1.00	13,200,000
③	設備	0.30	13,200,000	22年／15年	1.00	13,200,000
④	本体合計	1.00	44,000,000	－	0.82※	36,080,000

※各構成部分の減価率を構成割合で加重平均した結果によります。

② 観察減価法

観察減価法も併用しましたが、上記①以外に特段の減価要因は認められませんでした。

③ 建物減価額

上記①②より、建物減価額を36,080,000円と査定しました。

（3） 付帯費用

付帯費用の減価額は、付帯費用の再調達原価に建物の各構成部分の構成割合の加重平均による減価率（**図表12**）を乗じて、以下のとおり15,088,000円と査定しました。

（付帯費用の再調達原価）18,400,000円 × （減価率）0.82

＝（付帯費用減価額）15,088,000円

（4） 土地建物一体減価の有無の検討

建物は敷地と適応し、環境とも適合しているため、一体減価は

生じていないものと判断しました。

（5）　減価修正額

上記（2）③と（3）の結果を合計した金額を端数整理の上、減価修正額を51,200,000円と査定しました。

（建物減価額）　（付帯費用減価額）　　　　　　　（減価修正額）

36,080,000円　＋　15,088,000円　＝　51,168,000円　≒　51,200,000円

Ｃ．積算価格

土地建物の再調達原価から減価修正額を控除して、建物及びその敷地の積算価格を、以下のとおり89,800,000円と試算しました。

〈積算価格〉

再調達原価　　　141,000,000円

減価修正額　　　　51,200,000円

積 算 価 格　　　89,800,000円

本件試算価格は、当該課税資産の譲渡につき課されるべき消費税額を含みません。

◢4◣評価上の留意点

付帯費用の取扱いに関して、以下の記述があります。

……市場分析により、付帯費用に取得費用（不動産取得税、（移転、表示、保存、抵当権設定）登記費用、仲介手数料、（売買・ローン）契約事務手数料、印紙代等）を含めるべきと判断した場合には当該費用を再調達原価に含め、減価修正の対象とする。（中略）

……築後かなり経過した旧建売住宅における開発者利潤のように、市場分析により、当該付帯費用に対応する市場価値が価格時点において認めら

第3章
計算式の処理よりも本質の理解が求められる評価手法

れないと判断できる場合には、鑑定評価報告書にその判断理由を明記することによって、当該付帯費用相当額の査定及び減価修正の過程を省略することもできる。その他、建築時の費用に含まれる付帯費用であっても、価格時点において必ずしも原価に含むべき項目ではない場合もあるので、その判断には注意を要する。

（公益社団法人日本不動産鑑定士協会連合会『第13回実務修習　不動産鑑定評価の実務に関する講義テキスト』、p.470～471）

　また、本項で紹介した試算例では、付帯費用を土地建物一体の再調達原価に対する一定割合として査定していますが、この他に、建築期間の土地の公租公課相当額を土地に付帯する費用として再調達原価に加算する方法もあります。この場合、土地自体は減価修正の対象となりませんが、土地の付帯費用については建物と同様に減価修正の対象となる点に留意が必要です。

　さらに、付帯費用を土地建物一体の再調達原価に対する一定割合として把握する場合でも、建物の用途、つまり分譲か賃貸か等によっても事情が異なると思われるため、デベロッパーや賃貸管理業者に対するヒアリングも行って参考にすることも有益です。

4 取引事例比較法（画地条件での減価要因）

I 取引事例比較法適用過程での画地条件の検討①（路地状敷地）

Question

表13のように、建築物の建築には特段の支障はないものの、形状が旗竿に類似している土地（路地状敷地）が減価する理由と評価上の留意点を教えて下さい。

図表13　路地状部分の幅と長さとの関係

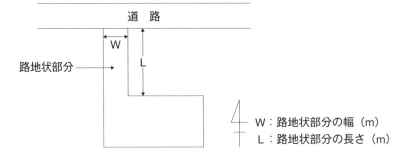

第3章
計算式の処理よりも本質の理解が求められる評価手法

Answer

❶判断を迷わせる要因

　路地状敷地は、長方形のバランスのとれた土地に比べて価値は低くなるのが通常ですが、その理由は次のとおりです。

①　有効宅地部分（帯状の通路の奥に位置し、建物の敷地として利用可能な部分）が直接道路に接していないため、利便性や快適性が劣ります。

②　住宅地域内にある路地状敷地は日照や眺望の良否に影響し、商業地域内にある路地状敷地は人目につきにくいため集客数の多少に影響します。

　また、路地状敷地に適用される建築制限（用途、規模、構造等）もあり、これに抵触する場合にはその分の減価も考慮する必要が生じます。

　このように、路地状敷地に関しては、単に環境的な面で減価要因があるというだけでなく、法令上の制限において留意すべき点を含んでおり、ここに評価の際に判断を迷わせる要因が潜んでいます。

❷判断の基準をどこに求めるか

　本項では、**図表13**の図では間口が２m確保されており、建築基準法上の接道義務[注]を満たしていることを前提に路地状敷地の評価方法を解説します。仮に、間口が２m未満である場合には、このままでは建築基準法の接道要件を満たさないため、建物の建築ができないこととなります。この場合の評価方法については別項目で取り上げます。

（注）　建築基準法第43条第１項では、建築物の敷地は道路に２m以上接しなければならない旨を規定しています。

　なお、建築基準法第43条第２項では、地方公共団体は一定の建築物の敷地が接しなければならない道路の幅員、その敷地が道路に接する部分の

105

長さ等につき条例で必要な制限を附加することができる旨を定めています。

建築基準法

第43条

2　地方公共団体は、特殊建築物、階数が三以上である建築物、政令で定める窓その他の開口部を有しない居室を有する建築物又は延べ面積（同一敷地内に二以上の建築物がある場合においては、その延べ面積の合計……）が千平方メートルを超える建築物の敷地が接しなければならない道路の幅員、その敷地が道路に接する部分の長さその他その敷地又は建築物と道路との関係についてこれらの建築物の用途又は規模の特殊性により、前項の規定によっては避難又は通行の安全の目的を充分に達し難いと認める場合においては、条例で、必要な制限を附加することができる。

　例えば、東京都建築安全条例（第10条）では、原則として特殊建築物（アパート・マンションのような共同住宅もこれに含まれる。同条例第9条。）は路地状部分のみによって道路に接する敷地に建築してはならない旨を規定しています。しかし、例外として、周囲に避難通路を確保すること等により安全上支障がないと認められる場合には許可されることがあります。ここでいう路地状部分とは、**図表13**のような建物の敷地ではなく、通行のみに供する部分を指しています。

　また、同条例（第3条）では路地状部分の幅（**図表13**におけるW）と路地状部分の長さ（同じくL）との関係については、**図表14**のような制限を設けています。

106

第3章
計算式の処理よりも本質の理解が求められる評価手法

図表14 路地状部分の長さ（L）と幅（W）との関係

路地状部分の長さ（L）	耐火・準耐火建築物以外の建築物で延べ面積が200㎡を超える場合	左記以外
20m以下	3 m以上	2 m以上
20m超	4 m以上	3 m以上

　このように、建築基準法上は建物の建築が可能であっても、地方公共団体の条例等によって厳しい制約が付されている場合には、事実上建物の建築や改築が不可能となる場合が生じます。

　例えば、**図表14**に照らした場合、耐火（準耐火）構造となっていない住宅で延べ面積が200㎡を超えるような大きな建築物は、その敷地が路地状部分のみによってしか道路に接しなければ、接道幅が2mあっても建築可能な要件を満たさないことになります。なぜなら、建築基準法の規定よりも厳しい3mの接道幅が要求されるためです。

❸評価上の留意点

　以上のことをはじめ、路地状敷地は諸々の建築制限を受けることが多いため、これによる減価率を土地価格に的確に反映させなければ鑑定評価としては不十分であると考えられます。

　次に、減価率の程度ですが、「土地価格比準表」では袋地の場合について、**図表15**の目安を示しています。ここにいう「袋地」と路地状敷地とは同義です。

107

図表15 袋地の比準表

（標準住宅地域の場合）

<table>
<tr><th>格差の内訳</th><th>備　考</th></tr>
<tr><td>（イ）　有効宅地部分の減価率
<table><tr><th>路地状部分の奥行</th><th>最高減価率</th></tr><tr><td>10m未満の場合</td><td>10%</td></tr><tr><td>10m以上20m未満の場合</td><td>15%</td></tr><tr><td>20m以上の場合</td><td>20%</td></tr></table>（ロ）　路地状部分の減価率
30%～50%</td><td>袋地の価格は袋地が路地状部分（進入路）と有効宅地部分によって構成されているので、これらの部分の価格をそれぞれ評価して得た額を加えて求めるものとする。
（イ）　有効宅地部分の価格は、袋地が接する道路に当該有効宅地部分が直接接面するものとして評価した当該有効宅地部分の価格（標準価格）に路地状部分の奥行を基準とした左欄の率を限度として減価を行って求める。
（ロ）　路地状部分の価格は、上記（イ）の有効宅地部分の標準価格に、路地状部分の間口、奥行等を考慮して、左欄の率の範囲内で減価を行って求める。
なお、有効宅地部分及び路地状部分に係る左欄の率が、土地の利用状況や地域の状況等により適正と認められない場合があるので留意すること。</td></tr>
</table>

（普通商業地域の場合）

対象地の間口と奥行、路地状（進入路）部分の奥行の関係及び対象地の地形を考慮して間口狭小及び奥行長大等の率を準用して補正するものとする。

［出典］『土地価格比準表〔七次改訂〕』地価調査研究会編、住宅新報社、平成28年7月

これを参考に、**図表16**の住宅地について、有効宅地部分が前面道路に直接接するものとして評価した価格（標準的な画地の価格）と比較した場合の減価率を査定してみます。ここでは、対象地の属する用途地域は第一種中高層住居専用地域、建蔽率60％、容積率200％、対象地上に建築する建築物は準耐火構造のものを想定します。

図表16 路地状敷地（住宅地）

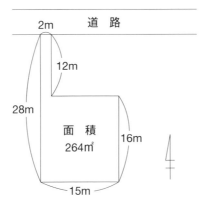

なお、「土地価格比準表」に当てはめた場合、対象地の路地状部分の奥行が12mであることから、有効宅地部分の最高減価率は15％となります。また、路地状部分の最高減価率は50％とされています。仮に最高減価率を採用したとして、有効宅地部分が前面道路に直接面する状態での価値を100％とした場合の対象地の価値を計算すると、次のとおりです。

$$\frac{\overset{（有効宅地部分）}{(100\% － 15\%) × 240㎡} + \overset{（路地状部分）}{(100\% － 50\%) × 24㎡}}{100\% × 264㎡} ≒ 0.82$$

このように、対象地の価値は標準的な画地のそれと比べて約80％（＝減価率20％）となります。上記の格差率は、対象地上に建築する建築物が規模の大きな普通住宅を前提にとらえた場合ですが、対象地の属する用途地域が第一種中高層住居専用地域で使用可能な容積率も200％であることから、近隣地域の標準的使用は中高層の共同住宅であることも十分に考えられます。

近隣地域がこのような状況にあると判断される場合には、対象地のもつ特性（路地状部分のみによってしか道路に接しない土地であること）から、条例等の規制により共同住宅の建築が不可能（最有効使用の実現が困難）とな

る可能性があり、その点の確認が非常に重要となります。また、確認の結果、共同住宅の建築が不可能ということであれば、これに相応する減価を織り込む必要がありますが、このような場合には対象地の価値は標準的な画地の80％相当額よりもさらに下回ると考えられます。

以上のとおり、鑑定評価に際しては「土地価格比準表」という一つの目安があるにしても、これを機械的に適用すればすべて問題なしと考えるわけにはいかない点に難しさが潜んでいます。

鑑定評価においては対象地の形状面だけでなく、近隣地域における標準的使用から判断して対象地の最有効使用は何であるか、公法や条例等による建築制限を考慮した場合に最有効使用が可能かどうか、そしてこれが可能な場合でも対象地の利用上制限を受ける場合があるか否か等を十分に調査することが必要となります。

第3章
計算式の処理よりも本質の理解が求められる評価手法

Ⅱ　取引事例比較法適用過程での画地条件の検討②
（無道路地ではないが接道義務を満たさない土地）

Question

前項に掲げたケースと状況が類似していますが、例えば間口が1.8m
である路地状敷地の場合、建築制限や減価の程度はどのようになる
のでしょうか。

Answer

■1 判断を迷わせる要因

　現実に存在する宅地の中には、建築基準法上の道路（幅員4m以上で一
定の要件を満たすもの）に全く接していないか、接していても間口が2m
未満で建築可能な要件を満たしていないものがあります。前者はいわゆる
無道路地であり、後者は無道路地ではないものの、宅地の効用が無道路地
にやや近いものと考えられます。

　このような土地が混在し、建築制限や土地価格を検討する際、間口が
2m以上ある路地状敷地と区別がつきづらい点に判断を迷わせる要因が
あります。

　本項ではこのようなケース（道路に接するが間口2m未満）について、そ
の性格や評価の考え方を取り上げます。

111

❷判断の基準をどこに求めるか

1. 接道義務を満たさない宅地の性格

　接道義務を満たさない宅地は建築物の建築ができないことから、このままでは資材置場や駐車場としての利用以外に活用の途はありません。

　しかし、このような土地も、間口が2m未満ではあるものの道路に接していることは事実であり、全くの無道路地と比較すれば間口を2mに拡幅できる可能性が少しは残されているといえます。ただし、これは一般論であり、宅地の接する道路状況や隣接地の利用状況は個々のケースで異なるため、すべてにつき同様の判断をすることはできません。例えば、隣接地に建物が目一杯建築されており、現実に拡幅不能という例もあります。

　このような事情を鑑みた場合、相対的な比較ではありますが、接道義務を満たさない宅地の価値は接道義務を満たす宅地の価値に比べて低い（減価要因が大きい）ものの、全くの無道路地に比べれば価値は高い（減価要因は少ない）といえます。

　接道義務を満たさない宅地の評価方法については不動産鑑定評価基準や土地価格比準表に特段の定めはなく、また、固定資産評価基準においても同様です。財産評価基本通達では無道路地と同様に取り扱っています。

2. 接道義務を満たさない土地の評価

　不動産鑑定評価基準や土地価格比準表には、これに関する特段の定めのないことは上記のとおりですが、土地価格比準表の考え方を応用して接道義務を満たさない土地の評価を行う場合には**図表17**の補正率が参考になります。これを参考に、対象地の間口狭小の程度が標準的な画地と比較してどのような状況にあるのか（＝「やや劣る」のか、「劣る」のか、「相当に劣る」のか等）を判定した上で、補正率を査定することになります。

図表17 間口狭小補正率

対象地\基準地	普通	やや劣る	劣る	相当に劣る	極端に劣る
普通	1.00	0.95	0.90	0.85	0.80
やや劣る	1.05	1.00	0.95	0.89	0.84
劣る	1.11	1.06	1.00	0.94	0.89
相当に劣る	1.18	1.12	1.06	1.00	0.94
極端に劣る	1.25	1.19	1.13	1.06	1.00

間口狭小の程度について、次により分類し比較を行う。

普通	標準的な画地とほぼ同じ間口の画地
やや劣る	標準的な画地の間口の0.6以上0.7未満の画地
劣る	標準的な画地の間口の0.4以上0.6未満の画地
相当に劣る	標準的な画地の間口の0.2以上0.4未満の画地
極端に劣る	標準的な画地の間口の0.2以下の画地

　ただ、より理論的に求めようとするならば、道路に2ｍ接すると想定した場合の路地状敷地の価格を最初に求め、これから接道義務を満たすために要する拡幅対象面積に相当する買収費用や工事費用を控除する方法が適用されます。

　例えば、**図表18**に掲げる土地の場合、下記算式において控除される金額が、接道義務を満たさないことによる減価額に相当するといえます。

　対象地（接道義務を満たさない路地状敷地）の価格
　＝接道義務を満たす（＝道路に2ｍ接する）路地状敷地の価格
　　－土地買収に係る費用－取付道路の工事費用

図表18 間口が2ｍ未満の土地の評価

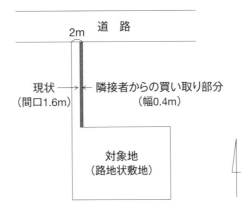

3 評価上の留意点

　考え方としては上記のとおりですが、実際に土地買収に係る費用を検討する場合、対象地と同じ道路に面する標準的な画地の価格をそのまま適用すればよいとは限らない点に留意する必要があります。なぜならば、市場に供給されている売り物件とは異なり、隣接地の所有者がいつでも売却に応じてくれるかどうかの予測が困難であるからです。

　また、隣接者が仮に売却に応じてくれたとしても、その結果が隣接者にとって残地利用に支障を来たすこととなる場合には、正常価格での売買ではなく、残地補償込みの価格でなければ売買が成立しないことも考えられます。

　さらに、隣接地の所有者にとっては、もともと売却物件でないものを接道義務を満たさない土地の所有者の都合という予期しない事情により売却の検討をせざるを得ない状況となります。このため、買収までに要する期間や実現性の程度も考慮に入れる必要があります。

　次に、接道義務を満たさない宅地の場合、状況の類似する取引事例が極めて少ないことから、取引事例比較法は現実的に適用機会が少ないことも事実です。仮に、このような資料が収集可能であったとしても、取引価格の中には特殊事情が含まれており、規範性に欠ける場合が多いと思われます。

　このほか、実際の評価に際しては建築基準法の規定の他に地方公共団体の建築安全条例を十分に調査し、路地状部分の長さと幅員の関係について把握しておくことが不可欠となります。なぜなら、路地状敷地は地方公共団体の条例で、建築基準法の規定よりも厳しい接道規定を置いていることが多いからです。

　参考までに、財産評価基本通達では、無道路地も接道義務を満たしてい

ない宅地も評価上の差異を設けず、以下のとおり同じ考え方で行うこととしています。ただし、接道義務を満たしていない宅地の評価の難しさを鑑みた場合、このような措置はあくまでも申告者の評価の簡便性に配慮したものと受け止めるべきであると思われます。

財産評価基本通達

（無道路地の評価）

20－3　無道路地の価額は、実際に利用している路線の路線価に基づき20≪不整形地の評価≫……の定めによって計算した価額からその価額の100分の40の範囲内において相当と認める金額を控除した価額によって評価する。この場合において、100分の40の範囲内において相当と認める金額は、無道路地について建築基準法その他の法令において規定されている建築物を建築するために必要な道路に接すべき最小限の間口距離の要件（以下「接道義務」という。）に基づき最小限度の通路を開設する場合のその通路に相当する部分の価額（路線価に地積を乗じた価額）とする。

（注）

1　無道路地とは、道路に接しない宅地（接道義務を満たしていない宅地を含む。）をいう。

2　20≪不整形地の評価≫の定めにより、付表5「不整形地補正率表」の（注）3の計算をするに当っては、無道路地が接道義務に基づく最小限度の間口距離を有するものとして間口狭小補正率を適用する。

Ⅲ 取引事例比較法適用過程での画地条件の検討③ （地積過小地～単独では建築困難な土地）

Question

地積が過小で単独では建築が困難な土地がＡ社の資産として残っています。このような土地の評価について相談を受けたのですが、どのような考え方のもとに評価を進めればよいでしょうか。

Answer

◼1 判断を迷わせる要因

　一概に土地面積といっても、その地域の利用状況に照らして標準的な規模のものから面積過大のもの、あるいはその反対に過小なものまで様々なものがあります。

　例えば、一戸建住宅としての利用（面積100㎡～150㎡程度）が標準的な地域において1,000㎡を超えるような土地は過大な土地とみなされるでしょうし、このような土地は道路を開設して区画を分割しなければ周辺の土地利用に見合うものとはなりません。

　しかし、地積が過小な土地の場合は、評価の前提をどのように考えればよいのかという点で、判断に迷いが生じます。

◼2 判断の基準をどこに求めるか

　規模の大きな土地だけでなく、規模が著しく小さく単独では利用（建築）が難しい土地（**図表19**）についても、そのことを減価要因としてとらえる必要があります。

図表19 地積過小地①

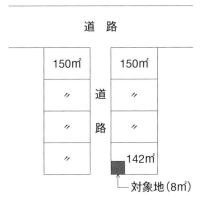

　その場合の格差率について、土地価格比準表では**図表20**に掲げた目安を示しています。ただし、これも相対的な概念であり、鑑定評価を行う場合には用途やその不動産の属する近隣地域の標準的な規模との関連で判断を行っていくことが合理的と考えられます。

　しかし、画一的に何㎡未満が面積過小地であるというわけではありません。固定資産税の評価においては税負担の公平性等の問題があるため、むしろ画一的な判断基準を設けておいた方が活用しやすいという事情もあり、例えば一画地の規模が10㎡未満とか、30㎡未満とかいった目安を置いて補正を行っている市町村もあるようです。

図表20 地積過小地の格差率（「土地価格比準表」による）

（標準住宅地域の場合）

	対象地 基準地	普 通	やや劣る	劣 る
地 積	普 通	1.00	0.93	0.85
	やや劣る	1.08	1.00	0.92
	劣 る	1.18	1.09	1.00

地積過小の程度について、次により分類し比較を行います。

普通　　　標準的な画地の地積と同程度の画地

やや劣る　標準的な画地の地積より過小であるため、画地利用上の阻害の程度が大きい画地

劣る　　　標準的な画地の地積より過小であるため、画地利用上の阻害の程度が相当に大きい画地

（注）　土地価格比準表では商業地についても地積過小であることによる格差率表を掲げていますが、本書では省略します。

[出典]『土地価格比準表〔七次改訂〕』地価調査研究会編、住宅新報社、平成28年7月

3 評価上の留意点

　地積過小地は、単独では建物の建築が困難であり利用価値は低いのですが、隣接地との一体利用が可能であればその旨の条件を付して（＝限定価格として）評価を行うことにも合理性が認められます。

　例えば、**図表21**のような状況で地積過小地（A）が単独で存する場合、隣接地（B）は端部の欠けた土地となりますが、（B）土地所有者が（A）土地を買い取って一体利用する場合には全体が整形地となり、（B）地にとってもメリットが生じます。そのため、（A）地は地積過小地として単独で評価する場合よりも価値が上昇するといえます。

118

図表21 地積過小地②

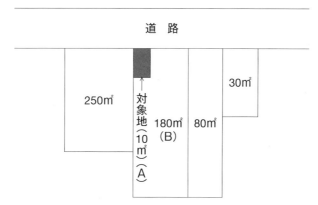

 したがって、地積過小地の評価にあたっては、対象地の位置的な条件やその形状等の要因のほか、評価の前提条件の相違にも留意する必要があります。

第**4**章

定量化のしにくい
ブラックボックス
的な要因

1 心理的瑕疵と減価の程度

Question

評価対象の不動産は賃貸マンションの一室ですが、その部屋で自殺があったことが判明しました。評価にあたり、このような心理的瑕疵をどのように考慮すればよいでしょうか。

Answer

1 判断を迷わせる要因

　本問にあるような心理的瑕疵のある物件は、まだ評価手法が確立されておらず、評価の依頼を受けた側も判断に迷う点が多いと思われます。なぜなら、事故物件であるということが単なる物理的損傷を超えて心理面に与える影響度も考慮せねばならず、これが定量化できないからです。それだけでなく、物件の特性（集合住宅、戸建住宅、事務所等が入居するビル、ホテル、その他の施設）によっても心理的な影響度は異なるでしょうし、同じ集合住宅の場合でも自殺のあった場所が専有部分なのか、共用部分なのかによっても異なると思われます。さらに、取引の形態（売買か賃貸借か等）、事故発生からの経過期間の長短も影響するのではないでしょうか。

　このような点を考慮すれば、心理的瑕疵のある物件の評価に関して検討しなければならない事項が多くあります。

第4章
定量化のしにくいブラックボックス的な要因

❷判断の基準をどこに求めるか（裁判例の分析）

「土地価格比準表」のような格差率の目安を定めるための体系的資料が整備されていない現状では、減価の有無やその程度の如何は個々の不動産鑑定士の判断によらざるを得ません。しかし、その場合でも単なる感覚だけでなく説明力のある査定が求められます。その意味で、実際に裁判となった事例をヒントに根拠付けを試みることが有用と思われます。ただし、個々の裁判例もそれぞれの事情（事実関係や発生場所、事故後の経過期間等が異なる）を反映したものですし、これらに加えて不動産市場における実態調査（宅建業者への聴取等）の結果も踏まえる必要があります。

よって、本項で紹介する裁判例は一つの事例という位置付けでとらえ、考え方を構成する参考として扱っていただければ幸いです。

〈裁判例〉

一棟のマンションの売買に関し、売買の目的物であるマンションの一室で自殺があったことが「瑕疵」に該当するとして、建物価値の低下の程度や収益性の低下の程度等を考慮して、損害額を算定した事例です（東京地裁平成25年7月3日判決、「判例タイムズ」1416号、2015年11月、p.198～）。

（1）　物件の概要

・本件建物の所在等

東京圏に所在する全29戸の賃貸マンションの一室（308号室にて自殺あり）

・用途、賃料

賃貸用住居（308号室の月額賃料は77,000円）

・本件308号室の階下の208号室の賃料

月額賃料　74,000円

なお、308号室はエレベーター等により同じ階の他の居室から隔てら

れた構造になっています。また、共用階段から308号室前に続く廊下の間には扉があるため、共用階段から308号室の玄関扉を直接見ることはできない状態となっています。さらに、308号室の上階は屋上であり、居室はありません。

（2）　事実関係

・平成22年4月　　　　　売主であるY（被告）所有の本件マンションにて居住者の一人が自殺

・平成22年10月中旬　　買主との間に売買契約締結
　　　　　　　　　　　売買代金3億9,000万円（手付金500万円）

・平成22年10月下旬　　残代金決済

・平成23年1月　　　　308号室の買主（X）は、売買契約後に308号室で自殺があった事実を知り、Bに対して損害賠償請求

（3）　原告（X）の主張

①　Xの依頼した鑑定評価によれば、本件自殺があったことを前提とした鑑定評価額（正常価格）は3億円である。

②　したがって、本件不動産を3億9,000万円で購入したことにより、Xには少なくとも9,000万円の購入差損が生じている。

③　また、本件不動産は収益物件として購入したものであるが、本件自殺の存在を前提とする鑑定評価では収益価格は2億9,100万円となるから、Xに生じる購入差損は9,900万円である。

④　加えて、本件不動産における賃貸事業は、空室率や賃料設定、運用費用の面で、X側鑑定評価が前提とする想定を下回る状態であることから、収益価格は上記鑑定評価額を1,000万円以上下回っている。

⑤　以上のことから、Xの損害は1億円を下らない。

第4章
定量化のしにくいブラックボックス的な要因

（4） 被告（Y）の主張

① X側鑑定評価書は、本件自殺があった308号室の賃料を、駐車場も含む本件建物の賃料の2.7％に留めている。また、本件建物の中で独立性の高い配置・構造となっているにもかかわらず、本件建物の減価額の算出を一棟全体で行っており妥当性を欠く。

② また、308号室についても、1人居住者があればそれ以降の居住者に対する告知義務は生じないことからすれば、308号室の賃料を減額し続けなければならないわけではない。ちなみに、関東圏における通常の賃貸借契約期間が2年間であることを考慮すれば、長く見積っても4年から9年ほど賃料減額措置をとれば足りる。

③ Xは、本件不動産を収益物件として購入しており、転売を予定して購入したものではない。したがって、Xが転売を希望する時点においては、賃料減額措置をとる必要のある期間を経過していると考えられるから、308号室の自殺による転売時のリスクはなく、これを理由に本件建物の価格を減価する必要はない。

（5） 裁判所の判断（要旨）

① 原告（X）は、本件自殺という瑕疵の存在により、売買契約当時の本件不動産の価値は積算価格で3億円、収益価格で2億9,100万円程度であると主張する（X側鑑定評価による）。また、Xが本件不動産を取得した後の建物の空室率や賃料額に照らすと、収益価格は上記価格より少なくとも1,000万円以上下回るとし、本件自殺の事実を考慮せずに本件不動産を3億9,000万円で購入したことにより1億円の損害を被ったと主張する。

X側鑑定評価は、本件自殺を考慮する前の本件不動産の積算価格を3億5,880万円（本件土地2億5,900万円、本件建物9,980万円）としているが、不動産事業に関与し、本件不動産について利害関係を有

125

していなかったと推認されるＺ氏は、本件売買契約の直後に、本件不動産の積算価格は３億8,000万円近くとなると評価している。また、Ｘは売主（Ｙ）に対し、当初３億8,500万円の買付証明書を提出していることに照らすと、Ｘ側鑑定評価の積算価格が相当なものであるとは認められない。

　また、次の事実によれば、本件自殺による本件不動産の価値の減損が土地に及ぶとは解されず、建物自体についても、その全体に及ぶとまでは解されない。

（ａ）　本件自殺が居室内で発生したものであり、その事実が広く認識されるには至っているとは認められないこと。

（ｂ）　本件建物は全29室の賃貸用物件であり、本件自殺の発生した308号室は208号室が直下に存在するものの、他の居室とは近接していない構造にあること。

　そうすると、Ｘ側鑑定評価は市場性の低下を理由として、本件不動産全体の価値を一律に10％減価している点や居室を区別することなく還元利回りを修正している点においても妥当性を欠くというべきである。

②　もっとも、本件自殺により、308号室部分の市場性が減退することは否定できない。

　ちなみに、Ｋ不動産鑑定株式会社による鑑定（以下「Ｋ不動産鑑定」という）によれば、裁判所の競売評価や取引実務者からの聞き取りでは自殺による減価率は30％から50％であり、同鑑定では40％の減価率を採用している。また、本件売買契約は本件自殺が発見された約６か月後に行われていることからすると、308号室の本件自殺による減価率は50％であるとするのが相当である。さらに、208号室が308号室の直下に存在することからすると、同居室についても、10％の減価を認めるのが相当であるが、上述した本件建物におけ

る308号室の位置及び構造によると、これら以外の建物部分について本件自殺による減価を認めることは相当ではない。

　以上より、308号室と208号室を合わせた一棟の建物及びその敷地に対する減価率を算出すると、以下のとおり0.596％となり、その減価額は232万4,400円となる。

（算出過程）

（ａ）　本件不動産の売買代金は 3 億9,000万円であり、これに含まれる消費税相当額が680万9,523円であることから、本件土地の代金額は 2 億4,700万円、本件建物の代金額は 1 億4,300万円（消費税相当額を含む）と推認される。

（ｂ）　これをもとに、代金額に占める割合を求めると、土地代が63.3％、建物代が36.7％となる。

（ｃ）　また、308号室の効用比率は2.578％、208号室の効用比率は3.340％と査定されている。

（ｄ）　一棟の建物及びその敷地に対する減価率
　　　　△50％×2.578％×36.7％＋△10％×3.340％×36.7％
　　　　≒△0.596％

（ｅ）　減価額
　　　　3 億9,000万円×△0.596％＝△232万4,400円

③　他方、本件不動産は、Ｘが新たに設立した法人により不動産賃貸業を営むことを前提として、収益物件として取得されていることからすると、収益性の観点からの減価の検討も必要である。この場合も、下記事実からすると、上記で述べたところと同様に、本件自殺による賃料の減額を要するのは308号室及び208号室に留まるというべきであるとの観点から、Ｘ側鑑定評価を採用できないことは上述したとおりである。

（ａ）　本件自殺が居室内で行われたものであり、これに関する報道

や近隣における噂の広まりを認めるに足りないこと。

（ｂ）　本件不動産を売却するまで308号室の新規入居者が募集され
ていたが、Ｙらが本件自殺を認識するような事情はなかったこと。

（ｃ）　原告代表者は、本件売買契約締結後、本件自殺について問い
合わせがあったとするが、明確に記憶に残っているのは不動産
業者から１件、それ以外から２件に留まること。

なお、本件建物の空室は308号室を含め平成22年４月から９月ま
での時点で３室であり、本件売買契約締結時点で４室である。し
かるべきところ、本件自殺の発見後本件売買契約の決済までに新た
に空室となった103号室及び501号室は、いずれも308号室と異なる
フロアにあり離れた位置にあることから、これらの居室が空室と
なった原因が本件自殺にあるとは直ちに認めがたく、これを覆すに
足りる証拠はない。

また、平成23年12月時点において、本件建物のうち空室であっ
たのは、募集が停止されている308号室のほかには、102号室・105
号室・107号室・207号室・208号室の５室である。そして、103号
室及び501号室については、従前賃料と同額以上により賃貸されて
いること、その後、208号室は平成24年２月に、207号室は同年３
月に従前賃料より高い賃料で賃貸されていること、及び募集賃料が
従前賃料よりも減額されているのは102号室のみであると認められ
る。これらの事実によれば、市場性に関し減価の対象とした208号
室を含め、308号室を除く本件建物の居室の賃料について、本件自
殺が減価要因となっているとは認めることができないというべきで
ある。

④　そこで以下、本件自殺の存在により308号室の賃料がどのような
影響を受けるかを検討する。

まず、Ｘが平成22年11月に308号室の賃借人の募集を停止したように、自殺が発見された時点から１年間程度は、新規賃借人の募集が停止され、その間の賃料収入は100％喪失されるのが通常と解される。また、２年目以降においても、自殺の存在が告知事項となることから新規賃貸借契約の締結のためには賃料を減額せざるを得ず、その減額割合は50％と想定するのが相当である。

　なお、自殺が告知事項となるのは、自殺が発生した次の新規入居者に対してであり、当該入居者の次の入居者に対しては告知義務はなくなるものと考えられる。

　さらに、居住用物件の賃貸借契約の期間は２年あるいは３年とされることが多いが、賃借人が契約の更新を希望すれば契約は更新され、その際、減額していた賃料を増額することは容易ではないと推認されることからすると、上記減額割合による賃貸借契約は６年から８年程度継続する[注1]ものと推認される。

（注１）　筆者注。３回程度更新を繰り返すことを前提としているものと推察されます。

　Ｋ不動産鑑定によると、308号室の１年目の賃料減価率を100％、２年目から５年目の減価率を50％とした場合の本件不動産の減価率が0.454％、１年目を上記と同様、２年目から10年目の減価率を50％とした場合の本件不動産の減価率が1.617％であると認められる。したがって、上記のように、１年目には賃料収入がなく、２年目から７年目あるいは９年目まで50％の減額賃料が継続するとした場合の本件不動産の減価率は、およそ１％であると認めるのが相当である。そうすると、収益性による減価額は390万円であると認められる。

　なお、308号室の賃料は月額７万7,000円であることから、上記のとおりの減価が９年目の最終月まで継続されれば、喪失される

賃料収入は合計462万円となる。

⑤　上記の各方法により算出される本件自殺の事実による本件不動産の減価額等に以下の事項を総合的に勘案すれば、本件自殺という瑕疵の存在により、これがないものとして本件不動産を取得したＸに生じた損害額は、600万円と認めるのが相当である。

（ａ）　Ｘが本件不動産について当初、代金額を３億8,500万円とする買付証明を出しており、その後、４億1,000万円を希望価格としていたＹとのやりとりで500万円の増額に応じたという本件売買契約締結の経緯があること。

（ｂ）　Ｙは平成23年１月に308号室のお祓いを行い、その費用として30万円を支出していること。

（ｃ）　他方で、Ｘが本件自殺の存在を理由として、他に特段の費用を支出したと認めるに足りる証拠はないこと。

以上より、本件の審理にあたった裁判所は、Ｙ（売主）のＸ（買主）に対する瑕疵担保責任に基づく損害賠償として600万円の支払いを認めました。

なお、本件に関しては控訴審も行われていますが、「本判決の控訴審は、瑕疵を原因とする原告の損害額について、本判決より低額であるとの認定を行ったが、Ｙ（売主）が控訴していなかったため、控訴棄却により上記損害額による支払義務が確定している」との解説があります[注2]。

（注2）「判例タイムズ」1416号、2015年11月、p.198匿名解説部分。

❸評価上の留意点

本件において、買主（Ｘ）は、購入した賃貸マンションで自殺があったことを前提とするＸ側鑑定評価書の積算価格や収益価格と比較すれば、Ｘには１億円以上の購入差損が生じていると主張していました。なお、自

殺による減価の対象が本件土地及び一棟全体の建物に及ぶという考え方に立脚しています（**図表1**）。

図表1 減価の対象が土地と建物全体に及ぶとする場合

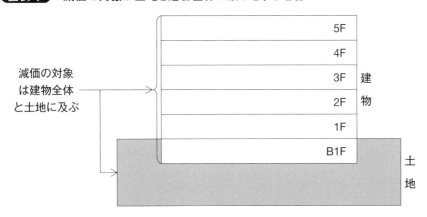

これに対し、本件判決では、売主（Y）の瑕疵担保責任に基づく損害賠償という側面から検討を加え、売主側鑑定評価書の考え方、すなわち減価の対象は一棟全体の建物には及ばず、自殺のあった部屋とその直下の部屋（合計2室）に限るという考え方をベースとし（**図表2**）、市場性減価及び収益性の低下の観点から減価率を検討しています。

図表2 減価の対象は特定の部屋のみに及び土地には及ばないという場合

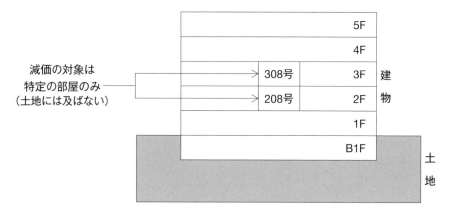

　その上で、一棟全体の売買代金が当初の買付証明よりも増額された経緯等も勘案の上、損害額を600万円と認定したものです。

　本件判決の特徴は、賃貸マンションの一室で自殺があった場合、減価の対象は一棟全体に及ぶものではなく、自殺のあった部屋とその直下の部屋に限るとしている点です。そのため、減価の対象とする2部屋の階層別及び位置別効用比を査定の上で求められたそれぞれの効用比率を、売買代金全体に占める建物代金の割合に乗じて2部屋の建物のみの減価率を算定している点に留意が必要です。

　このような算定方法からも察しがつきますが、本件判決では減価の対象が土地に及ぶという考え方は採用されていません。

　また、本件判決では、鑑定評価で採用された市場性の減退や収益性低下による減価率の考え方を参考にしつつ（**図表3**）、売買契約締結の経緯その他の事実関係を裁判所が総合的に勘案の上、損害額の認定という形で自殺による建物価値への影響をとらえている点も特徴的です。

図表3 自殺があったことによる減価率

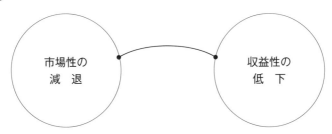

　心理的瑕疵に関して、鑑定実務上の明確な指針が確立されていない現状では、少なくとも区分所有建物（居住目的）の鑑定評価にあたっては本件判決の考え方が参考になるものと思われます。ただし、一概に区分所有建物といっても物件の状況は個々に異なり、事故物件の位置（1階部分か上階か）、自殺のあった場所が専有部分か共用部分か等によっても価値に与える影響度は異なってくると考えられます。そのため、本件判決は心理的瑕疵のある物件を評価する際の一つのとらえ方という位置付けで受け止めておくこととします。

4 より深い理解のために

1. 物件に応じた心理的瑕疵の把握と減価率の程度

　自殺のあった物件を評価するにあたり、その物件の置かれた様々な状況を考慮する必要があります。例えば、以下のようなケースが考えられます。

- ・自殺のあった場所が建物内か敷地（更地）上か
- ・建物内の場合、それが居室か他の用途（事務所、店舗等）か
- ・建物内の場合、専有部分か共用部分か
- ・自殺のあった物件は区分所有建物か戸建住宅か、他の用途か
- ・自殺のあった物件は賃貸物件か自用の物件か
- ・自殺があった時期は最近か数年前か、それとも相当以前か

　これらの中には、建物部分だけが心理的瑕疵による減価の対象となるだ

けでなく、土地もその対象になるケースがあり得ると思われます。

2. 賃料減収期間の検討の必要性（収益物件の場合）

　自殺の対象となった建物が賃貸中の物件であるなど、収益物件の場合には、今後、減収が見込まれる期間を予測し、その結果を収益価格の低下分に織り込む必要があります。

3. 不動産の価格に影響を及ぼす心理的瑕疵にかかるその他の要因

　先程まで述べた内容の他に、次の要因も念頭に置く必要があります。
　・評価対象物件と事故物件との接近性
　・対象物件の属する地域の人口密度（密度の濃い地域か過疎地域か）
　・対象物件（あるいは対象物件を含む全体建物）の取引の目的は売買か賃
　　貸借か（賃貸物件の場合は再入居までの期間、賃借人の回転期間）

4. 他の類似裁判例

　本件判決に関する匿名解説でも、「心理的瑕疵による不動産の価格の減少の認定は困難であり、特に当該不動産が収益物件として売買された場合には、収益性からの検討も必要となる」と分析しています。また、他の類似裁判例の趣旨も紹介します。

〈横浜地裁平成22年1月28日判決〉（判例タイムズ、1336号、p.183）

　購入した土地建物の建物の一室内で賃借人が自殺したことが判明した場合、特約上その損失は売主の負担であるとし、買主の価値減少額に相当する損失の返還請求が認められた事例です。

　本件では、次の趣旨が判示されています。

　①　本件自殺は、本件建物に対して、通常人であれば心理的に嫌悪すべ
　　き事由を付加するものであって、本件建物に対する有効需要はこのよ

うな心理的瑕疵によって減少することとなる。

② かかる心理的瑕疵は、本件自殺と同時に本件建物に付加され、毀損として生じると解するのが相当である。

③ 本件自殺によって生じた本件土地建物の毀損については売主が負担すべきこととなる[注3]。

（注3）　本件の控訴審である東京高裁平成22年7月20日判決（公刊物未登載）では、自殺があった居室の独立性、減価期間が10年程度に限定されるべきであること等を前提として、市場における有効需要の観点及び収益性からの試算を行い、原審の認容額をおよそ2分の1に減額しています（前掲資料（注2）、p.199）。

2 土壌汚染地の鑑定評価

Question

現時点で考えられる土壌汚染地の鑑定評価の手法とは、どのようなものでしょうか。また、土壌汚染物質の価格への影響度を判断する際に、どのような点に留意すればよいでしょうか。

Answer

1 判断を迷わせる要因

汚染物質を含む土地の鑑定評価については、現時点では確定的な手法は存在しません。この点で、不動産鑑定士としてもどのような手法が最も説得力を有するのか、判断に迷うところです。それだけでなく、理論的に説得力を有すると思われる手法であっても、資料の収集が困難であれば実務に活かすことができず、汚染物質を含む土地の評価手法として適用可能でない点に課題が潜んでいます。

現時点での実務では、土壌汚染がないものとした場合の価格から浄化費用及び心理的嫌悪感による減価（スティグマ）を控除して土地価格を求める手法が多く用いられています。

以下、本来あるべき理論的な手法と現段階で実務的に適用し得る手法とを区別しつつ、それぞれの考え方を述べていきます。

第4章
定量化のしにくいブラックボックス的な要因

②判断の基準をどこに求めるか

不動産鑑定評価基準でも、土壌汚染地の評価のための特別な方法は定められていません。このため、理論的には以下の方法が考えられます。

1. 原価法

土壌汚染地の価格は、土壌汚染がないものとした場合の価格から、汚染の浄化費用及びスティグマを控除して求めます。また、対策措置の内容により土地の利用制限（使用収益の制限）を伴う場合はその分の減価も必要となります（**図表4**）。

> 土壌汚染地の価格＝土壌汚染がないものとした場合の価格
> 　　　　　　　－浄化費用－心理的嫌悪感による減価（スティグマ）－α
> α：利用制限を伴う場合にはその分の減価

図表4　土壌汚染地の評価の考え方（原価法）

汚染がないものとした場合の価格

土壌汚染地の 価　　格
除去等の措置 に係る費用
除去以外の方法を選択 した場合の使用収益の制限に相当する額
心理的要因による減価 （スティグマ）

137

○特徴と問題点

（a）　土壌汚染がないものとした場合の価格は従来の評価手法で求められますが、浄化費用に関しては、現在のところ標準的なものがなく、専門機関の見積りによらざるを得ません（しかもその結果には幅が生ずると考えられる）が、控除額を定量的な数値としてとらえることができるため、実務的には適用しやすいといえます。

　　ただし、浄化費用が極めて多額となり、汚染前の土地価格を上回るというケースも生じ得ます。また、その場合でもマイナスの評価額というものは考えにくく、この手法による下限値はゼロといえます。

（b）　スティグマは人間の心理的要素に係わるものであるだけに、定量化が難しいという問題点があります。

（c）　浄化措置でなく封じ込め措置を前提とした価格を求める場合にも問題点があります。

　　土壌汚染地の評価を行う場合の減価要因としては浄化費用とスティグマの2つが考えられていることは上記のとおりですが、封じ込め措置[注]等を前提とする場合は、汚染のない場合の価格から、少なくともその措置を適用することによって生ずる土地利用阻害による減価を考量する必要があるとされています。その理由は、汚染土壌の措置として汚染の除去以外の方法を実施した場合、その措置の機能を維持するために土地の利用制限が生ずることから、これに見合う減価を織り込む必要があることによります。

　　　[注]　封じ込め措置の場合、工法上有害物質は敷地内から除外されないため対策費用は浄化措置よりも割安となります。

2. 取引事例比較法

汚染物質を含んだ土地の取引事例を収集し、これと対象地の価格形成要

因を比較することにより、土壌汚染地としての価格を求める手法です。

○**特徴と問題点**

　土壌汚染地の取引事例の収集は現実的に困難です。それは、汚染物質を含んだ状態での土地取引が極めて少ないと思われることに起因します。また、そのような状態における取引が行われたとしても、そのような取引事例が関係者の閲覧に供されることは考えにくいことも大きく影響します。通常の土地取引と異なり、土壌汚染地の取引が社会に与える影響等を鑑みれば、このような土地の取引情報の収集には限界があるといえます。なお、売買に伴う土壌調査の際、仮に汚染物質が発見された場合には、土地所有者は浄化費用を控除した金額で現状有姿にて売却することもありますが、現実には除去等を実施した上で売却及び引渡しを行うことが多いのではないでしょうか。

3. 収益還元法

　収益還元法では、建物の賃貸によって得られるであろうと期待される総収益から、これに係る諸経費（総費用）を控除して土地建物に帰属する純収益を求め、これから建物に帰属する純収益を控除した残額を土地の還元利回りで還元して土地の収益価格（更地価格）を求めます。

　　　土壌汚染地の収益価格　＝　汚染土地に帰属する純収益　÷　土地の還元利回り

○**特徴と問題点**

（ａ）　土壌汚染地上の建物の賃貸事例やその相場を把握することは現実的に困難と考えられます。

（ｂ）　賃貸に伴う必要諸経費の査定にあたっても、汚染土地上に存する建物の入居率、浄化関連の特別経費の計上の有無や程度を織り込むことが必要となりますが、現時点では客観的な指標がありません。

（c） 土壌汚染地の還元利回りを実務的に客観的なものとしてとらえる
ことは困難です。

4. 実務的に適用可能な手法

以上で述べたことから、現時点では前記1.の原価法が実務的に適用可能な手法といえます。この手法による場合、土壌汚染がないものとした土地価格を取引事例比較法等を適用して求め、これから浄化費用等を控除して土壌汚染地の価格を求めるという考え方となります。

この手法による土壌汚染地の価格の試算例を**図表5**に示します。

図表5 汚染物質を含んだ土地価格の試算例

（A） 汚染がないものと した場合の土地価格	（B） 汚染処理費用相当額	（A）－（B） 汚染処理費用控除後の土地価格（＝汚染がある状態での土地価格）
350,000,000円	50,000,000円	300,000,000円

（注） 本試算例では、対象地が工業専用地域内にあること、浄化措置による汚染対策を前提としていること等からスティグマ及び利用制限による減価は織り込んでいません。

❸ 評価上の留意点

1. 平成26年基準改正前の対応

平成26年基準改正前においては、「汚染物質の価格への影響を考慮外とする」条件設定をして鑑定評価を行うことは原則的に許容されていませんでした。ただし、住宅地のように、不動産鑑定士として通常払うべき注意を払って調査をした結果、土壌汚染に関するものを見い出すことができなかった場合は別です。その反面、依頼者が評価目的のみでフェーズⅡ以降の調査を専門機関に委託することは費用的かつ時間的な制約から難しい局面が多かったのではないでしょうか。もちろん、これについては次に該当するケー

スのように、利害関係者の判断を誤まらせるおそれがなく、しかも実現性の高い事実の裏付けを前提とする場合には、鑑定評価上汚染物質の影響のない価格を求めることについて、その妥当性が担保されていたといえます。

（a） 対象不動産の売却に際し、別途専門機関による土壌調査を実施し、その結果、対策措置が必要とされる場合は、当該費用を鑑定評価額から控除して売買することが当事者間で合意されている場合。

（b） 対象不動産の売却に際し、別途専門機関による土壌調査を実施し、その結果、対策措置が必要とされる場合は、売主の費用負担で当該措置を実施した上で、対象不動産を買主に引き渡すことが契約上の条件とされている場合。

ちなみに、上記（a）はいわゆる現状有姿売買であり、土壌汚染の対策措置は買主が実施することを前提とするものです。また、上記（b）は対策措置後に売却するケースであり、買主には対策費用の負担が生じないことを前提とするものです。

加えて、基準本来の趣旨（土壌汚染の有無及びその状態を価格形成要因としてとらえ、鑑定評価額に反映させること）に則り、土壌汚染がないものとした場合の価格から措置費用を控除して鑑定評価額を決定する場合でも、専門機関により見積金額に相当の幅が生じていたことも指摘されていました。対策措置に係る同一の工法を前提とする場合でも、工期のとらえ方等により目安とする単価にも差異が生ずるためです。

2. 平成26年基準改正後の土壌汚染の取扱い方

平成26年基準改正により、汚染物質等に関する調査範囲等条件の規定が新設され、以下のとおり一定の要件を満たす場合には、これを付した鑑定評価を行うことが可能となっています。

○調査範囲等条件

不動産鑑定士の通常の調査の範囲では、対象不動産の価格への影響の

程度を判断するための事実の確認が困難な特定の価格形成要因が存する場合、当該価格形成要因について調査の範囲に係る条件（以下「調査範囲等条件」という）を設定することができます。

　ただし、調査範囲等条件を設定することができるのは、調査範囲等条件を設定しても鑑定評価書の利用者の利益を害するおそれがないと判断される場合に限られます（不動産鑑定評価基準総論第5章第1節Ⅲ）。

●不動産鑑定評価基準運用上の留意事項
　③　調査範囲等条件の設定について
　ア　不動産鑑定士の通常の調査の範囲では、対象不動産の価格への影響の程度を判断するための事実の確認が困難な特定の価格形成要因を例示すれば、次のとおりである。
　（ア）　土壌汚染の有無及びその状態
　（イ）　建物に関する有害な物質の使用の有無及びその状態
　（ウ）　埋蔵文化財及び地下埋設物の有無並びにその状態
　（エ）　隣接不動産との境界が不分明な部分が存する場合における対象不動産の範囲

（留意事項Ⅲ.1（2）③）

　このように、調査範囲等条件の設定が許容されるケースは、不動産鑑定士の通常の調査の範囲では、対象不動産の価格への影響の程度を判断するための事実の確認が困難な特定の価格形成要因が存する場合で、かつ、このような条件を設定しても鑑定評価書の利用者の利益を害するおそれがないと判断される場合に限られています。したがって、その趣旨は、すべてのケースにつき、はじめから汚染物質の価格への影響を考慮外として良いというものでない点に留意する必要があります。

　参考までに、汚染物質について調査範囲等条件を設定して鑑定評価を

行った場合、そこで求められた価格は汚染物質の影響がないものとした価格ですが、汚染物質の有無及び価格への影響度（措置費用等）については別途専門機関による見積りが必要であり、そこでの調査結果を踏まえた上で対象不動産の経済価値が最終的に判断されることになります。

その意味では、調査範囲等条件を設定した場合の鑑定評価額は対象不動産の経済価値を判断する上での一過程という位置付けと考えられます。このような評価上の取扱いを鑑定評価書の利用者は念頭に置く必要があり、そのためには調査範囲等条件を設定した趣旨及びその内容を不動産鑑定士から鑑定評価書の利用者に十分説明しておかなければなりません。

3. 土壌汚染地の鑑定評価手法に対する基本的な考え方

基準改正前と改正後において土壌汚染地の取扱いが大きく相違する点は、上記のとおり調査範囲等条件の有無にあります。ただし、調査範囲等条件を設定せず土壌汚染地の鑑定評価を行う場合の手法に関しては、上記基準改正後といえども具体的規定は織り込まれていません。そのため、土壌汚染地の鑑定評価に関する基本的な考え方としては、他のケースと同様に原価法、取引事例比較法、収益還元法の3つの手法のうち適用可能なものを選択することとなります。ただし、現時点において実務的に適用しやすい手法は原価法ということになります。取引事例比較法は土壌汚染地の取引事例の収集が難しく、収益還元法は土壌汚染地の還元利回りの査定が困難であるためです。

原価法においては、土壌汚染地の価格は、汚染がないものとした場合の価格から対策措置に要する費用等を控除して求めることとなりますが、基本的な考え方は不動産鑑定評価基準運用上の留意事項に以下のとおり規定されています。

●不動産鑑定評価基準運用上の留意事項

（2）土壌汚染の有無及びその状態について

　土壌汚染が存する場合には、当該汚染の除去、当該汚染の拡散の防止その他の措置（以下「汚染の除去等の措置」という。）に要する費用の発生や土地利用上の制約により、価格形成に重大な影響を与えることがある。

(留意事項Ⅱ. 1（2）)

　ここで、留意事項に登場する「汚染の除去等の措置」の内容を土壌汚染対策法（同法施行規則を含む）上の対策措置の概念と対比させると、次のとおりとなります。

（留意事項）　　　　　　　　（土壌汚染対策法）

汚染の除去　　　←→　　　掘削除去、浄化による除去

汚染の拡散の防止　←→　　　地下水汚染の拡大の防止

その他の措置　　←→　　　封じ込め、不溶化、舗装、立入禁止、

　　　　　　　　　　　　　土壌入換

　上記のとおり、留意事項においては汚染対策措置として除去による方法以外の方法も範疇に置いています。しかし、現実の不動産市場のニーズが汚染物質を全く含まないクリーンな土壌を嗜好する傾向にあることから、鑑定実務上も減価額の査定にあたり汚染土壌の全量除去措置を暗黙の前提としていたのではないでしょうか。

４ もう一度基本に立ち戻る

　現行の土壌汚染対策法が指向する汚染土壌の基本的な対策措置は掘削除去による方法でなく、封じ込め措置（汚染土壌の掘削や区域外への搬出を規制し、有害物質の適正管理を目的とするもの）を中心に据えています。これに対し、従来から不動産市場において求められてきたものは汚染のないクリー

ンな土地であり、土壌汚染による価値の減少を回避するためには掘削除去による方法を選択せざるを得ないという傾向があったものと思われます。

　現行の土壌汚染対策法が封じ込め措置を基本として位置付けている背景には、従来の対策措置が掘削除去に偏り、汚染土壌搬出後の不適正な取扱いにより汚染の拡散を招いていたことや、これに対処するためには汚染土壌の掘削や区域外への搬出を規制する必要があることが狙いであろうとする旨がしばしば指摘されていました。

　ここで土壌汚染対策法と不動産市場とのギャップの要因は、土壌汚染対策法は人の健康保護のために定められており、経済活動を視野に入れていない点にあるものと思われます（**図表6**）。

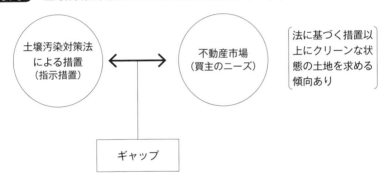

図表6　土壌汚染対策法による措置と不動産市場のギャップ

　これらのギャップが生ずる背景を探った場合、その要因は次のところに辿り着くのではないでしょうか。
① 　土壌汚染対策法においては、人の健康保護の視点から特定有害物質が基準値を超えるか否か等を重視するため、要措置区域及び形質変更時要届出区域の指定基準は健康被害が生ずるおそれがあるか（＝土壌汚染の摂取経路があるか）という点から定められます。また、土壌汚染に関する指示措置についても、健康被害のおそれのある要措置区域のみ

が対象となり、形質変更時要届出区域は対象となりません。

　これに対し、不動産市場においては、要措置区域はもちろんのこと、形質変更時要届出区域に関しても、土壌の汚染状態が指定基準に適合しないという理由で不動産価値が低減するという結果を招いています。なぜなら、形質変更時要届出区域では、対象地をそのままにしておく限り、法的に対策措置は不要であるにしても、建物の建築や開発の際には汚染のない土地に比べて様々なリスクや制約を伴うからです。

② 　土壌汚染対策法に基づく要措置区域の指示措置は封じ込め措置を基本としますが、この法律の適用を受けない土壌汚染地（＝任意の土壌調査の結果、汚染が判明した土地）において封じ込め措置を実施した場合、汚染の状況によっては土地の最有効使用に制約を及ぼし、対策措置に要する費用以外に大幅な減価を織り込む必要があります（**図表 4**）。すなわち、掘削除去による方法は費用が割高となる反面、措置後の用途の制約がなくなり利用上のリスクも少なくなりますが、封じ込め措置の場合は掘削除去に比べて費用が割安となる反面、用途の制約が生じて利用上のリスクも高まるという相反する性格が見受けられます。

　上記の点から、健康保護のために定められた土壌汚染対策法の趣旨と経済活動（不動産の価値的側面）を視野に入れた不動産市場との間には、土壌汚染のとらえ方に関するギャップが存在するといえます。

　鑑定評価においても、不動産の経済価値を追求するという視点から、減価額の査定にあたっては汚染土壌の全量掘削除去を想定した見積りを前提とすることが一般的であったと思われます。

　いずれにせよ、今後、調査範囲等条件を設定せず土壌汚染地の鑑定評価を行う必要が生じた場合、対策措置費用の見積りは専門機関に委託するにしても、土壌汚染対策法との整合性を踏まえた鑑定評価のあり方を研究することが課題となっているように思われます。

第4章
定量化のしにくいブラックボックス的な要因

---

3 埋蔵文化財包蔵地の鑑定評価

Question

不動産の価格をとらえる上で、埋蔵文化財の存在（埋蔵文化財包蔵地）はどのような影響を及ぼすのでしょうか。

Answer

1 判断を迷わせる要因

　現在、土壌汚染物質をめぐる問題とともに、埋蔵文化財包蔵地に関しても関心が注がれていますが、その存在が土地価格に大きな影響を及ぼすことがあります。中には、その土地が埋蔵文化財包蔵地に指定されていても、地上に建築する建築物が木造2階建程度の住居であれば、特段影響を考慮する必要のないケースもありますが、事実関係の調査は欠かすことができません。

　一般的に考えて、埋蔵文化財が地中に存在する土地（埋蔵文化財包蔵地）については、土地価格の減額要因としてとらえる必要があります。

　ただし、その程度をどのようにとらえるかという段階に至った場合は、その方面の専門家でなければ的確な判断が難しいのが実情です。

147

❷判断の基準をどこに求めるか

1. 埋蔵文化財包蔵地とは

　文化財保護法では、埋蔵文化財を包蔵する土地として周知されている土地を周知の埋蔵文化財包蔵地と呼び（文化財保護法第93条）、その保護や保存を行うとともに、土地の開発事業との調整を図っています。

　そこで、埋蔵文化財ということばの意味ですが、通常では人目に触れない状態で地中等に存在しているものを指し、日常「遺跡」と呼んでいるものがこれに該当します。その意味で、埋蔵文化財包蔵地として知られる場所は、しばしば周知の遺跡とも呼ばれています。

　また、遺跡とは、過去の人類がのこした遺構もしくは遺物のある所を指し、貝塚・住居跡・古墳などがこれに該当します[注1]。

（注1）　新村出編「広辞苑」（第7版）岩波書店、2018年1月

　ちなみに、土地の価値との関連で最も重要と考えられるのは遺構です。

2. 埋蔵文化財包蔵地に対する規制

　埋蔵文化財は、地域の歴史や文化を理解する上で欠かすことのできない重要な財産です。そのため、文化財保護法では、埋蔵文化財包蔵地内で土木工事等を行う場合、これに着手しようとする日の60日前までに文化庁長官に発掘届を提出しなければならない旨を規定しています（同法第92条、第93条第1項）。

> 文化財保護法
>
> （調査のための発掘に関する届出、指示及び命令）
>
> **第92条**　土地に埋蔵されている文化財（以下「埋蔵文化財」という。）について、その調査のため土地を発掘しようとする者は、文部科学省令の定める事項を記載した書面をもって、発掘に着手しようとする日の30日前までに文化庁長官に届け出なければならない。ただし、文部科学省令の定める場合は、この限りでない。
>
> 2　埋蔵文化財の保護上特に必要があると認めるときは、文化庁長官は、前項の届出に係る発掘に関し必要な事項及び報告書の提出を指示し、又はその発掘の禁止、停止若しくは中止を命ずることができる。

　また、土地の所有者等が出土品の出土等により貝塚、住居跡、古墳その他遺跡と認められるものを発見したときは、現状を変更することなくその旨を文化庁長官に届け出る必要があります（同法第96条）。そして、その場合の発掘調査費用は、原則として土地所有者が負担することとなります[注2]。

> （注2）　発掘調査費用を誰が負担するかについて、文化財保護法では規定を置いていませんが、筆者の調査による限り、ほとんどの市町村で開発事業者の負担としているようです。

　対象地が埋蔵文化財包蔵地に指定されている場合には、上記のような制限を考慮する必要があるため、土地の評価にあたり埋蔵文化財の調査が重要となってきます。また、調査窓口は各市町村の教育委員会であり、生涯学習課あるいは文化財課等の名称を付した担当窓口で対応していることが多いといえます。

　仮に、対象地が周知の埋蔵文化財包蔵地内に指定されており、開発事業者から発掘届が提出された場合には、試掘や確認調査等が実施されますが、

その結果、地中に遺構や遺物ありと判定されれば、教育委員会との間で埋蔵文化財の保存についての協議が行われます。そして、土木工事等による影響が埋蔵文化財に及ばない（すなわち現状保存が可能である）と判断された場合は協議が終了しますが、その影響が埋蔵文化財に及ぶ（すなわち現状保存が不可能である）と判断されれば本格的な発掘調査が実施されます。その後、記録保存の手続きを経て埋蔵文化財に関する協議が終了します。

　図表7は、埋蔵文化財包蔵地指定の有無に関する教育委員会への照会から試掘調査（発掘調査）までの流れ（一例）を示したものです。

第4章
定量化のしにくいブラックボックス的な要因

図表7 埋蔵文化財包蔵地の調査フローの例

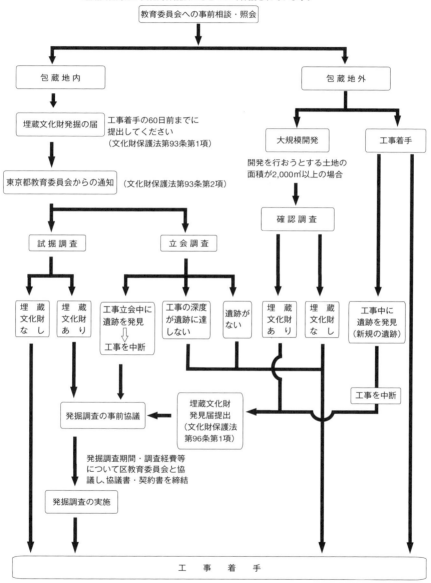

[出典] 世田谷区ホームページ

3. 判断にあたり参考となる裁決事例

　埋蔵文化財包蔵地の指定を受けた土地が実際に相続の対象となり、相続税の納税者と課税庁との間で評価額をめぐり見解の相違が見られた事例があります。本書では相続税の財産評価を例に、埋蔵文化財包蔵地の指定を受けた土地と土地の価値の関係について検討します。

　ところで、相続税の財産評価に適用される財産評価基本通達では、埋蔵文化財包蔵地について、どのように取扱っているのでしょうか。

1）財産評価基本通達の規定

　財産評価基本通達では、埋蔵文化財の発掘調査費用を土地価額に反映させるべきか否かについて、何らの規定を設けていません。このような事情も手伝い、従来、課税庁においても発掘調査費用の取扱いに関して明確な考え方を示してこなかったと推察されます。

2）評価方法に関して納税者と課税庁の見解がわかれた事例

　以下に紹介する事例では、発掘調査費用の見積額が多額に上ったことから、これを土地価額から控除すべきだと主張する納税者と、対象地は発掘調査を実施しなくても利用可能な土地であるから、これにかかる費用を控除する必要はないと主張する課税庁の主張がわかれ、その結果、国税不服審判所の裁決に委ねられました。

〈裁決事例の紹介〉

　国税不服審判所裁決（東京支部、裁決番号平200042、平成20年9月25日裁決）[注3] では、相続税申告の対象となった土地が埋蔵文化財包蔵地に指定されており、土地の評価額の算定にあたり発掘調査費用の80％相当額を控除して評価することが相当とする旨の裁決を下しています。

　（注3）　国税不服審判所ホームページ掲載資料（裁決事例集No.76、p.307）。

　ここで、「発掘調査費用の80％相当額を控除」としている理由は、控除

前の相続税評価額の水準が公示価格（これを時価に近いものとみなした場合）の80％を目安に算定されていることから、控除する費用も実際の見積額の80％とするのが合理的であると判断されたためです。当該判決では次の２つが争点となりました。

① 埋蔵文化財包蔵地である本件土地の評価にあたって、埋蔵文化財の発掘調査費用を控除すべきか否か。

② 埋蔵文化財包蔵地である本件土地の評価にあたって、埋蔵文化財の発掘調査期間（請求人主張27年間）を考慮すべきか否か。

なお、裁決の対象となった土地（全体面積約42,000㎡）は、市街化区域内にある現況山林であり、用途地域は第１種中高層住居専用地域、建蔽率60％、容積率200％の地域内にあります。また、対象地は現況山林であるものの、路線価地域内にあり、財産評価基準書に定める地区区分は普通住宅地区で、その接する街路に応じて75,000円／㎡から77,000円／㎡の路線価が付されています。そして、対象地一帯はA貝塚として知られており、過去数回にわたり埋蔵文化財の確認調査が行われ、貝塚や住居跡等の遺跡の存在が確認されています。

また、教育委員会からの回答によれば、発掘調査費用は概算○億円、調査期間は約200か月（ただし、発掘調査を１人の調査職員で対応した場合）とされています。

本件裁決結果を要約すれば以下のとおりです。

○裁決結果の要約

① 対象地は宅地として利用される地域に所在し、相続税の評価においても、市街地山林であることから、宅地化を前提として評価される土地である。そして、対象地は周知の埋蔵文化財包蔵地に該当すると認められるA貝塚の区域内に所在し、実際に貝塚部分が存在していることから、宅地開発に係る土木工事等を行う場合には文化財保護法第

93条の規定に基づき、埋蔵文化財の発掘調査を行わなければならないことは明らかである。しかも、発掘調査費用は、土地所有者（事業者）が負担することとなり、その金額も約○億円もの高額になる。そうすると、本件埋蔵文化財の発掘調査費用の負担は、一般的利用が宅地であることを前提として評価される対象地の場合、価額（時価）に重大な影響を及ぼす対象地固有の客観的な事情に該当すると認められる。このため、発掘調査費用の見積額の80％[注4]を控除して評価するのが相当である。

(注4) 相続税評価額が時価の80％相当額で算定されていることとのバランス上、これから控除すべき費用も見積額の80％と査定されています。

　また、この考え方は土壌汚染地の評価方法を準用するものである。すなわち、対象地は発掘調査費用の負担が見込まれる土地であるところ、かかる負担は、土壌汚染地について、有害物質の除去、拡散の防止その他の汚染の除去等の措置に要する費用負担が法令によって義務付けられる状況に類似するものと認められる。

　土壌汚染地の評価方法については、課税実務上、土壌汚染がないものとして評価した価額から、浄化・改善費用に相当する金額等を控除した価額による旨の取扱いをしている。これは、土壌汚染地について、土壌汚染対策法の規定によって、その所有者等に有害物質の除去等の措置を講ずる必要が生じ、その除去等の費用が発生することなどの要因が、当該土壌汚染地の価格形成に影響を及ぼすことを考慮したものであり、この取扱いは当審判所においても相当と認められる（対象地に存する固有の事情の考慮はこれに準じて行うことが相当と認められる。対象地の評価の基礎となる路線価は公示価格水準の80％程度で評定されているが、土壌汚染地の評価において評価上控除する「浄化・改善費用に相当する金額」は見積額の80％相当額とされており、価格水準のバランスが取られている）。ただし、土壌汚染地と異なり、使用収益制限による減

価及び心理的な嫌悪感から生ずる減価要因はないと認められるので、発掘調査費用について考慮すれば足りる。

②　開発工事等において新たな遺跡等を発見し、文化庁長官へ届出をした場合において、文化庁長官は、最長6か月を超えて開発工事等の停止または禁止を命ずることができない。さらに、請求人が審判所に提出した不動産鑑定士作成の報告書には、対象地における発掘調査期間が6か月と見積られていることから、発掘調査期間は6か月程度であると解するのが相当である。

❸ 評価上の留意点

1. 裁決事例から読み取れる留意点

上記の裁決事例では、対象地に係る埋蔵文化財の発掘調査費用の負担について、土地の価値をとらえるにあたり、所要の考慮（減額）を検討するのが相当と認められる事情がある旨が判示されています。ここが大きなポイントであり、先例として他のケースにも応用が利くものと考えられます。

財産評価基本通達

（評価の原則）

1　財産の評価については、次による。

　（3）財産の評価

　　財産の評価に当たっては、その財産の価額に影響を及ぼすべきすべての事情を考慮する。

そして、発掘調査費用を控除する根拠付けとして、土壌汚染地の評価の考え方を準用しているところに大きな特徴があります。

○土壌汚染地の評価の考え方

土壌汚染地の評価額 ＝ 汚染がないものとした場合の評価額
　　　　　　　　　　－浄化・改善費用に相当する金額
　　　　　　　　　　－使用収益制限による減価に相当する金額
　　　　　　　　　　－心理的要因による減価に相当する金額

上記の算式と埋蔵文化財包蔵地の指定を受けている土地の評価額算定の考え方を対比させたものが**図表8**です。埋蔵文化財包蔵地の指定を受けている土地の場合、発掘調査費用のみを控除している点が特徴です。

図表8 土地の評価額算定の考え方

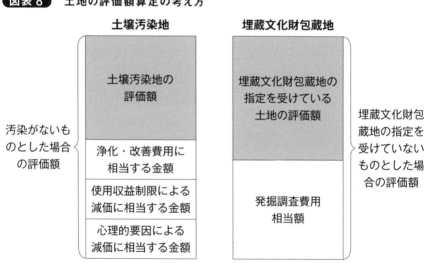

（注）　上記の図はイメージを示すものであり、浄化・改善費用等や発掘調査費用相当額の如何により、最終的な評価額は異なってきます。

2. 不動産鑑定評価基準

不動産鑑定評価基準（総論第3章第3節）においても、埋蔵文化財の有無については価格形成要因の考慮項目に掲げられています。その際、対象

地が埋蔵文化財包蔵地内に所在しないことが明らかであれば、土地価格への影響はとりあえず考慮する必要はないといえます。しかし、教育委員会への照会の結果、対象地が遺跡の範囲内に所在することが判明した場合には、価格への影響度を十分に検討する必要が生じます。そして、場合によっては、試掘や確認調査だけでなく、裁決事例に掲げたように、発掘調査を実施するための費用が発生したり、工事計画の程度によってはその見直しや中止を余儀なくされることもあり得ます。

ちなみに、不動産鑑定評価基準運用上の留意事項によれば、対象地が埋蔵文化財包蔵地に指定されている場合、以下の調査が重要となります（留意事項Ⅱ．1（1））。

① 対象不動産が文化財保護法に規定する周知の埋蔵文化財包蔵地に含まれるか否か。

② 埋蔵文化財の記録作成のための発掘調査、試掘調査等の措置が指示されているか否か。

③ 埋蔵文化財が現に存することがすでに判明しているか否か（過去に発掘調査等が行われている場合にはその履歴及び措置の状況）。

④ 重要な遺跡が発見され、保護のための調査が行われる場合には、土木工事等の停止または禁止の期間、設計変更の要否等。

埋蔵文化財の調査に関しても、土壌汚染と同様に専門的な知識経験を要し、不動産鑑定士の通常の調査の範囲では、対象不動産の価格への影響の程度を判断するための事実の確認が困難なケースが多く生じます。そのため、不動産鑑定評価基準では埋蔵文化財の有無の状態に関して調査範囲等条件の設定を認め、これに該当する場合は埋蔵文化財の影響がないものとした価格を求めることができるとしています。

ただし、調査範囲等条件を設定することができるのは、土壌汚染と同様に、このような条件を設定しても鑑定評価書の利用者の利益を害するおそ

れがないと判断される場合に限られます。

なお、発掘調査に係る経費としては、発掘調査作業員の賃金、発掘用消耗品費、フイルム等の印刷費、調査作業員用のプレハブ使用料、重機使用料、光熱費、報告書作成費等を見積ることになります。期間についても規模の大小によって異なります[注5]。

（注5）　公益社団法人日本不動産鑑定士協会連合会『第13回実務修習　不動産鑑定評価の実務に関する講義テキスト』、p.135～136。

第 **5** 章

固定資産税の
評価で争点となる例

1 建築後一定期間以上経過した建物の固定資産税評価額が下がらない理由

Question

所有する木造家屋（あるいは所有する鉄骨造倉庫）は建築後30年以上経過しますが、固定資産税の評価替えがあっても評価額は下がっていません。これはなぜですか。

Answer

■1 判断を迷わせる要因

　建物が古くなっても固定資産税が下がらない要因としては、次の2点が考えられます。上記の質問は次の（要因2）と深く関連します。

（要因1）

　固定資産税の評価の仕組みに起因する場合

（要因2）

　建物の評価額の下限が再建築価格の20％とされていることに起因する場合

■2 判断の基準をどこに求めるか

1. 要因1：固定資産税の評価の仕組みに起因する場合

　建物は3年に一度の評価替時に次の算式で評価額を見直すこととされていますが、建物が古くなり経年減点補正率が下がっても、人件費や資材

高騰により、再建築価格が上昇していくことがあります。このような場合、建物は見かけ上は古くなっても、前年度の評価額のまま据え置かれることがあります（**図表１**）。

固定資産税評価額＝再建築価格$^{(注1)}$×経年減点補正率$^{(注2)}$

（注１） 課税の対象となった建物と同一のものを評価替えの時点で新たに建築する場合に必要とされる建築費をいいます。

（注２） 建物は築年数の経過によって損耗していくため、経過年数の状況に応じて価値を減少させるために適用する割合をいいます。

図表１ 再建築価格と固定資産税評価額との関係

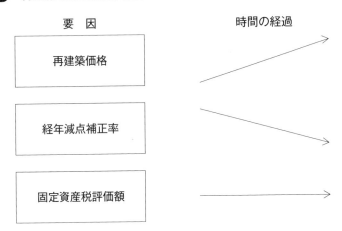

なお、固定資産評価基準に沿って補足をすれば、再建築価格を求める際には物価水準による補正率や設計管理費等による補正率が加味されています。また、経年減点補正率以外に考慮すべき要因があれば、需給事情による減点補正率が加味されることがあります。ただし、これらについては本項の趣旨と直接の関わりはありませんので、詳細は割愛します。

次に、建物の損耗の状況と補正率との関係を示す意味で、**図表２**に木造家屋（専用住宅、共同住宅等）の経年減点補正率表を、**図表３**に非木造家屋（工場、倉庫等）の経年減点補正率表を掲げます。

図表2 木造家屋経年減点補正率基準表

専用住宅、共同住宅、寄宿舎及び併用住宅用建物

延べ床面積1.0㎡当たり再建築費評点数別区分							
53,000点未満		53,000点以上 83,000点未満		83,000点以上 128,000点未満		128,000点以上	
経過年数	経年減点補正率	経過年数	経年減点補正率	経過年数	経年減点補正率	経過年数	経年減点補正率
1	0.80	1	0.80	1	0.80	1	0.80
2	0.75	2	0.75	2	0.75	2	0.75
3	0.70	3	0.70	3	0.70	3	0.70
4	0.66	4	0.67	4	0.68	4	0.68
5	0.62	5	0.64	5	0.65	5	0.67
6	0.58	6	0.61	6	0.63	6	0.65
7	0.53	7	0.58	7	0.61	7	0.64
8	0.49	8	0.55	8	0.59	8	0.62
9	0.45	9	0.52	9	0.56	9	0.61
10	0.41	10	0.49	10	0.54	10	0.59
11	0.37	11	0.46	11	0.52	11	0.58
12	0.33	12	0.44	12	0.50	12	0.56
13	0.28	13	0.41	13	0.47	13	0.54
14	0.24	14	0.38	14	0.45	14	0.53
15以上	0.20	15	0.35	15	0.43	15	0.51
		16	0.32	16	0.40	16	0.50
		17	0.29	17	0.38	17	0.48
		18	0.26	18	0.36	18	0.47
		19	0.23	19	0.34	19	0.45
		20以上	0.20	20	0.31	20	0.43
				21	0.29	21	0.42
				22	0.27	22	0.40
				23	0.25	23	0.39
				24	0.22	24	0.37
				25以上	0.20	25	0.36
						26	0.34
						27	0.33
						28	0.31
						29	0.29
						30	0.28
						31	0.26
						32	0.25
						33	0.23
						34	0.22
						35以上	0.20

［出典］固定資産評価基準 別表第9

第5章
固定資産税の評価で争点となる例

図表3　非木造家屋経年減点補正率基準表

8　工場、倉庫、発電所、変電所、停車場及び車庫用建物
（1）　一般用のもの（（2）及び（3）以外のもの）

構　造　別　区　分									
鉄骨鉄筋コンクリート造 鉄筋コンクリート造		煉瓦造、コンクリート ブロック造及び石造		鉄骨造（骨格材の肉厚 が4mmを超えるもの）		鉄骨造（骨格材の肉 厚が3mmを超え4mm 以下のもの）		鉄骨造（骨格材の肉 厚が3mm以下のもの）	
経過年数	経年減点 補正率	経過年数	経年減点 補正率	経過年数	経年減点 補正率	経過年数	経年減点 補正率	経過年数	経年減点 補正率
1	0.9822	1	0.9800	1	0.9771	1	0.9692	1	0.9556
2	0.9644	2	0.9600	2	0.9543	2	0.9385	2	0.9111
3	0.9467	3	0.9400	3	0.9314	3	0.9077	3	0.8667
4	0.9289	4	0.9200	4	0.9086	4	0.8769	4	0.8222
5	0.9111	5	0.9000	5	0.8857	5	0.8462	5	0.7778
6	0.8933	6	0.8800	6	0.8629	6	0.8154	6	0.7333
7	0.8756	7	0.8600	7	0.8400	7	0.7846	7	0.6889
8	0.8578	8	0.8400	8	0.8171	8	0.7538	8	0.6444
9	0.8400	9	0.8200	9	0.7943	9	0.7231	9	0.6000
10	0.8222	10	0.8000	10	0.7714	10	0.6923	10	0.5556
11	0.8044	11	0.7800	11	0.7486	11	0.6615	11	0.5111
12	0.7867	12	0.7600	12	0.7257	12	0.6308	12	0.4667
13	0.7689	13	0.7400	13	0.7029	13	0.6000	13	0.4222
14	0.7511	14	0.7200	14	0.6800	14	0.5692	14	0.3778
15	0.7333	15	0.7000	15	0.6571	15	0.5385	15	0.3333
16	0.7156	16	0.6800	16	0.6343	16	0.5077	16	0.2889
17	0.6978	17	0.6600	17	0.6114	17	0.4769	17	0.2444
18	0.6800	18	0.6400	18	0.5886	18	0.4462	18以上	0.2000
19	0.6622	19	0.6200	19	0.5657	19	0.4154		
20	0.6444	20	0.6000	20	0.5429	20	0.3846		
21	0.6267	21	0.5800	21	0.5200	21	0.3538		
22	0.6089	22	0.5600	22	0.4971	22	0.3231		
23	0.5911	23	0.5400	23	0.4743	23	0.2923		
24	0.5733	24	0.5200	24	0.4514	24	0.2615		
25	0.5556	25	0.5000	25	0.4286	25	0.2308		
26	0.5378	26	0.4800	26	0.4057	26以上	0.2000		
27	0.5200	27	0.4600	27	0.3829				
28	0.5022	28	0.4400	28	0.3600				
29	0.4844	29	0.4200	29	0.3371				
30	0.4667	30	0.4000	30	0.3143				
31	0.4489	31	0.3800	31	0.2914				
32	0.4311	32	0.3600	32	0.2686				
33	0.4133	33	0.3400	33	0.2457				
34	0.3956	34	0.3200	34	0.2229				
35	0.3778	35	0.3000	35以上	0.2000				
36	0.3600	36	0.2800						
37	0.3422	37	0.2600						
38	0.3244	38	0.2400						
39	0.3067	39	0.2200						
40	0.2889	40以上	0.2000						
41	0.2711								
42	0.2533								
43	0.2356								
44	0.2178								
45以上	0.2000								

[出典]固定資産評価基準　別表第13

163

2. 要因２：建物の評価額の下限が再建築価格の20％とされていることに起因する場合

図表２及び**図表３**に掲げたとおり、経年減点補正率は一定年数を経過しても、それを超えて下がらない仕組みとなっています。そのため、いくら建物が古くなっても、それだけの理由では評価額は下がらないということになります（**図表４**）。

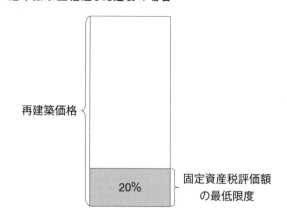

図表４　一定年数以上経過した建物の場合

それでは、この20％の根拠はどこに求めればよいでしょうか。これについては賛否を含めていくつかの見解が示されていますが、筆者の調査したところによれば、おおむね次の２つに集約されます。

① 固定資産税は資産の所有者に担税力があると認めて課するものである。また、土地や建物を所有していれば、それを利用するために必要な道路や上下水等の供給施設等の行政サービスを受けている（＝固定資産税は行政サービスのために必要である）こと。

② 建物が古くなり損耗が生じていても、日常から最低限の修繕（維持管理）をしていれば使用に支障はなく、20％以上の価値は残るはずで

あるとの考え方が背景にあること（主要構造部の価値：木造の場合20％
以上、非木造の場合40％以上）。

3. 鑑定評価との関連

　鑑定実務においては、建物価格を求めるにあたり定額法等を用いて減価
修正を行う場合でも、最初から残価率をゼロとして評価する（＝再調達原
価全体を減価の対象としてとらえる）ことの方が、むしろ一般的です。これは、
鑑定評価では固定資産評価基準とは別の視点から、すなわち市場性の側面
を重視して価格にアプローチしていくためです。その背景には、経済的耐
用年数満了時においては、通常、市場価値はないものと判断しているため
です。

　もちろん、建物が建築後一定期間を経過したという理由だけでは、それ
がそのままゼロ評価につながるわけではなく、価格時点において今後何年
使用に耐え得るかという点を念頭に置いて鑑定評価が行われます。その際、
対象不動産の用途や利用状況に即して劣化の程度や市場競争力の程度を判
定し、これに応じた経済的残存耐用年数を査定することが建物の鑑定評価
では重要となります。

　例えば、建物が築後一定年数を経過したにもかかわらず、当初査定した
経済的耐用年数よりも今後の使用に耐え得ると判断される場合には、次の
算式で現価率が査定されます。

○現価率の査定

$$\frac{価格時点において査定した経済的残存耐用年数}{当初の経済的残存耐用年数＋価格時点において査定した経済的残存耐用年数}$$

$$= 価格時点における現価率$$

なお、ここでは現在価値割合を示すという意味で「現価率」という用語を使用しています。例えば、当初の経済的残存耐用年数が30年と見積られていたところ、耐用年数満了時点で今後3年間効用が認められると判定されれば、現価率は、「3年÷（30年＋3年）≒0.09」となります。その結果、減価修正率は、「1－0.09＝0.91」という形で計算されます。ここにいう減価修正率は、固定資産評価基準でいえば経年減点補正率に該当すると考えて良いでしょう。

❸もう一度基本に立ち戻る

本項で取り上げている建物評価にかかる固定資産評価基準の考え方と不動産鑑定評価基準の考え方は区別して理解しておく必要があります。

ちなみに、不動産鑑定評価基準の解説として次のものがあります。

> 経済的残存耐用年数の判定は、対象不動産の用途や利用状況から、物理的要因及び機能的要因に照らした劣化の程度、経済的要因に照らした市場競争力の程度を十分に分析することによって行われなければならない。
>
> 不動産の経済価値は、当該不動産から将来にわたってどれほどの効用を得られるかという観点をその形成要因の一つとするものであり、経済的残存耐用年数の判断が耐用年数に基づく方法の適用に当たって最も重要視されるのは言うまでもない。
>
> （公益社団法人日本不動産鑑定士協会連合会監修、鑑定評価基準委員会編『要説不動産鑑定評価基準と価格等調査ガイドライン』住宅新報社、2015年10月30日、p.173）

なお、経済的耐用年数の把握に際しても留意すべき点があります。それは、固定資産評価基準別表第9及び別表第13等における「経過年数」との相違だけでなく、会計上の耐用年数との相違です。

すなわち、会計上の耐用年数としては法定耐用年数を用いることが通常ですが、鑑定評価のうえでは、これを参考としつつも、経済的耐用年数という観点から不動産鑑定士の判断を加えて査定することが必要です。その過程で、物理的・機能的・経済的要因が考慮されます。

　また、減価償却費の計算は取得価額をもとに規則的に行われるため、現実に建物が損傷している場合でも、その程度が計算に反映されることはありません。

　これに対して、鑑定評価で実施される減価修正は、定額法等の手法を用いる点においては会計上の減価償却費の計算と異なるところはありませんが、費用配分を行うことが目的ではなく、発生している減価の程度を見積り、これを再調達原価から控除して積算価格を求めることにその目的があります。

　したがって、その過程において、建物の損傷度合いが激しい場合には補修に必要な費用を見積り、これをさらに控除しなければならないケースも生じ得ます。このように、鑑定評価においては、定額法等により規則的に発生する減価の状況を把握するだけでなく、現実の維持管理の程度が建物の価格に反映されることとなります。

　以上、中古建物の固定資産税評価額の評価の仕組みから派生して鑑定評価の考え方に言及しましたが、基本的な相違を理解しておくことが鑑定評価の依頼者への的確な説明に役立つことと思われます（黒沢泰『新版 逐条詳解不動産鑑定評価基準』プログレス、2015年6月、p.237〜238）。

2 自動車教習所用地の 評価の考え方

Question

昨 今、自動車教習所（特に敷地）の固定資産税の金額やその評価方法に関心が高まっているようです。そこで、その敷地の評価方法について、どのように考えたらよいのでしょうか。

Answer

1 判断を迷わせる要因

自動車教習所用地の評価であるからといって、特別の方法が固定資産評価基準に規定されているわけではありません。問題は、地目の認定と造成費相当額のとらえ方の如何にあると思われます。

以下、自動車教習所用地の評価をめぐって争点となりやすい事項について、基本的な考え方を述べます。

2 判断の基準をどこに求めるか

1. 地目認定全般に共通する考え方

固定資産評価基準における地目の概念は、不動産登記法におけるそれと共通しています。不動産登記法では地目数を多く列記している関係で、固定資産評価基準に比べて雑種地に含まれる土地の範囲がやや狭くなってい

ます。しかし、他の地目に含まれない土地を雑種地としていることや他の
地目の定義は不動産登記法に登場するものがそのまま固定資産評価基準に
も当てはまります。

　不動産登記法の運用手続きの指針ともいうべき不動産登記事務取扱手続
準則には地目の認定をめぐる考え方が示されていますが、その中でも自動
車教習所用地の地目認定に関わりのある規定は、以下のとおりです。

不動産登記事務取扱手続準則（抄）

（地目）

第68条

　三　宅地　建物の敷地及びその維持若しくは効用を果すために必要な土地

（地目の認定）

第69条

　六　遊園地、運動場、ゴルフ場又は飛行場において、建物の利用を主と
　　する建物敷地以外の部分が建物に附随する庭園に過ぎないと認めら
　　れる場合には、その全部を一団として宅地とする。

　七　遊園地、運動場、ゴルフ場又は飛行場において、一部に建物がある
　　場合でも、建物敷地以外の土地の利用を主とし、建物はその附随的な
　　ものに過ぎないと認められるときは、その全部を一団として雑種地と
　　する。ただし、道路、溝、堀その他により建物敷地として判然区分す
　　ることができる状況にあるものは、これを区分して宅地としても差し
　　支えない。

　上記のとおり、宅地とは建物の敷地及びその維持もしくは効用を果たす
ために必要な土地を指しますが、建物の敷地だけでなく、建物に付随する
庭園のように、宅地の効用を果たすために必要な土地についてもこれを宅
地に含めてとらえている点に留意が必要です。

また、不動産登記事務取扱手続準則（以下「準則」という）第69条第6号からは、建物の敷地と他の目的での利用が混在している場合で、主たる利用目的が建物敷地にあれば、その全部を一団として宅地と認定すべきことが読み取れます。

　さらに、同準則第69条第7号には、敷地の一部に建物がある場合でも、建物敷地以外の土地の利用を主とし、建物はその附随的なものに過ぎないときは、その全部を一団として雑種地と認定する旨が明確に規定されています。ただし、道路、溝、堀その他により建物敷地として判然と区分することができるときには、建物敷地部分を区分して宅地と認定しても差し支えない旨が規定されている点に留意が必要です。

2. 自動車教習所用地についての考え方

　以上で述べた内容は地目の認定全般に係るものですが、自動車教習所用地の場合はどのように考えればよいでしょうか。

　自動車教習所では、通常の場合、建物（校舎）と教習コースとが一体として運営されています。すなわち、そのどちらか一つが欠けても自動車教習所としての機能を果たすことはできず、一体運営が前提となりますが、その場合の地目認定をどのように行うべきか（＝主たる利用方法は何か）が問題となります。

　ここで、建物（校舎）と教習コースとが一体となっている場合、自動車教習所の目的からして用地全体の主たる利用方法を建物敷地と認定することは極めて困難と思われます。したがって、このような場合は、準則第69条第7号の趣旨に沿い、一団の地目を雑種地と認定することとなります。ただし、建物（校舎）と教習コースとが道路を介して判然と区分されている場合には、準則第69条第7号の趣旨に沿い、建物敷地の地目を宅地とし、教習コースの敷地部分を雑種地と認定することが合理的と考えられます。

第5章
固定資産税の評価で争点となる例

3 評価上の留意点

　自動車教習所用地の評価にあたっては、上記のとおり地目認定の如何により、それぞれの評価方法が異なってきますが、認定後の評価方法については独自のものはありません。

　一団の土地の地目が雑種地と認定された場合、あるいは教習コース部分のみが雑種地と認定された場合、その評価は駐車場または資材置場と同様の考え方で行うことになります。その場合の留意点を以下に掲げます。

1. 規模格差をどのようにとらえるか

　自動車教習所用地の場合、大規模な土地であるのが通常ですが、この点を評価にどのように反映させるべきかが問題となります。これは、比準元を宅地とし、宅地としての価格を求める際に規模格差を反映させるべきかどうかを前提としています。

　この点については、奥行価格補正率の適用により一応の考慮が払われますが、これのみで当該地域の地価事情を反映し切れない場合は、所要の補正により減価が必要となるケースも考えられます。固定資産評価基準では自動車教習所用地について独自の評価方法は規定されていないため、規模格差についても明文化されたものは存在しません。

2. 雑種地部分の造成費相当額について

　雑種地の評価においては、比準元をどのような地目でとらえるかが重要となりますが、これを宅地としたときには、その雑種地を宅地に転換することを想定した場合の造成費相当額を宅地価格から控除してその価格を求めることとなります。このような考え方は、自動車教習所用地についても当てはまります。

　しかし、雑種地として認定される教習コースの現況（地盤の状況からみて、

171

ほぼ宅地並みのケースもあり得る）から判断して、造成が不要と考えられることもあるでしょう。また、造成が必要な場合でも、どこまでの造成工事を前提とするかにより、宅地価格から控除すべき工事金額も異なってきます。このような事情は、造成費の控除に替えて、雑種地の比準割合を用いる場合にも共通しています。

　ちなみに、宅地からの比準を前提として造成費を控除する場合、市街化区域農地の評価における造成費相当額が適用されています。そして、その際の「通常必要と認められる造成費の範囲は、一般的には土砂購入費、土盛整地費、擁壁費及び法止・土止費をいう」とされています（固定資産税務研究会編「平成30年度　固定資産評価基準解説（土地篇）」一般財団法人地方財務協会）。

第5章
固定資産税の評価で争点となる例

3 太陽光発電施設用地の評価の考え方

Question

太陽光発電施設用地の評価が新たな課題としてクローズアップされた背景と固定資産税における評価方法を教えて下さい。

Answer

1 判断を迷わせる要因

　太陽光発電とは、自然のエネルギーである太陽からの光をソーラーパネルを通して電力に変換することをいいます。その形態は、土地上にソーラーパネルを設置することにより行われています。もちろん、建物の屋根に施設を設置して行うことも一つの形態といえますが、後掲のとおり事業者は建物をあえて建築せず、土地上に架台やパネルを直接設置して行う形態が多くなっています（以下「太陽光発電施設用地」という）。

　ところで、太陽光発電施設用地の評価が新たな課題としてクローズアップされた背景には、「電気事業者による再生可能エネルギー電気の調達に関する特別措置法」（平成24年7月施行）により、太陽光、風力等の再生可能エネルギーを用いて発電された電力を、国が定める価格で一定期間、電気事業者が買い取ることが義務付けられたことがあります（固定価格買取制度）。

173

太陽光発電による電力の場合、パネルの容量が10kw以上であるか、10kw未満であるかにより、利用可能な買取制度や固定価格の期間が異なっています。すなわち、10kw以上の場合は産業用の扱いとなり、発電した電力のすべてが買い取りの対象となります（全量買取制度）。また、固定価格買取期間は20年です。これに対し、10kw未満の場合は住宅用の扱いとなり、発電した電力のうち自宅で消費して余った分が買い取りの対象となります（余剰買取制度）。

❷判断の基準をどこに求めるか

　本項では、判断の基準とともに評価上の留意点も交えながら解説していきます。

1. 太陽光発電施設用地の固定資産評価上の地目分類

　固定資産評価基準上の地目には、田、畑、宅地、鉱泉地、池沼、山林、牧場、原野、雑種地がありますが、土地上にソーラーパネル等を設置する太陽光発電施設用地は、田から原野までの地目に該当しないことから雑種地（「ゴルフ場等の用に供する土地」及び「鉄軌道用地」以外の雑種地）として認定されます。

　雑種地の評価だけに限りませんが、固定資産税の評価においては、その土地がどのような地目に分類されるのかにより、価格水準が大きく異なってきます。すなわち、固定資産評価基準においては、認定された地目ごとに評価の方法を異にしており、認定された地目の枠内で大まかな水準が定まってくるといえます。

　太陽光発電施設用地が雑種地として認定されるのは、このような事業では開発行為に該当することを避けるため、対象地上に建物の建築を行わず、宅地としての土地利用をなさないためです。

　しかし、仮に相当な規模の管理用建物が存し、かつ発電設備（ソーラー

パネル等）敷地と建物敷地が明確に区分できる場合等において、評価の均衡上必要な場合があれば、敷地全体を区分し、発電設備敷地をその他の雑種地、建物敷地は宅地として認定する[注1]という見解もあります。

（注1） 堤信爾「メガソーラー用地の固定資産税評価における取り扱い」『不動産鑑定』2013年10月号、p.48。

また、対象地上に設置される設備が家屋として課税される場合や宅地の一部に設置される場合には、宅地として課税する場合もあるようです。

2. 太陽光発電施設用地を雑種地としてとらえた場合の評価方式

固定資産評価基準では、ゴルフ場等の用に供する土地及び鉄軌道用地以外の「その他の雑種地」については、売買実例地比準方式で評価するのを原則としています。しかし、雑種地の売買実例を収集することは容易ではなく、仮にこれが収集できた場合でも、その内容は極めて個別性が強い傾向にあります。そのため、固定資産評価基準の上では例外的な扱いとされている近傍地比準方式が、実務上は評価の主体をなしています。

このような事情は太陽光発電施設用地の評価においても共通しています。それだけでなく、太陽光発電施設用地は用途の特殊性のために、売買実例は他の雑種地以上に少ないのが実情です。したがって、売買実例地比準方式を適用することは一層難しく、近傍地比準方式によらざるを得ないと考えられます。

これは、発電事業者が事業計画を策定するにあたり、リスク軽減のため事業用地を買収によらず賃借によって確保することが多い点に起因しています。なお、事業者が土地を賃借する際には、そこに設置するのが建物ではないことから、借地借家法の適用のない土地賃貸借契約によることが多いと思われます。すなわち、設置物の性格や買取期間を考慮し、賃貸借期間を20年とする民法上の賃貸借契約の形態をとっている例が多く、それは一時使用賃貸借契約とも異なっています。

このように、事業者は太陽光発電施設用地を売買によらず賃貸借によって確保しているケースが多いことから、以下に取り上げる評価方式も近傍地比準方式に焦点を当てて解説していきます。

1）比準元の相違による評価方式の相違
○付近の土地（比準元）を宅地とした場合

太陽光発電施設用地の現況及び立地条件からみて、その価格を付近の宅地価格からアプローチすることが妥当と判断される場合には、

付近の宅地価格－造成費相当額[注2]＝太陽光発電施設用地の価格

という考え方が適用できます。

（注2）　ここにいう造成費相当額は、現況の雑種地を宅地に転用することを想定した場合の費用となります。

なお、宅地価格から造成費相当額を控除する方法に替え、雑種地価格の宅地価格に対する割合（比準割合）を必要な造成費相当額を考慮して定めておき、その割合を付近の宅地価格に乗ずる方法もあります。

ただし、この方法の適用に際しては、駐車場や資材置場等の他の雑種地との評価バランスを図れるような割合を定めることが重要であり、その意味で体系的なものの見方が求められます。また、比準割合は宅地価格から控除する造成費相当額によって、少なからず影響を受けることも念頭に置かなければなりません。

比準割合を適用した評価方法は、個々の土地ごとに造成費相当額を控除する方法に比べて大まかな方法ですが、固定資産税の評価が限られた期間内に行う大量一括評価という性格のものであることを鑑みれば、実務的にはこの方法が負担の少ないものと考えられます。現に多くの自治体が、この方法を採用しているようです。

ちなみに、**図表5**は、熊本県湯前町が作成した「太陽光発電設備用地に係る固定資産税の課税のための土地評価について必要な事項を

定める規則」であり、同町のホームページで公開されているものです。この中には、宅地に対する雑種地の評価割合という視点から査定した補正率が3段階に分けて定められ（同規則第3条第2項）、雑種地の状況(評価区分)に応じていずれかの補正率を乗ずることとされています。

図表5　太陽光発電設備用地に係る評価規則の例

○太陽光発電設備用地に係る固定資産税の課税のための土地評価について必要な事項を定める規則

(平成27年3月31日規則第13号)

（目的）

第1条　この規則は、地方税法（昭和25年7月31日法律第226号）第3条第2項及び湯前町税条例（昭和29年条例第20号）第6条に基づき、太陽光発電設備を設置している土地(以下「太陽光発電設備用地」という。)について、固定資産税の課税を行うための土地評価に係る基準を設けることにより、適切な評価及び課税を行うことを目的とする。

　[湯前町税条例（昭和29年条例第20号）第6条]

（定義）

第2条　この規則において、太陽光発電設備とは、次の各号に定めるものをいう。

　（1）　太陽光パネル

　（2）　パワーコンディショナー

　（3）　集光のための設備

　（4）　機器及び電線を設置するための支柱・土台等

　（5）　発電及び送電を目的として上記各号に定める設備と一体的に利用される設備

（土地の評価）

第３条　太陽光発電設備用地の課税地目は、雑種地とする。

　２　太陽光発電設備用地の評価額については、近傍の宅地を基準とし、以下の補正率を乗じて算出するものとする。ただし、自宅敷地の庭等で、従前より課税地目が宅地であった土地に太陽光発電設備が設置されている場合については、この限りではない。

評価区分	補正率
宅地と同等の価値があると認められ、家屋を建築するために造成が不要な土地	0.70
宅地に準ずる価値があると認められ、整地がされており家屋を建築するために造成が必要な土地	0.60
整地がされておらず、家屋を建築するためには相当の造成が必要である土地	0.40

附　則

　この規則は、公布の日から施行し、平成27年１月１日から適用する。

[出典]熊本県湯前町ホームページ

　また、**図表６**は、山梨県北杜市のホームページに掲載されている太陽光発電施設用地の課税（評価方法）に関するものです。ここでは、北杜市における太陽光発電施設用地の評価は、設置する付近の宅地１㎡当たりの評価額の30％として算出する旨が定められています。

図表６　**太陽光発電施設用地の評価額の算定方法を定めた例**

（太陽光発電施設用地の課税について）

　太陽光発電施設用地とは、太陽光発電池、架台、パワーコンディショナ等が設置された土地のことをいいます。

本市における太陽光発電施設用地の評価は、設置する付近の宅地１㎡当たりの評価額の30％として算出します。

（参考）

　設置する付近の宅地㎡当たりの評価額が10,000円／㎡の場合

　太陽光発電用地の単位当たりの価格　→　10,000円／㎡　×　30％

　＝　3,000円／㎡

　　　↓

　このとき1,000㎡の土地に設置すると……

　　　↓

　3,000円（１㎡当たりの価格）　×　1,000㎡（地積）＝ 3,000,000円（評価額）

　3,000,000円　×　70％（負担調整措置）＝ 2,100,000円（課税標準額）

　2,100,000円　×　1.4％（税率）[注]　＝ 29,400円（税相当額）

　　※宅地に設置した場合は、宅地課税で変わりません。

（注）　筆者注。

　　　　この地域では固定資産税のみ課税されます。そのため、都市計画税の税率（0.3％）は含まれていません。

[出典]山梨県北杜市ホームページ

２）付近の土地（比準元）を田・畑・山林・原野とした場合

　これに対し、比準元を田・畑・山林・原野とした場合には、

　　付近の田・畑・山林・原野の価格＋造成費相当額[注3]

　　＝太陽光発電施設用地の価格

という考え方となります。

　　　（注3）　ここにいう造成費相当額は、現況が田・畑・山林・原野である土地を太陽光発電施設用地に転用することを想定した場合の費用となります。そのため、（注2）に掲げた造成費相当額とは性格が異なります。

この方式による場合、特に留意すべきことは、宅地に比べて田・畑・山林・原野の価格は水準が著しく低い反面、造成費は相対的に高くなるため、造成費が太陽光発電施設用地の価格に及ぼす影響が大きいという点です。すなわち、造成費の見積りにより雑種地の価格が大きく左右されてしまうことになります。

　なお、山林の造成費は農地の造成費に比べて割高になるのが通常です。

3）造成費のとらえ方

　すでに述べたとおり、近傍地比準方式を適用する場合、造成費相当額が太陽光発電施設用地の価格を左右する大きな要因となります。しかし、一概に造成費相当額といっても、造成のもと（現況）をどのようにとらえるかにより、金額は異なってきます。すなわち、宅地化を前提とした造成費か、田・畑・山林・原野から太陽光発電施設用地への転用を前提とした造成費かという点です。

（１）　宅地化を前提とした造成費

　　　宅地化を前提とした造成費は、太陽光発電施設用地を通常の宅地にするために必要な造成工事費を想定しています。

　　　この場合の造成工事費は、施工する土地の立地条件・規模や工法等の相違によっても異なります。また、地域によっても施工条件の相違により、造成費のレベルにも相違があり得ます。しかし、例えば、工場跡地に太陽光発電施設を設置するような場合には、従前から宅地であった場所に設置することから、特段の造成工事を要しないことがあるため留意が必要です。

　　　次に、造成費相当額の算定についてですが、これに関しては次の資料が参考になります。

〈総務省自治税務局資産評価室長通知〉

　　　この通知（「市街化区域農地の評価に用いる『通常必要と認められる

造成費に相当する額』について」）は評価替えごとに示されており、市町村が市街化区域農地の具体的な造成費相当額を算定する際の参考にされています。この通知に記載されている金額等は、宅地への転用を想定する場合の造成費相当額の算定にあたっても活用できます。

なお、一般財団法人資産評価システム研究センター『土地に関する調査研究－「その他の雑種地」の評価に関する調査研究－～再生可能エネルギー発電施設の用に供する土地の評価～』（平成26年3月）によれば、総務省通知における市街化区域農地の宅地造成費を再生可能エネルギー発電施設の宅地化を想定した場合の造成費算定の参考とする場合における主な留意点が、以下の趣旨にて指摘されています[注4]。

（注4）　同報告書 p.20～21。

（ a ）　造成規模

　　再生可能エネルギー発電施設用地は、一般に市街化区域農地よりも規模が大きいため、造成における使用可能重機やスケールメリット等の面からは、一般に市街化区域農地の評価に用いる造成費の方が単価が高くなる。

（ b ）　擁壁設置

　　市街化区域農地の評価に用いる造成費には擁壁設置費用が含まれているが、再生可能エネルギー発電施設用地の宅地化にあたっては、一般に擁壁設置が不要なケースが多いと考えられる。そのため、このような場合は擁壁設置費用について、市街化区域農地の評価に用いる造成費の方が単価が高くなる。

（ c ）　立木・土砂にかかる費用

　　市街化区域農地の評価に用いる造成費には土砂購入費または土砂廃棄費が含まれているが、再生可能エネルギー発電施設用地の宅地化にあたっては、一般的に土砂購入や廃棄を必要としないこ

とが多いと考えられる（そのように切土・盛土の量を調整すると考えられる）。

一方、市街化区域農地の評価に用いる造成費には立木の伐採・除根・廃棄費等が含まれていないが、再生可能エネルギー発電施設用地のうち山林を転用し一部の樹林を残したまま稼働していたような土地については、宅地造成にあたってこれらの費用が生じる。

また、相続税課税のための財産評価基準書（毎年7月公表）にも市街地農地等の評価に用いる宅地造成費が掲載されています。**図表7**はその一例です。

図表7 　市街地農地等の評価に係る宅地造成費

宅地造成費の金額表

1　市街地農地等の評価に係る宅地造成費

「市街地農地」、「市街地周辺農地」、「市街地山林」（注）及び「市街地原野」を評価する場合における宅地造成費の金額は、平坦地と傾斜地の区分によりそれぞれ次表に掲げる金額のとおりです。

（注）　ゴルフ場用地と同様に評価することが相当と認められる遊園地等用地（市街化区域及びそれに近接する地域にある遊園地等に限ります。）を含みます。

表1　平坦地の宅地造成費

工事費目	造成区分	金　額
整地費	整地を必要とする面積1平方メートル当たり	700円
伐採・抜根費	伐採・抜根を必要とする面積1平方メートル当たり	600円
地盤改良費	地盤改良を必要とする面積1平方メートル当たり	1,500円

土盛費	他から土砂を搬入して土盛りを必要とする場合の土盛り体積 1 立方メートル当たり	4,800円
土止費	土止めを必要とする場合の擁壁の面積 1 平方メートル当たり	56,700円

（留意事項）

（1）「整地費」とは、①凹凸がある土地の地面を地ならしするための工事費又は②土盛工事を要する土地について、土盛工事をした後の地面を地ならしするための工事費をいいます。

（2）「伐採・抜根費」とは、樹木が生育している土地について、樹木を伐採し、根等を除去するための工事費をいいます。したがって、整地工事によって樹木を除去できる場合には、造成費に本工事費を含めません。

（3）「地盤改良費」とは、湿田など軟弱な表土で覆われた土地の宅地造成に当たり、地盤を安定させるための工事費をいいます。

（4）「土盛費」とは、道路よりも低い位置にある土地について、宅地として利用できる高さ（原則として道路面）まで搬入した土砂で埋め立て、地上げする場合の工事費をいいます。

（5）「土止費」とは、道路よりも低い位置にある土地について、宅地として利用できる高さ（原則として道路面）まで地上げする場合に、土盛りした土砂の流出や崩壊を防止するために構築する擁壁工事費をいいます。

表2 傾斜地の宅地造成費

傾斜度	金額
3度超5度以下	11,400円／㎡
5度超10度以下	19,600円／㎡
10度超15度以下	27,000円／㎡
15度超20度以下	41,800円／㎡

（留意事項）

（１）　「傾斜地の宅地造成費」の金額は、整地費、土盛費、土止費の宅地造成に要するすべての費用を含めて算定したものです。

　　　なお、この金額には、伐採・抜根費は含まれていないことから、伐採・抜根を要する土地については、「平坦地の宅地造成費」の「伐採・抜根費」の金額を基に算出し加算します。

（２）　傾斜度３度以下の土地については、「平坦地の宅地造成費」の額により計算します。

（３）　傾斜度については、原則として、測定する起点は評価する土地に最も近い道路面の高さとし、傾斜の頂点（最下点）は、評価する土地の頂点（最下点）が奥行距離の最も長い地点にあるものとして判定します。

（４）　宅地への転用が見込めないと認められる市街地山林については、近隣の純山林の価額に比準して評価する（財産評価基本通達49（市街地山林の評価））こととしています。

　　　したがって、宅地であるとした場合の価額から宅地造成費に相当する金額を控除して評価した価額が、近隣の純山林に比準して評価した価額を下回る場合には、経済合理性の観点から宅地への転用が見込めない市街地山林に該当するので、その市街地山林の価額は、近隣の純山林に比準して評価することになります。

　　（注）　１　比準元となる具体的な純山林は、評価対象地の近隣の純山林、すなわち、評価対象地からみて距離的に最も近い場所に所在する純山林です。

　　　　　　２　宅地造成費に相当する金額が、その山林が宅地であるとした場合の価額の100分の50に相当する金額を超える場合であっても、上記の宅地造成費により算定します。

　　　　　　３　宅地比準方式により評価する市街地農地、市街地周辺農地及び市街地原野等についても、市街地山林と同様、経済合理性の観点から

宅地への転用が見込めない場合には、宅地への転用が見込めない市街地山林の評価方法に準じて、その価額は、純農地又は純原野の価額により評価することになります。

なお、市街地周辺農地については、市街地農地であるとした場合の価額の100分の80に相当する金額によって評価する（財産評価基本通達39（市街地周辺農地の評価））ことになっていますが、これは、宅地転用が許可される地域の農地ではあるが、まだ現実に許可を受けていないことを考慮したものですので、純農地の価額に比準して評価する場合には、80％相当額に減額する必要はありません。

（2）　田・畑・山林・原野からの転用の場合

比準元を田・畑・山林・原野とする場合、これらの土地を太陽光発電施設用地とするために必要な造成費相当額を比準元の土地価格に加算することになります。

その際、農地に比準する場合は、上記（1）で取り上げた市街化区域農地の評価に用いる造成費を参考に、比準元及び地域の状況に応じて査定することが必要となります。

また、山林・原野に比準する場合は、ゴルフ場用地の評価に用いる造成費が参考になります。なお、ゴルフ場用地についても、評価替えの際、総務省自治税務局資産評価室長通知（「ゴルフ場用地の評価に用いる造成費について」）が示されています。ちなみに、ある評価替え年度におけるゴルフ場のコースに係る全国の平均的造成費は丘陵コースで810円／㎡程度、林間コースで680円／㎡程度でした（金額は評価替えごとに異なる）。

再び、一般財団法人資産評価システム研究センター『土地に関する調査研究−「その他の雑種地」の評価に関する調査研究−〜再生

可能エネルギー発電施設の用に供する土地の評価～』（平成26年3月）によれば、次の2つが留意点として指摘されています[注5]。

（注5）　同報告書 p.32～34。

・農地に比準する場合で市街化区域農地の評価に用いる造成費を参考にするケース

・山林に比準する場合にゴルフ場用地の評価に用いる造成費を参考にするケース

同報告書の趣旨に沿ってそれぞれの留意点を掲げれば、以下のとおりです。

① 農地に比準する場合で市街化区域農地の評価に用いる造成費を参考にするケース

農地に比準する場合に考慮すべき造成費は、「農地をその他の雑種地（再エネルギー施設用地）とする」ために必要となる造成に係る経費となる。したがって、市街化区域農地の評価に用いる造成費が一定の参考にはなるものの、この造成費は「農地を宅地とする」ために必要となる造成に係る経費であり、それぞれ造成の程度が異なることから、評価対象地である雑種地（再エネルギー施設用地）の実態に即した造成の程度を考慮すべきである。

その他、市街化区域農地の評価に用いる造成費を参考とする場合における主な留意事項は以下のとおりである。

（a）　造成割合

市街化区域農地の評価に用いる造成費は土地全面の造成を前提としているが、農地を再生可能エネルギー発電施設用地へと造成する場合は、必ずしも全面に造成工事を施すものとは限らない。造成割合（土地全体に占める造成部分の面積割合）の点からは、一般に市街化区域農地の評価に用いる造成費の方が単価が高くなる。

（b）　造成規模

　再生可能エネルギー発電施設用地へと造成を行う農地は、市街化区域農地よりも規模が大きいため、造成における使用可能重機やスケールメリット等の面からは、一般に市街化区域農地の評価に用いる造成費の方が単価が高くなる。

（c）　擁壁設置

　市街化区域農地の評価に用いる造成費には擁壁設置費用が含まれているが、農地を再生可能エネルギー発電施設用地へと造成する場合においては、一般的に擁壁設置が不要なケースが多いと考えられる。そのため、このような場合は擁壁設置費用について、市街化区域農地の評価に用いる造成費の方が単価が高くなる。

②　山林に比準する場合にゴルフ場用地の評価に用いる造成費を参考にするケース

　山林に比準する場合に考慮すべき造成費は、「山林をその他の雑種地（再生可能エネルギー発電施設用地）とする」ために必要となる造成に係る経費となる。したがって、ゴルフ場用地の評価に用いる造成費が一定の参考とはなるものの、この造成費は「山林をゴルフ場とする」ために必要となる造成に係る経費であり、それぞれ造成の程度は異なる。そのため、評価対象地である雑種地（再生可能エネルギー発電施設用地）の実態に即した造成の程度を考慮すべきである。

　その他、ゴルフ場用地の評価に用いる造成費を参考とする場合における主な留意事項は以下のとおりである。

（a）　ゴルフコース部分造成費

　ゴルフ場造成費には、ティーグラウンド、フェアウェイ等、切盛土を伴うゴルフ場独特の造成工事を要し、この部分につい

ては一般にゴルフ場造成費の方が単価が高くなる。

（ｂ）　造成割合及び伐木処分費用

　　山林を再生可能エネルギー発電施設用地へと造成する場合には、常に全面が開発（造成）されるものではないが、基本的には施設設置地積が大きいほど収益性が高まることから、全体地積のうち可能な限り広域の開発が指向される。

　　一方で、ゴルフ場用地の造成にあたっては、通常４割以上の保存樹林を残すことが義務づけられている上、コースレイアウト等との関係から必ずしも保存樹林以外の全面に造成を施すとは限らない。そのため、造成割合及び伐木処分費用という観点からは一般に再生可能エネルギー発電施設用地への造成費の方が単価が高くなる。

　造成費用の見積りにあたっては、実務的には上記のとおり様々な観点からの検討が必要となります。このような検討を行った結果、求められた造成費相当額をもとに比準割合を査定することとなります。

　実際に適用されている太陽光発電施設用地の比準割合が市町村ごとに異なる要因は、それぞれの地域の宅地（または田・畑・山林・原野）の価格水準が異なるだけでなく、造成費相当額のとらえ方に関しても、上記のとおり様々な要素が絡みあっている点にあると思われます。

第5章
固定資産税の評価で争点となる例

4 所要の補正及び これが必要となる場合

Question

固定資産税の評価における「所要の補正」の意義とこれが必要となる場合の例を教えて下さい。

Answer

■1 判断を迷わせる要因

固定資産評価基準に規定されている「画地計算法」適用のための附表（奥行価格補正率表、間口狭小補正率表等）や「宅地の比準表」は、全国一律に適用される標準的なものとして作成されています。しかし、土地の価格には地域の実情や個々の土地の特殊性が反映されることが多く、全国一律の附表や比準表を当てはめて算定しただけでは、それが適正な時価を表しているといい切れない場合があります。

時価の水準をとらえる際に、このような点で判断に迷うことがしばしばありますが、所要の補正とは、このような場合に行われる価格の補正（実勢価格を反映させるための措置）ともいえます。

189

2 判断の基準をどこに求めるか

1. 所要の補正の一つのイメージ

例えば、**図表8**に示す土地のように、形状は悪くありませんが、面積が著しく小さく、単独では建物の建築が困難な土地（市街地宅地評価法の適用される区域内）があるとします。

図表8 面積が著しく小さく単独では建物の建築が困難な土地

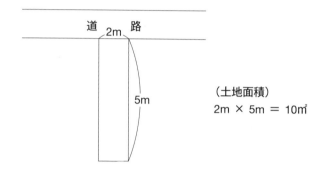

このような土地の場合、固定資産評価基準の附表を用いて奥行価格補正や間口狭小補正を行っただけでは、建築が困難であるという事情が反映されず、その土地が実際に有する価値に比べて高い価格が求められてしまう結果となります。そこで、実態に見合う分だけ補正（減価）が必要となりますが、ここで行われる減価補正が所要の補正に該当します。

2. 固定資産評価基準の規定

固定資産評価基準では、所要の補正に関して、「市街地宅地評価法」または「その他の宅地評価法」により各筆の評点数を付設していく場合、市町村長は、宅地の状況に応じ、必要がある場合には画地計算法の附表等について（「市街地宅地評価法」の場合）、または宅地の比準表について（「そ

の他の宅地評価法」の場合）、所要の補正を行ってこれを適用する旨を規定しています（固定資産評価基準第1章第3節二（一）4及び二（二）5）。

3. 所要の補正の方法

所要の補正の方法としては、

①　附表に変更を加える（＝所要の補正が必要となる場合の補正率を大きいものとする）

②　上記①とは別に、所要の補正率表を追加する

等の方法が考えられます。そして、その場合の補正率については各市町村の実情に応じて適切と考えられる割合をあらかじめ定めておくことが必要と思われます。

4. 市街化調整区域の場合

市街化調整区域のように「その他の宅地評価法」を適用する場合にも、所要の補正を必要とするケースがあります。例えば、「市街化調整区域のように開発が規制されたり、建築制限の厳しい地域であるにもかかわらず、このことが評価額に反映されていないのでは？」という疑問が生ずる場合には、所要の補正の適用を検討する必要があると思われます。

5. 所要の補正が必要となる場合

それでは、具体的にどのような場合に「所要の補正」が必要となるのでしょうか。

「市街地宅地評価法」適用地域にあっては、路線価をもとに「画地計算法」の附表を適用して各筆の評点数が付設されます。ただ、このような作業を行っただけでは、前項でも述べたとおり、個々の土地の価格事情を評価に反映し切れない場合があります。

また、「その他の宅地評価法」適用地域にあっては、状況類似地区内の

標準宅地の評点数をもとに「宅地の比準表」を適用して各筆の評点数が付設されますが、局地的に価格差のある場所では、やはりこのような作業によるだけではその事情を評価に反映するのが難しいといえます。これらの場合に「所要の補正」が行われるといえます。

🄲 評価上の留意点

「所要の補正」は減価要因に基づいて行われることが多いといえますが、中には増価要因に基づくものもあります。ただ、固定資産評価基準には、「必要があるとき」に市町村長が「所要の補正」を行うことができると規定されているのみで、具体的にどのような場合を指すのかについては示されていません。

このため、以下に掲げる項目は、実際に市町村で実施している「所要の補正」の例を網羅的に示したものであり、市町村の実情によっては実施されていない項目も含まれている点に留意が必要です。

○画地条件に関する補正
　・接面街路との高低差
　・接面街路の種別・構造等（「その他の宅地評価法」適用地域の場合）
　・用排水路等
　・横断歩道橋に近接する土地
　・画地計算表の附表の修正等
　・宅地の比準表の修正等
　・大規模画地
　・地積過小地
　・その他（容積率の異なる2以上の地域にまたがる土地、傾斜地等）

○環境条件に関する補正
- ・騒音・振動
- ・いみ施設
- ・悪　臭
- ・土壌汚染地
- ・その他（災害発生の危険性等）

○法律上の規制・制限等
- ・規制区域（急傾斜地崩壊危険区域等）
- ・地下阻害物（地下鉄、公共下水道等）のある土地
- ・地上阻害物（高速道路、鉄道等）の高架下にある土地
- ・埋蔵文化財包蔵地、地下埋設物のある土地
- ・セットバックの必要な土地
- ・建築基準法上の規制のある土地
- ・都市計画施設予定地
- ・高圧線下地
- ・土地区画整理事業実施中の土地

○その他
- ・私　道
- ・鉄塔敷地
- ・湿地・砂地等
- ・港湾加算（岸壁または桟橋を有する土地）

❹もう一度基本に立ち戻る

　最高裁平成15年6月26日判決では、固定資産税評価額が適正な時価（客観的な交換価値）を上回った場合、これを超える部分については違法とし

ています。このため、固定資産評価基準を機械的に当てはめて評価した結果が、いつの場合でも適正な時価を表すとはいい切れない点に留意が必要です。その調整役を果たすのが所要の補正です（**図表9**）。

図表9 所要の補正のイメージ

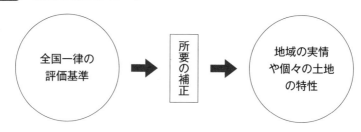

　また、固定資産税の評価には大量一括評価という限界がありますが、上記の最高裁判決を踏まえた場合、所要の補正の適用が評価額の妥当性を左右する重要な鍵となることを十分念頭に置く必要があります。

第 **6** 章

相続税の財産評価
で争点となる例

1 財産評価基本通達によらない 時価評価が認められるか ―特別の事情との関係(1)―

Question

固定資産税の項にも掲げられていたとおり、家屋の固定資産税評価額は、建築後一定の年数を経過してしまえばいくら古くなっても下がらないとのことです。ところで、家屋の相続税評価においても固定資産税評価額が基本となることから、古い家屋を相続した（または贈与を受けた）からといって、それだけでは評価額がゼロに近くなるとはいかないようです。そこで、財産評価基本通達に定める考え方を適用する際、家屋が古いことを「特別の事情」として斟酌し評価するわけにはいかないでしょうか。これに関連し、参考になる裁判例があれば紹介して下さい。また、その際の留意点も教えて下さい。

Answer

1 異なる見解を生じさせる要因

財産評価基本通達89では、家屋の評価について次の規定を置いています。

財産評価基本通達
（家屋の評価）
89　家屋の価額は、その家屋の固定資産税評価額（地方税法第381条（固

定資産課税台帳の登録事項）の規定により家屋課税台帳若しくは家屋補充課税台帳に登録された基準年度の価格又は比準価格をいう。以下この章において同じ。）に別表１に定める倍率を乗じて計算した金額によって評価する。

なお、この規定に登場する「別表１」とは**図表１**の内容を指し、家屋に関しては固定資産税評価額に1.0を乗じたものが相続税評価額となる旨が記載されています。すなわち、固定資産税評価額そのものが相続税評価額となるということです。

図表1 **財産評価基本通達　別表１**

耕作権割合等一覧表

（昭41直資３－19追加、昭45直資３－13・昭48直資３－７・昭51直評13・昭54直評９・昭57直評５・昭60直評６・昭63直評３・平３直評３・平６課評２－９・平12課評２－４外改正）

内　容	割合等
①　耕作権割合	100分の50
②　家屋の固定資産税評価額に乗ずる倍率	1.0

そして、建築後の経過年数の長くなった建物でも、固定資産税評価額を算定するためのいわゆる最終残価率（一定の経過年数以上の経年減点補正率）が建物の種類を問わず0.20とされていることが、これと異なる見解を生じさせる要因となっているように思われます。

そこで、本項では、このような疑問に端を発した裁判例を取り上げ、鑑定評価との相違点や留意点を検討していきます。

❷ 判断の基準をどこに求めるか（裁判例の分析）

本項では、上記に関連する裁判例として、贈与時において築後約35年を経過し、しかもここ約15年間使用していなかった居宅につき、財産評価基本通達（以下「評価通達」という）89に規定する方法（建物の固定資産税評価額×1.0＝相続税評価額）では客観的な交換価値を表すことができず、評価通達の定めによっては評価できない特別の事情があるとする納税者の主張が排斥された事例（札幌地裁平成26年10月31日判決）[注1] を取り上げます（なお、本章で取り上げる裁決等事例については、公表された内容に基づいています）。

 （注1） 税務大学校ホームページ掲載資料（税務訴訟資料 第264号－180（順号12561））

1. 事案の骨子

本件は、納税者（X）が課税庁（原処分庁）から、Xが贈与を受けた建物の価額は、納税者の算定とは異なり、固定資産税評価額に1.0を乗じた価額であるとして更正処分を受けたため、これを不服とし、当該建物のうち木造部分の客観的時価は固定資産税評価額に0.5を乗じた額であるとして取消しを求めていたものです。

2. 事実関係

（1） 納税者（受贈者）Xは、平成22年11月、Y（寄贈者）から○○市所在の建物（以下「本件家屋」という）の共有持分10分の8の贈与を受けました。

（2） 本件家屋は、昭和49年に新築された非木造部分（ブロック造亜鉛メッキ鋼板葺平屋建、床面積91.26㎡の部分。以下「本件非木造部分」という）と、昭和50年に増築された木造部分（未登記の木造亜鉛メッキ鋼板葺2

階建、床面積 1 階部分16.52㎡、 2 階部分49.58㎡。以下「本件木造部分」
という）から成っています。

（ 3 ）　本件家屋の平成22年度固定資産税評価額は約219万円であり、うち
本件非木造部分は約141万円、うち本件木造部分は約77万円でした。
これらの評価額は、固定資産評価基準に基づいて算定されたものです。

（ 4 ）　Ｘは、平成23年 3 月、贈与税の申告をしました。そして、その申
告書には、Ｘが取得した財産の価額（課税価格）について、固定資産
税評価額（約219万円）に0.5及び持分割合10分の 8 を乗じた金額の記
載がありました。

（ 5 ）　これに対し、課税庁（原処分庁）は、家屋を贈与により取得した場
合の評価額は、評価通達89により家屋の固定資産税評価額に倍率1.0
を乗じた金額と定められているところ、当該家屋について、評価通
達89の定めにより評価することができない特別な事情は認められな
いとして、Ｘの異議申立てを棄却しました。

（ 6 ）　Ｘは、平成24年 6 月、国税不服審判所に対し審査請求を行いまし
たが、やはり棄却されたため訴訟に至りました。

　なお、筆者の推測によれば、建物の相続税評価額の算定方法はＸも十分
承知の上であり、それでもなお訴訟に至った背景には、固定資産税評価に
おける建物の最終残価率が最低限20％にとどまっており、Ｘが最大限譲
歩できる残価率の 2 倍となっていることが発端となっているように読み
取れます（後掲の「納税者（Ｘ）の主張」を参照）。そして、このことを理由
とし、本件建物のように建築後の経過年数の長い建物に残価率20％を適
用するのは実態にそぐわないため、評価通達の定めによることのできない
特別の事情があると主張していることも併せて読み取ることができます。

3. 当事者の主張

A　課税庁（原処分庁）の主張

1）最終残価率との関連

　相続税法第22条の定める時価は、納税者間の公平、納税者の法的安定性及び予見可能性の担保、徴税費用の節減という見地から、評価通達に定められた評価方式によって評価することが相当である。そして、建物評価方式のベースとなり具体的金額の算定にあたって適用される固定資産評価基準は、財産を所有していることによる効用・価値を算定することを目的とする基準として合理的であって、同基準により決定された家屋の価額は適正な時価であると推認するのが相当である。同基準は、家屋の資産価値については、経年により減少していくとしても最終的に残る価値があるとして、一定の経過年数以上の経年減点補正率を20％としており、その合理性は専門家の検証によって認められている。また、これによることができない場合については、別途、損耗減点補正率が定められ、さらに必要があると認めるときは、需給事情による減点補正率をも乗じるとされており、全体として合理性がある。

2）減価償却制度における残存割合との関連

　この点、減価償却制度における残存割合は、投下資本の適正な費用配分を目的として減価償却費を算出する際に用いられるものであり、財産の時価を求めることを目的とするものではない。また、耐用年数省令の残存割合は、時価評価の方法としての適切な経年減点補正率にはなり得ないし、単にその数字を固定資産評価に転用すべき理由も存在しない。また、固定資産税評価額の付されていない家屋の評価については、最終残価率が問題となるほど長期にわたって存在することは想定されておらず、本件木造部分は、固定資産税評価額が付されているのであり、それが付されていない場合と同様にとらえるべき理由はない。

3）特別の事情との関連

　本件木造部分が築後約35年を経過していることだけでは、評価通達の定めに従った評価が客観的交換価値を上回るものであることを認めるべき特別の事情には当たらない。当該建物が取り壊されずに所有し続けられ、相続ないし贈与がされているのであれば、通常は取壊しが必要なほど老朽化していないと考えられる。また、老朽化により具体的な取壊し予定があるのに何らかの理由により課税時期までに取壊しが間に合わなかったような場合には、特別の事情としてその旨を主張すればよいことである。また、本件家屋に居住しなくなり、経年の劣化により本件家屋の主要構造部や屋根、外壁等の各部分に著しい損壊等が生じたのならともかく、単に居住していないことは特別の事情に当たらない。

　なお、固定資産税の評価上、本件木造部分について、経年による価値の減少を考慮しただけでは適正な評価額を算定できないような損耗が存在するのであれば、○○市は、当然、損耗減点補正率による補正を行い、評価額に反映させることになる。しかし、同市が本件木造部分について損耗減点補正率による補正を行っていないのであれば、そのような補正をする状況にはないと判断したというべきである。固定資産評価基準による本件家屋の評価において、時価を適切に評価することができない特別の事情があるのであれば、Ｘは同市の固定資産評価審査委員会に対し、固定資産評価の審査申出をすることができる。しかし、Ｘがそのような申出をした事実は認められない。

B　納税者（Ｘ）の主張

1）本件において建物の固定資産税評価額に0.5を乗ずるのが適切と考える理由

　木造家屋の耐用年数22年を経過した建物については、固定資産税評価額に0.5を乗じた額が客観的時価であり、本件木造部分は、贈与時におい

て築後約35年を経過する老朽建物である。したがって、固定資産税評価額に0.5を乗じた金額以上の価額に基づいて算出された贈与税を賦課することは違法となる。

２）最終残価率との関連

たとえ、人が所有し使用していたとしても、木造家屋の客観的価値は減少し続けるはずであり、一定期間経過後、一定の価値があるとしても、その割合がなぜ20％であるのかは明らかでない。また、取り壊されずに所有し続けられているからといって、取壊しが必要なほど老朽化していないとはいえない。それだけでなく、物の使用価値があっても客観的交換価値のない財産は多数存在する。

３）耐用年数省令との関連

この点、耐用年数省令は、家屋の最終資産価値をその10％と定めており、また、固定資産税評価額が付されていない場合には、再建築価額の0.1に相当する額が最終評価額とされている。このような評価は、家屋の客観的交換価値に合致するものであるから、これらを参考とし、本件木造部分については、経年減点補正率を10％とするのと同様の結果を導くことができるように、固定資産税評価額に0.5を乗じて算出すべきである。

なお、評価通達の中には、門及び塀等、一般動産、船舶、文化財建築物である家屋並びに課税時期において、いまだ固定資産税評価額が付されていない家屋等、耐用年数省令に基づく償却費の額の合計額または減価の額を控除した金額に基づいて財産を評価するものがある。そのため、固定資産評価において耐用年数省令に基づく残存割合を用いることは、何ら理論的整合性を欠くことにはならない。

また、損耗の状況による減価補正率については、一般に法人税法における減価償却費累計額よりも低く設定されるから、評価額が高くなるし、需

第6章
相続税の財産評価で争点となる例

給事情による減価補正が適正に行われることはほとんどないと指摘されている。

4）特別の事情との関連

　本件木造部分は、贈与時において築後約35年を経過し、平成7年8月を最後に居住者がいなくなり、約15年もの間、空き家の状態になっている。このように、本件家屋は人が所有してはいたものの、使用していなかったのであるから、評価通達89に規定される1.0倍を適用することができない特別の事情がある。

4. 裁判所の判断

○評価通達89の一般的な合理性について

1）家屋の固定資産税評価額について

　ここでは、固定資産評価基準が一般的な合理性を有する場合には、特別の事情がない限り、これに従って算出された家屋の固定資産税評価額は当該家屋の客観的交換価値を上回るものではないと推認するのが相当である旨が述べられています。なお、基本的な考え方は相続税法第22条の解釈と共通するものがありますが、詳細は割愛します。

2）固定資産評価基準の一般的な合理性について

　本件審理にあたった裁判所は、以下の視点から固定資産評価基準の一般的合理性を根拠付けるとともに、その反面、最終残価率20％の是非に関する問題点を指摘するいくつかの文献があることを念頭に置きつつ、固定資産評価基準の合理性を認めています。その結果、特別の事情の存在を訴える納税者の主張を排斥している点が注目されます。

　①　固定資産評価制度調査会の答申

　　　総理府に設置された固定資産評価制度調査会は、昭和34年6月、

203

次の答申をしていること。

「再建築価格は、家屋の価格の構成要素として基本的なものであり、その評価の方式化も比較的容易であるので、家屋の評価は、再建築価格を基準とする方法によることが適当である」

② 「地方税」（平成5年2月発行）掲載の論説及び同誌（平成5年10月）掲載の論説^(注2)

この記事には、木造家屋について固定資産評価基準が定める経年減点補正率が一定期間経過後の最終残価率20％で止まるとされている理由として次の旨が指摘されていること。

・一定年数に達してなお使用される家屋について、通常の維持補修を加えた状態において、家屋の効用を発揮し得る最低限の状態をとらえる場合、建物が劣化していても人が所有し使用している限り何らかの効用が期待され、価値が生じているものである。

（注2）　なお、出典の明細は本書執筆の際参照した資料に掲載されていないため割愛します。以下、固定資産評価基準の一般的な合理性について裁判所が文献等の引用をしている箇所についても同様です。

③ 財団法人資産評価システム研究センター「家屋に関する調査研究 – 家屋評価における経年減点補正率表の見直しに関する調査研究」（平成19年3月）

この報告書には次のような記載があること。

（a）　固定資産税の家屋評価は、家屋の物的価値及び使用価値の両者に着目するものであり、物的価値（建物の実体等が持っている価値）は、経過年数による損耗等により減少するので、経過年数とともに限りなくゼロになるまで減少する。しかし、建物が経過年数による損傷や汚れ等で劣化していても、使用するのに支障のないように最低限の修繕等の維持管理が日常的に行われていれば、最小使用価値は建物の新築時点から滅失の直前まで、ほとんど減価し

ない一定状態に保たれている価値といえる。

　また、減価償却資産に投資された経費の回収という役割を有する国税の減価償却の残存価額と家屋の使用価値とは性格が異なり、その水準が同一である必要はない。さらに、人が居住し活動するという家屋の特質に照らせば、償却資産とはその効用が異なると考えられることから、これも償却可能限度額と同一である必要はない。

（ｂ）　最終残存価格に達しても、本来の効用を保持し適切に供用されている家屋は少なくとも主要構造部が健全であり、主要構造部の価値を上回る価値があるはずであるという考え方がある。こうした考え方に関連して家屋評価の事例をみれば、家屋の再建築価額全体に占める主要構造部の割合は、おおむね木造家屋で20％、非木造で40％であって、最終残存価格に達しても、本来の効用を保持し適切に供用されている家屋の資産価値の残価率は少なくとも20％より大きいと見ることができる。

（ｃ）　最終残価率20％（の妥当性）については、所定の築後年数を経て評価額が最終残存価格に達した固定資産税の対象となる家屋について、関連するいくつかの観点から検討を行い、以下のとおり確認できた。

　　　ア　評価額が最終残存価格に達した家屋は、なお一定の効用を保持し、除却されていないものである。

　　　イ　評価額が最終残存価格に達した後の（耐用）年数には幅があり、このことは特に木造家屋で顕著である。

　　　ウ　評価額が最終残存価格に達した家屋の資産価値は、賃貸住宅の家賃や貸事務所の賃料にも現れるが、それらは新築家屋の少なくとも過半はあると考えるのが適切である。

　　　エ　評価額が最終残存価格に達したものとして扱われる家屋の

現実の資産価値は幅広く分布し、その中で残価率20％に対応するのは、物的に劣化しても効用をかろうじて保持できているものであると考えられる。一方、評価額が最終残存価格に達した家屋の資産価値の評価方法には、現状適切なものがない中で、納税者に不利にならないという観点からみれば、その現実の資産価値はほとんどの家屋で20％を大きく上回ると考えてよいことから、現時点において妥当性を有する。

　なお、参考までに、本件審理にあたった裁判所が判決文に掲げた最終残価率20％の是非に関する問題点を指摘する文献とは次のものです。
・石島弘・碓井光明・木村弘之亮・山田二郎「固定資産税の現状と納税者の視点」（昭和63年4月1日）
　ここでは、次の旨の記載があります。

　　市場における取引価格（＝時価）は常に再建築価額で形成されるのではないこと、家屋の価格は公共施設の設置決定の前後で変化するし、それをとりまく民間施設の活気の度合によって異なってくることを考えると、再建築価額による評価方法に固定すると時価を正しく反映しえなくなるように思える。
・品川芳宣・緑川正博「徹底解明／相続税財産評価の理論と実践」（平成17年10月1日）
　ここでは、残存価格割合が20％とされていることについての問題点が指摘されています。
・小池幸造監修「相続税・贈与税通達によらない評価の事例研究」（平成20年5月30日）
　ここでは次の指摘があります。
　ア　経年減点補正率における残価率は一定期間経過以後20％とされており、旧耐用年数等に関する省令の残価率10％に比べても

高く、例えば築60年を経過している建物の取壊し費用も考慮した客観的交換価値からすれば、適正な時価を超える可能性があること。

イ　残価率20％の評価額を適用するのは、非木造（事務所用、鉄骨鉄筋コンクリート造）家屋であれば築65年から取壊しまでであり、これは通常の維持管理を継続して行った場合、家屋の効用を発揮し得る最低限という考え方に立っているが、築後相当年数を経過したすべての家屋に取壊しまで20％の客観的交換価値を認めることができるかは疑問であること。また、固定資産評価基準が残価率を20％に留めているのは、不動産所有に担税力を求める固定資産税の制度趣旨から当然認められるべきとする考えがあるが、法に定める取引価格すなわち客観的交換価値を、所有者にとっての資産価値・使用価値と置き換えることはできないこと。

・「税務事例」の論説（平成24年11月）

ここには次の記載があります。

ア　昭和34年当時とは状況が著しく異なり、再建築価格方式の継続に無理があるように思われる。

イ　身近な行政サービスの対価として賦課される固定資産税については、土地・建物を一体的に包摂しその使用価値に着目して収益還元評価に移行すべきと考えるが、現行評価基準を続けるには、建物残価率引下げは喫緊の課題であると確信している。

3）減価償却と固定資産税における家屋評価との関連

　Xは次の点を根拠に、経年減点補正率を10％とするのと同様の結果を導くことができるように、評価通達89において固定資産税評価額に倍率0.5を乗じる計算方法が採用されるべきである旨を主張する。

（a）　老朽化した木造家屋の資産価値は減少し続けるのが現実であり、

耐用年数省令による評価の方が客観的交換価値に合致すること。
（ｂ）　評価通達の中には、耐用年数省令に基づく償却費の額の合計額または減価の額を控除した金額に基づいて財産を評価するものがあること。

　しかし、減価償却は、減価償却資産に係る償却費用を毎期に適切に配分することを目的とするものであるのに対し、固定資産評価基準における経年減点補正率は、通常の維持補修を行うものとした場合に、その年数の経過に応じて通常生ずる減価を基礎としており、家屋として維持存続していることによる効用を把握することを目的としているものであって、両者の趣旨及び目的は異なっている。

　耐用年数省令は、償却資産である建物の取得価額に残存割合100分の10を乗じて計算した額を当該建物の残存価額と定めている。これに対し、評価通達89が前提とする固定資産評価基準は、当該家屋の再建築費評点数に経年減点補正率を乗じて計算した額を当該家屋の評点数とし、その上で当該評点数に評点一点当たりの価額を乗じて当該家屋の価額を求めるものである。

　このように、**耐用年数省令の定める残存割合と経年減点補正率とでは、乗じる対象が取得価額と再建築評点数とで相違しており、固定資産評価の算出過程において、経年減点補正率のみを耐用年数省令の定める残存割合に置き換えることに合理性はない。また、証拠（省略）によれば、評価通達の中には、耐用年数省令に基づく償却費の額の合計額または減価の額を控除した金額に基づいて財産を評価するものがあることが認められる。し**かし、**固定資産税評価額が付されている家屋について、直ちに耐用年数省令に準拠して評価すべきことにはならない。**したがって、納税者の主張には理由がない。

5. 評価通達の定める評価方法によっては当該財産の客観的交換価値を適切に算定することができない特別の事情の有無について

　Aのウェブサイト（省略）には、木造住宅の場合、銀行では築20年で担保価値０円と査定される旨の記載があり、平成23年４月○○日の新聞広告（省略）には、中古住宅の価格をマイナス評価する旨の記載がある。また、B作成の「贈与家屋の状況説明書」と題する書面（省略）には、本件家屋の利用状況について、昭和50年の木造部分の増築後、外・内部の改修を一切行わず、平成７年８月以降空家となり、他に賃貸することもなく家屋の現況確認等のため年に数回本件家屋に行っていたとの記載がある。

　しかし、これらの事情のみをもって、本件木造部分の客観的交換価値が評価通達89に基づいて算定された額よりも低いものであるとは認め難い。

　以上、本件木造部分について、評価通達89に定める評価方法によっては適正な時価を適切に算定することのできない特別の事情を認めるに足りない。

3 より深い理解のために

　固定資産評価基準における家屋評価の考え方についてはすでに述べてきたとおりですが、これを要約したものが**図表２**です。

図表２　固定資産評価基準における家屋評価の考え方

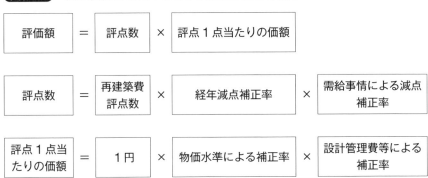

なお、固定資産評価基準において一定年数以上経過した建物の経年減点補正率（いわゆる最終残価率）が0.20とされ、これが下限にとどまっていることはすでに述べました。

　そこで、以下、減価償却資産の耐用年数等に関する省令（本件裁判例に登場）と固定資産税評価額の関係、また、内容が一部重複しますが、不動産取引及び鑑定評価と固定資産税評価における残存割合の異同について言及しておきます。

1. 減価償却資産の耐用年数等に関する省令と固定資産税評価額

　減価償却資産の耐用年数等に関する省令（以下「耐用年数省令」という）第6条第1項では、減価償却資産の残存価額は、当該資産の取得価額に残存割合を乗じて計算する旨を定め、同省令別表第11（**図表3**）において、建物の残存割合については100分の10としています。

図表3　　減価償却資産の耐用年数等に関する省令　　別表第11（一部抜粋）

平成19年3月31日以前に取得をされた減価償却資産の残存割合表

種　　　類	細　　　目	残存割合
別表第一、別表第二、別表第五及び別表第六に掲げる減価償却資産（同表に掲げるソフトウエアを除く。）		100分の10

（注）　建物はこの欄に該当します。

　ところで、耐用年数省令に掲げられている減価償却資産の残存割合ですが、それは耐用年数到達時における資産の時価が全体価額の10％存するということまで意味しているわけではありません。

　減価償却の目的は、あくまでも当初の投下資本を毎期にわたり適正に費用配分（＝費用化）することにあり、費用化のできる対象額が取得価額のうち残存割合を除いた部分（＝取得価額の90％）であるということを指し

ています。このように、残存割合という用語が使用されていても、それは資産の時価を求めることとは本質的に異なるものといえます。また、耐用年数省令における建物価額の基礎は取得価額であるのに対し、固定資産税の評価では再建築費評点数となっている点にも相違がみられます。

さらに、固定資産評価基準における経年減点補正率は、通常の維持補修を行うものとした場合において、築年数の経過に応じて通常生ずる減価を基礎とし、家屋として維持存続していることによる効用を把握することが目的である点でも減価償却と相違しています。つまり、その目的を価値の減価という点に置くのか、投下資本の費用化のための損益計算に置くのかということになります。

固定資産評価基準におけるいわゆる最終残価率と耐用年数省令における残存割合は同じもののようにも思われますが、両者の本質的な相違を踏まえた場合、耐用年数省令における残存割合を引合いとした納税者の主張（評価通達の定めによることのできない「特別の事情」の存在）が裁判所によって排斥された理由を垣間見ることができます。

2. 不動産取引、鑑定評価と固定資産税評価における残存割合の異同

不動産取引の世界では、中古建物の価値の残存割合を厳しくみる傾向があり、鑑定評価においても経過年数の長い建物に関しては残存割合を固定資産評価基準に比べて低くとらえる傾向にあります。また、耐用年数満了時における残価率をゼロとみているのが一般的です。このような点に固定資産税評価との認識の相違を見い出すことができます。そして、その背景には、年数が経過しても最低限の使用価値は認められるはずであるという固定資産税評価の論理と市場性の側面から建物価値にアプローチする取引及び鑑定評価の論理が相反して存在するようにも思われます。

なお、これは筆者の推測ですが、所有者による使用勝手が悪く、そのために建物の損耗が進行している場合でも、そのような事情を固定資産税評

価に織り込んで残価率を低くした場合には、納税者間の不公平を招くという考え方が背後にあるのかもしれません。

　固定資産税評価額がそのまま相続税評価額に直結する現行の評価通達の仕組みを前提とする以上、固定資産評価基準に定められている最終残価率20％の是非を争ってみても、それが評価通達の定めによることのできない特別の事情とはなり得ないことを本件判決は示唆しているように思われます。

　なお、不動産取引市場においては、建物付きで売買する場合でも中古建物の価値を見い出さないことが多く、ここに建物の固定資産税評価額に対する納税者の認識との乖離があるといえそうです。売買対象地上に使用価値のある建物が存する場合でも、現状使用を前提とする購入者が現れない限り、撤去を見込んだ金額（すなわち、建物価格をゼロ円とし、更地価格から撤去費を控除した金額）で売買せざるを得ないケースも珍しいことではありません。

　鑑定実務においても、建物が建築後一定期間を経過したという理由だけでは、それがゼロ評価につながるわけではなく、価格時点において今後何年使用に耐え得るかという点を念頭に置いた評価が行われます。その際、最初に経済的残存耐用年数を査定し、これに見合う評価額を求めるという考え方が適用されます。

　いずれにしても、市場実態や鑑定実務における残価率の取扱いを踏まえた場合、固定資産評価基準で採用されている一定期間経過後の最終残価率20％を不動産市場における取引価格の目安としてストレートに適用するには大きな壁があり、本件判決文にもこのような問題点を指摘する文献が登場してきます。しかし、固定資産税評価、相続税評価の現行枠組みの中で、個別のケースについて最終残価率20％を適用できない特別の事情を根拠付けるには、ハードルが限りなく高いことを本件判決から読み取ることができそうです。

第6章
相続税の財産評価で争点となる例

2 財産評価基本通達によらない時価評価が認められるか —特別の事情との関係（2）—

Question

相続税の申告にあたり、財産評価基本通達に沿って評価額を算定したところ、時価（鑑定評価額）よりも著しく低額のため課税庁によりこれが否認され、鑑定評価による結果が採用されたケースがあるようです。

財産評価基本通達を適用した結果、時価よりも高い評価額となってしまう場合に納税者が他の方法（鑑定評価）によって申告したケースは知っていますが、上記のケースはこれとは逆となっています。これを扱った裁決事例を紹介し、併せて留意点も教えて下さい。

Answer

■1 異なる見解を生じさせる要因

最初に、相続税法において財産評価基本通達（以下「評価通達」という）以外の評価方法がどのような位置付けにあるのかを明らかにしておきます。

○相続税の財産評価の考え方

① 相続税法第22条《評価の原則》は、相続により取得した財産の価額は、同法に特別の定めのあるものを除き、当該財産の取得の時における時価による旨を規定しています。

② 評価通達1《評価の原則》の（2）は、財産の価額は時価によ

213

るものとしています。時価とは、課税時期（相続により財産を取得した日）において、それぞれの財産の現況に応じ、不特定多数の当事者間で自由な取引が行われる場合に通常成立すると認められる価額をいうとしています。また、その価額は評価通達の定めによって評価した価額による旨を定めています。

③　評価通達6《この通達の定めにより難い場合の評価》は、評価通達の定めによって評価することが著しく不適当と認められる財産の価額は、国税庁長官の指示を受けて評価する旨を定めています。

上記のとおり、相続税の財産評価においては評価通達を適用して評価することが何よりも先に求められ、これによらないことが相当と認められる特別の事情がない限り、他の方法は認められていません。

しかし、何が「特別の事情」に該当するのかについて具体的な規定はなく、個々のケースに応じて判断されているのが実情であり、ここに異なる見解の生ずる要因があります。

❷判断の基準をどこに求めるか（裁決事例の分析）

本項では、上記に関連する裁決事例として、相続財産のうち一部の不動産については評価通達によらないことが相当と認められる特別の事情があると認められることから、他の合理的な時価の評価方法である不動産鑑定評価に基づいて評価することが相当であるとした事例（国税不服審判所平成29年5月23日裁決）[注1]を紹介します。

（注1）　国税不服審判所ホームページ掲載資料

1. 事案の骨子

本件は、相続人である納税者（3名）が、相続により取得した財産の価額について、財産評価基本通達（以下「評価通達」という）に定める方法により評価して相続税の申告をしたところ、課税庁（原処分庁）が、一部の

土地及び建物の価額は評価通達の定めによって評価することが著しく不適当と認められるとして相続税の更正処分をしたため、Xらがこれを不服として争ったものです。

2. 事実関係

本件事案は、評価通達によらないことが相当と認められる特別の事情があることを国税不服審判所が認めた数少ない事例であると思われます。したがって、本件に関してはそれなりの事情や背景があるものと推察されます。なお、公表裁決事例には不動産評価額等についての具体的な資料や金額等が記載されていないため、本書においても評価通達6の運用に係る部分に重点を置くこととしました。

1）本件相続に係る関係人等

（1）　本件相続に係る共同相続人は、本件被相続人（X）の妻であるN、同長女であるJ、同長男であるG、同二男であるP及び同養子であるK（二男Pの長男）の5名です。

（2）　本件被相続人（X）は、平成20年○月○日、Kを養子とする養子縁組をしました。

（3）　Q社は、昭和40年10月○日に不動産の売買、賃貸借及び不動産の管理等を目的として設立され、平成21年6月○日以前の代表取締役はX、同日以後はその長男Gです。

2）不動産の取得状況等

（1）　Xは、平成○○年○月、Q社の代表者として、R銀行に対し、○○診断を申し込みました。そして、○○診断を申し込むにあたり、Xは、R銀行に対し、次期後継者長男Gの後継者を養子Kと考えており、孫であるKの代まで事業を承継させたい旨及び当該事業

承継に伴う遺産分割や相続税が心配である旨を伝えました。

（2）　Xは、平成○○年○月、売主である法人から甲土地（以下「本件甲土地」という）及び本件甲土地上に存する建物（以下「本件甲建物」といい、本件甲土地と併せて「本件甲不動産」という）を総額×××,×××,×××円で買い受けました。これに伴い、R銀行から×××,×××,×××円を借り入れています。

（3）　また、Xは、平成○○年○月、売主である法人から乙土地及び乙土地上に存する建物（以下、当該土地及び建物を併せて「本件乙不動産」といい、本件甲不動産と併せて「本件各不動産」という）を総額×××,×××,×××円で買い受けました。本件乙不動産についても、XはR銀行からの借入れを行っています。

（4）　平成○○年○月、共同相続人の間で、公正証書遺言に係るXの財産の一部について、遺産分割協議が成立し、Kらは、当該公正証書遺言及び当該遺産分割協議に基づき、本件相続に係る相続財産を取得しました。

（5）　Kは、平成○○年○月、買主である個人との間で、本件乙不動産を総額×××,×××,×××円で売り渡す旨の不動産売買契約を締結し、本件乙不動産を譲渡しています。（以下省略）

3）本件各不動産の価額等

（1）　Kらは、評価通達の定めに従い、本件甲土地の価額を×××,×××,×××円、本件甲建物の価額を××,×××,×××円、これらを合計した本件甲不動産の価額を×××,×××,×××円（以下「本件甲不動産通達評価額」という）と評価しました。

　　　また、本件乙不動産の土地に係る価額は××,×××,×××円、建物に係る価額は××,×××,×××円、これらを合計した本件乙不動産の価額は×××,×××,×××円（以下「本件乙不動産通達評価額」

といい、本件甲不動産通達評価額と併せて「本件各通達評価額」という）
と評価しています。

（2）　S社が平成○○年○月に作成した不動産鑑定評価書（以下「本件甲
不動産鑑定評価書」という）では、本件甲土地の価額は×××,×××,
×××円、本件甲建物の価額は×××,×××,×××円、これらを
合計した本件甲不動産の価額は×××,×××,×××円（以下「本件
甲不動産鑑定評価額」という）とされています。

なお、裁決事例集には不動産鑑定評価書が添付されていないため、
具体的金額は不明です。本件乙不動産についても同様です。

（3）　また、T社が平成○○年○月に作成した不動産鑑定評価書（以下
「本件乙不動産鑑定評価書」という）では、本件乙不動産の価額は
×××,×××,×××円（以下「本件乙不動産鑑定評価額」といい、本
件甲不動産鑑定評価額と併せて「本件各鑑定評価額」という）とされて
います。

（4）　課税庁（原処分庁）は、本件更正処分において、本件各不動産を
評価しました（以下、課税庁が評価した本件各不動産の価額を「本件各
原処分庁評価額」という）。

なお、本件各原処分庁評価額は、本件各鑑定評価額と同額です。

（以下省略）

3. 当事者の主張

本件における争点は、本件各不動産について、評価通達に定める評価方
法によらないことが相当と認められる特別の事情があるか否かという点に
ありました。これに関する当事者の主張は以下のとおりです。

A　課税庁（原処分庁）の主張

本件各不動産については、次のとおり、評価通達に定める評価方法に

よらないことが相当と認められる特別の事情がある。

（1）　評価通達6は、評価通達に定める評価方法を画一的に適用した場合には適正な時価が求められず、その評価額が時価、すなわち、客観的な交換価値からかけ離れて不適切なものとなる結果、著しく課税の公平を欠く場合も生じることが考えられることから、そのような場合には、客観的な交換価値を個別に評価し、適正な時価評価を行うことができるようにする趣旨で定められたものである。そして、その射程には、通達評価額が時価を上回る場合だけでなく、下回る場合も含まれる。

（2）　本件において、本件甲不動産通達評価額は、本件甲不動産の取得価額及び本件甲不動産鑑定評価額の30％にも満たない僅少なもので、著しい価額の乖離がある。

　　　また、本件乙不動産通達評価額は、本件乙不動産の取得価額及び譲渡価額ならびに本件乙不動産鑑定評価額の30％にも満たない僅少なもので、著しい価額の乖離がある。

（3）　そして、本件申告における本件各不動産を除く取得財産の価額は約○億円であるところ、Ｘ（本件被相続人）及びＫらによる本件各不動産の取得から借入れまでの一連の行為により、Ｘの本件相続開始日における財産の価額を減少させ、併せて、債務を増加させたものである。その結果として、相続税額が全く算出されておらず、このことは、ほかに多額の財産を保有せず同様の方法を採った場合にも、結果としてほかの相続財産の課税価格の大幅な圧縮による相続税の負担の軽減という効果を享受する余地のない納税者との間での租税負担の公平を著しく害する。また、富の再分配機能を通じて経済的平等を実現するという相続税の機能に反する著しく不相当な結果をもたらしている。

（4）　本件各鑑定評価額は、いずれも不動産鑑定評価基準に準拠し

ており、収益還元法における純収益や各種利回りの査定も価格
時点における不動産市況を反映した客観的で信頼性の高いもの
であるため、本件各不動産の本件相続開始日における時価を合
理的に算定しているものと認められる。

なお、本件各鑑定評価額に係る最終還元利回りは、類似の取引
事例に係る取引利回り等を参考に、立地、建物のグレード、築年
数、市場の需給動向、分析期間以降の収支予測に係るリスクの程
度及び純収益の変動の可能性等を総合的に考慮して査定してお
り、将来の不確実性等も踏まえた信頼性の高いものである。

（5）　以上のとおり、本件各不動産の評価にあたり、評価通達に定
める評価方法を形式的に適用することによって、実質的な租税
負担の公平が著しく害されることとなることは明らかであるか
ら、本件各不動産には評価通達に定める評価方法によらないこ
とが相当と認められる特別の事情がある。

したがって、本件各不動産は、評価通達6の定めにより、国
税庁長官の指示に基づき評価することとなり、当該指示に基づき
評価した価額である本件各鑑定評価額は、相続税法第22条に規
定する時価を適正に反映している。

（6）　税務官庁は、評価通達を定めた上で、評価通達1の（2）は、
財産の価額は同通達の定めによって評価した価額による旨、ま
た、評価通達6は、同通達の定めによって評価することが著し
く不適当と認められる財産の価額は、国税庁長官の指示を受け
て評価する旨をそれぞれ定め、これらの評価通達を公的見解と
して明示している。

したがって、本件各不動産の評価にあたって、評価通達に定め
る評価方法によらないことが相当と認められる特別の事情がある
として、評価通達6の定めに基づき本件各更正処分等を行うこ

とは、信義則に反するものとは認められない。

B　納税者の主張

　本件各不動産については、次のとおり評価通達に定める評価方法によらないことが相当と認められる特別の事情はない。

（1）　評価通達6は、路線価の決定において考慮されていなかった地盤沈下や近隣の廃棄物処理施設等の建設予定等、潜在的な価額低下要因が路線価決定後に明らかにされた場合には、路線価が時価と大きく乖離して過大となることから、想定外の時価下落事情が事後的に生じた場合の救済措置として創設されたものである。

　　　そして、評価通達による評価が「著しく不適当な場合」とは、評価通達に定める評価方法によることが否定されるべき特別の事情がある場合を意味し、この特別の事情は、評価通達6の制定趣旨を踏まえて判断されるべきであるから、通達評価額と時価評価額との乖離が著しいというだけでは足りず、客観的な評価減の根拠事実が発生し、時価が激変したことを具体的かつ客観的に立証できる場合を意味する。

（2）　本件更正処分は、本件各不動産を借入金で取得し、本件各通達評価額を上回る債務をほかの相続財産から控除して、相続税の過度な節税対策または租税回避をしたものとみなし、評価通達6を適用したことがうかがわれる。しかし、評価通達6の要件とされる特別の事情には節税や租税回避の意図といった主観的要素は該当しないから、節税や租税回避を阻止するための根拠として評価通達6を適用することは、その制定趣旨に反した運用で、課税庁の恣意的な課税となり、租税法律主義に反する。

（3）　なお、Xが本件各不動産を取得したのは、a市に所有してい

た賃貸物件が建物の経年により投資運用効率が悪化したため、及び不動産事業の承継予定者であるKが将来在住予定の首都圏に賃貸物件の拠点を移すためである。そして、取得の経緯には投資の側面と生活設計の側面の双方における合理的な理由があり、本件各不動産の取得に係る一連の行為は、相続税を不当に減少させる行為ではなく、相続税の節税や租税回避を目的としたものではない。（中略）

（4）　通達評価額と不動産鑑定士等によるほかの評価方法による評価額との間の乖離が著しいと思われる場合はまれではなく、その場合のすべてに評価通達6が適用されているものではない。さらに、課税庁（原処分庁）は、本件各不動産の近隣不動産の評価においても評価通達6が適用された事例を示して、本件更正処分の合理性を立証すべきであるが、これについて明らかにしていない。このことから、本件各不動産の評価にあたり、本件各通達評価額と本件各鑑定評価額の乖離が認められるとして評価通達に定める評価方法を採用しないことは、租税公平主義に反する。

（5）　鑑定評価に用いられた最終還元利回りはあくまで見積もられたものであり、評価主体の恣意により大きく変動するため、収益還元法による時価評価は唯一適正な時価とはいえない。したがって、評価通達により統一的に評価するべきであり、例外的な評価は、客観的な地価急落要因等が存在する場合にのみ用いられるべきである。

　　また、相続税法の時価は、相続という、取引によらない偶発的な原因により生じる相続税額算定のための時価であるから、控えめな評価額とされているのであり、自由な取引が行われるとした場合に通常成立すると認められる価額を前提とする収益還元法に

基づく評価によるべきではない。（以下省略）

4. 国税不服審判所の判断

本件事案に関する国税不服審判所の考え方として、まず一般的な法令解釈のとらえ方を述べた上で、本件の個別性にアプローチしています。

1）法令解釈等

相続税法第22条は、相続財産の価額は、特別に定める場合を除き、当該財産の取得の時における時価によるべき旨を規定しており、ここにいう時価とは相続開始時における当該財産の客観的な交換価値をいうものと解するのが相当である。

しかし、客観的な交換価値というものが必ずしも一義的に確定されるものではないことから、課税実務上は、相続財産評価の一般的基準が評価通達によって定められ、そこに定められた画一的な評価方法によって相続財産を評価することとされている。これは、次の理由に基づくものと解される。

（a） 相続財産の客観的な交換価値を個別に評価する方法をとると、その評価方法、基礎資料の選択の仕方等により異なった評価額が生じることが避け難いこと。

（b） 課税庁の事務負担が重くなり、課税事務の迅速な処理が困難となるおそれがあること。

（c） あらかじめ定められた評価方法によりこれを画一的に評価する方が、納税者間の公平、納税者の便宜、徴税費用の節減という見地からみて合理的であること。

また、特に租税平等主義という観点からして、評価通達に定められた評価方法が合理的なものである限り、これが形式的にすべての納税者に適用されることによって租税負担の実質的な公平をも実現することができるも

のと解される。そのため、特定の納税者あるいは特定の相続財産について
のみ評価通達に定める方法以外の方法によってその評価を行うことは、た
とえその方法による評価額がそれ自体としては相続税法第22条の定める
時価として許容できる範囲内のものであったとしても、納税者間の実質的
負担の公平を欠くことになり、許されないものというべきである。

　しかし、他方、評価通達に定められた評価方法によるべきであるとする
趣旨が上記のようなものであることからすれば、評価通達に定める評価方
法を画一的に適用するという形式的な平等を貫くことによって、富の再分
配機能を通じて経済的平等を実現するという相続税の目的に反し、かえっ
て実質的な租税負担の公平を著しく害することが明らかな場合には、別の
評価方法によることが許されるものと解すべきである。このことは、評価
通達において「通達の定めによって評価することが著しく不適当と認めら
れる財産の価額は、国税庁長官の指示を受けて評価する」と定められてい
ることからも明らかである。

　すなわち、**相続財産の評価にあたっては、特別の定めのある場合を除き、
評価通達に定める評価方法によるのが原則であるが、評価通達によらない
ことが相当と認められるような特別の事情のある場合には、ほかの合理的
な時価の評価方法によることが許されるものと解するのが相当である。**

2）本件不動産通達評価額と不動産鑑定評価額の差

　本件甲不動産通達評価額は、本件甲不動産の取得価額及び本件甲不動産
鑑定評価額のそれぞれ約23.9％、約26.5％の価額であり、それぞれの価額
との差は×××,×××,×××円、×××,×××,×××円である。

　また、本件乙不動産通達評価額は、本件乙不動産の取得価額及び譲渡価
額ならびに本件乙不動産鑑定評価額のそれぞれ約24.3％、約26.0％、約
25.8％の価額であり、それぞれの価額との差は×××,×××,×××円、
×××,×××,×××円、×××,×××,×××円である。

3）当てはめ

（1）　本件各鑑定評価額は、いずれも資格を有する不動産鑑定士により不動産鑑定評価基準に準拠した方法により算出されており、いずれも原価法による積算価格と収益還元法（DCF法及び直接還元法）による収益価格をそれぞれ試算した上で、両者を比較検討し、最終的には収益還元法による収益価格を重視して鑑定評価を行ったものである。なお、収益還元法の適用の基礎となる純収益に係る数値、DCF法において適用する割引率及び最終還元利回りならびに直接還元法において適用する還元利回りの査定は、本件相続開始日における本件各不動産の実情及び不動産市況を反映したものと認められる。

　　したがって、本件各鑑定評価額は、本件各不動産の本件相続開始日における時価を合理的に算定しているものと認められる。

（2）　本件被相続人（X）は、本件相続開始日において、本件各不動産以外の積極財産を有していることからすれば、ここから本件借入金債務合計額を除いたXの債務の額等を控除すると×××,×××,×××円となり、通常、相続税が発生する。

（3）　しかし、本件申告では、本件各通達評価額と本件各鑑定評価額との間には著しい乖離があり、結果として、課税価格に算入すべき金額の大半が圧縮され、請求人らは相続税の負担を免れることになる。

（4）　このように、Xの本件各不動産の取得の主たる目的は相続税の負担を免れることにあり、Xは、本件各不動産の取得により納税者が負担すべき相続税を免れることを認識した上で、本件各不動産を取得したとみることが自然である。

（5）　したがって、本件各不動産については、評価通達に定める評価方法を画一的に適用するという形式的な平等を貫くことによって、

相続税の目的に反し、かえって実質的な租税負担の公平を著しく害することが明らかである。よって、本件は評価通達によらないことが相当と認められる特別の事情があると認められ、本件各不動産の価額は、他の合理的な時価の評価方法である不動産鑑定評価に基づいて評価することが相当である。

4）納税者の主張について

（1） 納税者は、上記の特別の事情は、路線価の決定の際に考慮されていなかった潜在的な土地の価額低下要因が路線価の決定後に明らかにされた場合、すなわち路線価に反映されない客観的な時価の変動要因である地盤沈下や近隣の廃棄物処理施設等の建設予定等の客観的な評価減の根拠事実が発生し、その結果として時価が激変したことが具体的かつ客観的に立証された場合に限られる旨を主張する。

　しかしながら、特別の事情は、**「評価通達に定める評価方法を画一的に適用するという形式的な平等を貫くことによって、富の再分配機能を通じて経済的平等を実現するという相続税の目的に反し、かえって実質的な租税負担の公平を著しく害することが明らかな場合」に認められる**ものと解され、土地の価額が低下した場合に限られるものではない。したがって、この点に関する納税者の主張は採用することができない。

（2） 納税者は、通達評価額を下回る価額を課税価格に算入して申告をした場合には、課税庁が評価通達に定める評価方法によらないことを理由に通達評価額により課税処分を行うことから、この点に課税庁による評価通達の使い分けの問題があり、本件各更正処分が許容されるならば、課税庁による恣意的課税を許すことになる旨を主張する。

しかしながら、課税庁が、通達評価額を上回る評価額を採用する場合には、上記のとおり、評価通達によらないことが相当と認められる特別の事情のあることが要求される。他方で、課税庁が通達評価額を採用する場合にも、課税処分が常に適法になるわけではなく、通達評価額が、対象財産の客観的な交換価値を上回るものではないことが要求されると解すべきである。

したがって、課税庁が、評価通達に定める評価方法による評価額を採用するか否かについては、相続税法第22条及び租税平等原則の両面からの規制を受け、これを恣意的に決定することはできないというべきであり、この点に関する納税者の主張は採用することができない。

（3）　納税者は、通達評価額と不動産鑑定士等による他の評価方法による評価額との間の乖離が著しいことはまれではなく、その場合のすべてに評価通達に定める評価方法以外の評価方法が採用されているわけではない旨を主張する。また、特に本件各不動産の近隣不動産の評価においても、評価通達に定める評価方法以外の方法による評価額に基づく課税処分が行われているかどうか明らかではないから、本件各不動産について特別の事情があるとして評価通達に定める評価方法を採用しないことは、租税公平主義に反する旨を主張する。

しかしながら、上記のとおり、本件各不動産について特別の事情があると認められる以上、仮に同様の事案において、評価通達に定める評価方法以外の方法による評価額に基づく課税処分が行われなかった事例があったとしても、課税庁が恣意的に本件についてのみ異なる取扱いをしたというような特段の事情がない限り、これをもって直ちに租税公平主義に反するものとはいえない。また、本件各不動産について評価通達によらないことが相当と認められる特別

の事情の存在を否定すべきものはないし、そのような特段の事情があることをうかがわせる証拠もない。したがって、この点に関する納税者の主張は採用することができない。

（4）　納税者は、評価通達に定める評価方法とは別の方法による評価額に基づき更正処分をすることは不適切である旨を主張する。

　　　しかしながら、評価通達6が「通達の定めによって評価することが著しく不適当と認められる財産の価額は、国税庁長官の指示を受けて評価する」と定めているとおり、評価通達自体、ここに定める評価方法による評価がいかなる場合にも適用されるものではないことを明示しているのであるから、納税者の主張は採用することができない。

3 より深い理解のために

　本件裁決事例での大きな争点は、課税の公平性及び評価の客観性という観点から相続財産の時価評価を評価通達に委ねているにもかかわらず、本件にはこれによって評価することのできない特別の事情があるかどうかという点にありました。すなわち、評価通達に定められた画一的な評価方法によって相続財産を評価するという考え方が、なぜ本件の場合に認められないかということです。

　これに関しては次の見解があります。

　課税実務においては評価通達に従った評価が定着しているところ、評価通達は法令ではなく、また、個別の相続財産等の評価は、その価額に影響を与えるあらゆる事情を考慮して行われるべきであるから、ある相続財産等の評価が評価通達と異なる基準で行われたとしても、それが直ちに違法となるわけではなく、評価通達6項においても、「この通達の定めによって評価することが著しく不適当と認められる財産の価額は、国税庁長官の

指示を受けて評価する。」と定められている。

（山田重将「財産評価基本通達の定めによらない財産の評価について―裁判例における『特別の事情』の検討を中心に―」国税庁ホームページ掲載論文）

　このような評価通達の規定を根拠に、納税者が鑑定評価をもとに相続税申告を行うケースもしばしば見受けられ、またケースによっては本件のように課税庁側で鑑定評価を実施することもあります。

　これに該当するケースが、本件のように評価通達の定めによらずに相続財産の評価を行う場合です。ただし、評価通達6においてはこれに該当するケースについての具体的な記載がなく、その判断に迷う場合も多く、ここに解釈にあたってのグレーゾーンが存在しているといえます。

　以下、「特別の事情」とこれに該当するための要件、評価通達による評価方法が「著しく不適当と認められる」場合とは何かを検討し、本件裁決事例との関係についても取り上げます。併せて、本件裁決事例に登場する収益還元法の基本的な考え方にも言及しておきます。

1. 特別の事情とこれに該当するための要件

　評価通達では、「特別の事情」とは何かについて定義や規定を置いていません。そこで、これについて具体的に検討するためには評価通達6についての裁判例に集約された考え方が拠り所となると考えられます。

　山田重将前掲稿では、これに関していくつかの裁判例[注2]をもとにしながら、「特別の事情」が適用されるための判断基準として次の4点をあげています。

　① 評価通達による評価方法を形式的に適用することの合理性が欠如していること（評価通達による評価の合理性の欠如）

　② 他の合理的な時価の評価方法が存在すること（合理的な評価方法の存在）

③　評価通達による評価方法に従った価額と他の合理的な時価の評価方法による価額の間に著しい乖離が存在すること（著しい価額の乖離の存在）

④　納税者の行為が存在し、当該行為と③の「価額の間に著しい乖離が存在すること」との間に関連があること（納税者の行為の存在）

（注2）　東京高裁昭和56年1月28日判決（訟務月報第27巻第5号）、大阪高裁平成17年5月31日判決（税務訴訟資料第255号）ほか。

以下、この判断基準に沿い筆者の考え方を述べておきます。

○判断基準①との関連

上記①に関しては、例えば、評価通達に沿って求められた結果が客観的な時価を上回る場合がこれに該当すると考えられます。

評価通達による方法は画一的であるという点で、恣意性を介入させず客観性を担保できる評価方法であると受け止められていますが、個々の土地は様々な特徴を有しているため、評価通達の適用結果が客観的な交換価値を上回ると判断された場合には、他の合理的な評価方法を選択することが適切といえます。そして、このような場合には「特別の事情」が存在していると考えられます。

○判断基準②との関連

不動産の鑑定評価は科学的根拠のもとに時価を求める方法であり、評価通達が画一的な方法であるのと比べて、評価主体の判断が評価の過程に介入する点に特徴がありますが、個々の土地の価格形成要因をより的確に価格に反映することが可能です。そのため、上記①のような「特別の事情」が存在し、かつ、対象不動産の価格形成要因を的確に説明し得る資料が収集できる場合には、鑑定評価による方法が合理的な評価方法といえます。

○判断基準③との関連

　評価通達によって評価した結果が他の合理的な評価方法による場合と比べて著しい乖離が認められる場合に、はじめて「特別の事情」が認められるものと思われます。なぜなら、そのような乖離が生じていなければ、わざわざ評価通達以外の方法を採用する必要もないからです。

○判断基準④との関連

　納税者のこのような行為の存在は、不動産の時価評価の方法やその結果とは直接関係はありませんが、多くの裁判例において「特別の事情」の有無を判断する際に租税回避という行為との関連に着目していることは事実です。なお、このことは本件裁決事例における国税不服審判所の判断の中にも関連する記述が随所に登場することからも読み取れます。

　以上の関係から、評価通達によらないことが正当であると認められる「特別の事情」があるにもかかわらず、評価通達によって評価した場合にはじめて「著しく不適当と認められる」という考え方が適用されることとなると思われます。

2. 本件裁決事例と「特別の事情」との関係

　本件裁決事例においては、前記1.①で例示したものとは反対のケース、すなわち、評価通達によって評価した結果が時価を著しく下回るケースです。

　一般的に考えれば、評価通達によって評価した結果が時価を上回る場合に、納税者はこれを不服として審査請求を行うものといえます。しかし、もともと、評価の謙抑性・安全性を考慮して相続税評価額（路線価）の水準を公示価格の80％を目安に設定しているわけですから、評価通達によって評価した結果が時価を下回るということのみでは、これに代わる合理的な評価方法として鑑定評価の手法をわざわざ登場させる必要もありません。それにもかかわらず、評価通達による評価結果を相当上回る鑑定評価

額を国税不服審判所が採用した背景には、次の事実が存在していることが裁決文からも明確に読み取れます。

（ａ） 被相続人は相続開始日の近くに不動産を取得し、相続人（納税者）は相続開始後に不動産を売却していること。

（ｂ） 被相続人による不動産の取得価額や売却価額が評価通達による価額に比べて著しく高いこと。

（ｃ） これらの事実が課税庁により租税回避目的と受け止められていること。

　したがって、上記理由により「特別の事情」の有無の判断にあたっては、納税者が当初から計画的（意図的）に租税負担を軽減させているかが大きなポイントとなっているように思われます。

3. 本件裁決事例にも登場する収益還元法

　本件裁決事例では、評価通達に替わる合理的な評価方法として鑑定評価による方法をあげており、裁決文の中に不動産鑑定評価書も登場しています。ただし、裁決事例集には金額や具体的資料は明示されていませんが、その中には、不動産鑑定士が原価法による積算価格及び収益還元法による収益価格を試算して鑑定評価額を決定した旨の記載が見受けられます。

　また、裁決文では、特に収益還元法の試算に用いられた純収益、還元利回り、割引率及び最終還元利回りが妥当なものであった旨が記載されています。

　ちなみに、ここに用いられている還元利回り、割引率、最終還元利回りの関係は以下のとおりです（第3章も参照）。

① 還元利回り

　　還元利回りは不動産の収益性（＝元本に対する果実の割合）を表すものであり、果実（純収益）を還元利回りで割り戻すことにより、対象不動産の価格（元本）を求める際に使用します。なお、還元利回りに

は将来の不確実性（リスク）や変動予測が反映されます。

② 割引率

　割引率とは、DCF法において、ある将来時点の純収益を現在時点の価値に割り戻す際に使用される率です。この割引率には将来の不確実性は反映されますが、変動予測は含まれない点で還元利回りと異なっています。

③ 最終還元利回りとは

　最終還元利回りとは、文字通り収益期間満了時点での還元利回りを意味します。DCF法では、収益期間が満了して所有者のもとに復帰する際の不動産価格を、その時点での純収益を最終還元利回りで割り戻した後に、これを割引率で割り引いて現在価値を求めることになります。

第6章
相続税の財産評価で争点となる例

3 財産評価基本通達によらない時価評価が認められるか―特別の事情との関係（３）―

Question

相続税評価において、底地（＝借地人の建物が建っている場合の敷地の所有権）の評価方法が度々問題とされていますが、その要因は、貸主にとって利用上の制約が著しく、地代も満足に受け取れていない土地の割に相続税評価額が高いという点にあるようです。

　このようなケースについて、財産評価基本通達に定める方法ではなく、当該通達によっては評価することのできない特別の事情があるとして他の評価方法を選択することはできないのでしょうか。これに関連し、参考になる裁判例があれば紹介し、併せて留意点も教えて下さい。

Answer

◢1◣異なる見解を生じさせる要因

　底地の相続税評価額の算定にあたり、財産評価基本通達（以下「評価通達」という）25に定めるいわゆる借地権価額控除方式が適正な時価を表す方式として妥当か否かという点がしばしば問題となります。そして、その背景には次のような問題があります。

①　建物所有を目的として土地を賃貸した場合、定期借地権のような
　　ケースを除き、契約期間が満了しても貸主にとって自らその土地を使

用しなければならない正当事由がない限り土地の返還を受けることが
困難であること。
② これに加え、貸主は契約期間中地代改定も満足にできないことから、
底地の収益性は低くなり、地代から得られる純収益を利回りで割り戻
して求めた底地価額は借地権価額控除方式による結果よりも相当低額
となること。

このようなことから、底地価額を必ずしも借地権価額控除方式によらず、
契約の個別状況を反映した収益価格によって相続税評価額を求める（＝評
価通達の定めによっては評価できない特別の事情がある）という主張が納税者
からなされることがあります。

❷判断の基準をどこに求めるか（裁判例の分析）

本項では、底地価額の算定にあたり評価通達に定める借地権価額控除方
式が合理的であり、納税者が依頼した不動産鑑定士による収益還元法の適
用が認められなかった事例（東京地裁平成29年3月3日判決）[注1]を取り上
げます。

(注1) 裁判所ホームページ「裁判例情報」掲載資料。
なお、本件に関しては控訴審（於東京高裁）も行われましたが、審理の結果、
納税者の主張は排斥されています（東京高裁平成29年12月20日判決、出所：
TAINSデータベース）。

本件に登場するのは評価通達25の規定であり、そこでは、借地権の目
的となっている宅地（貸宅地）の価額は、自用地としての価額（いわゆる
更地価額）から借地権の価額を控除した金額によって評価する旨を定めて
います。

1. 事案の骨子

納税者（共同相続人）のうちの一人であるXは、相続財産中の借地権が

設定されている各土地（以下「本件各土地」という）の評価額を、不動産鑑定士による鑑定評価により算定した額をもって相続税の申告及び修正申告をしました。これに対し、課税庁（原処分庁）が、本件各土地について評価通達によらない特別な事情があるとは認められず、過少評価となっているとして2度にわたる更正処分をしたことから、Xがこれを不服として争ったものです。

2. 評価通達のうち本件に特に関わりのある個所

（1） 評価通達25(1)は、借地権の目的となっている宅地（以下「底地」ともいう）の価額は、評価通達所定の方法により評価した自用地としての価額から、評価通達27（借地権の評価）の定めにより評価した借地権の価額（同項のただし書[注2]の定めに該当するときは、同項の定める借地権割合を100分の20として計算した価額）を控除した金額によって評価する旨を定めています。

> （注2） ここにいう「ただし書」とは、「借地権の設定に際しその設定の対価として通常権利金その他の一時金を支払うなど借地権の取引慣行があると認められる地域以外の地域にある借地権の価額は評価しない」という内容です。

（2） 評価通達27は、借地権の価額は、その借地権の目的となっている宅地の自用地としての価額に、当該価額に対する借地権の売買実例価額、精通者意見価格、地代の額等を基として評定した借地権の価額の割合（借地権割合）がおおむね同一と認められる地域ごとに国税局長の定める割合を乗じて計算した金額によって評価する旨を定めています。ただし、借地権の設定に際しその設定の対価として通常権利金その他の一時金を支払うなど、借地権の取引慣行があると認められる地域以外の地域にある借地権の価額は評価しない旨も併せて定めています。

3. 事実関係

1）当事者

本件被相続人は、平成20年〇月〇日に死亡し、X（本件被相続人の長男）は、他の共同相続人ら（本件被相続人の妻、長女及び次女）とともに本件各土地を含む財産を相続しました。

2）本件各土地について

相続財産の一部である本件各土地は、A土地からN土地に至るまで14区画あります。また、本件各土地の存する地域は、戸建て住宅、賃貸住宅等の建ち並ぶ地域です。そして、本件各土地については、いずれも土地賃貸借契約が締結されています。また、各々の土地賃貸借契約の内容が本件判決の結論に直接の影響を及ぼすものではないため、掲載は割愛します。

3）本件訴えの提起

Xは、平成25年〇月〇日、課税庁（原処分庁であるY）の処分を不服として本件訴えを提起しました。なお、本件訴訟においては、本件各土地の評価額について、Xから甲不動産鑑定士の鑑定評価書が提出されたほか、Yから乙不動産鑑定士の鑑定評価書及び意見書が提出されました。

また、本件の審理にあたった裁判所も、丙不動産鑑定士による鑑定評価を実施しました（以下、丙不動産鑑定士による不動産鑑定評価書を「本件鑑定書」という）。

4. 当事者の主張

本件の争点は、相続時における本件各土地の相続税評価額の如何にありましたが、これに関する当事者の主張（要旨）は以下のとおりです。

第6章
相続税の財産評価で争点となる例

A．課税庁（原処分庁）の主張

1）相続税法上の「時価」及び課税処分の適法性の判断枠組み

評価通達の定める評価方法は適正な時価を算定する方法として一般的な合理性を有するものである。また、当該評価方法に従って評価額が算出されている場合には、当該評価方法によっては適正な時価を適切に算定することのできない特別の事情の存しない限り、当該評価額は評価対象財産の客観的な交換価値としての適正な時価を上回るものではないと推認される。そのため、当該評価額に基づく課税処分は適法なものと認められる。

不動産鑑定士による鑑定評価額も、それが公正妥当な不動産鑑定理論に従うとしても、なお不動産鑑定士の主観的な判断及び資料の選択過程が介在することを免れず、鑑定人が異なれば、同一の宅地についても異なる評価額が出てくることは避けられない。その意味で、宅地の客観的交換価値にはある程度の幅があるとみざるを得ない。したがって、単にある不動産鑑定評価により算出された評価額が評価通達に基づく評価額を下回っていることのみをもって、評価通達によらないことが相当と認められる特別の事情が存するとすることは相当でない。また、評価通達による評価額が時価であることの推認が妨げられるものでもない。

2）借地権価額控除方式の一般的合理性について

評価通達25に定める底地の評価方法は、その宅地の価額から借地権の価額を控除した金額によって評価する方式（以下「借地権価額控除方式」という）である。また、借地権価額控除方式は、土地に借地権が設定されている事実（客観的要素）のみを考慮し、契約当事者間の個別事情の影響を受けた主観的要素を排除した評価方式[注3]であるから、客観的な交換価値という相続税法第22条の趣旨に沿うものといえる。

（注3）　筆者注。契約当事者間で実際に授受されている地代をもとに査定した純収益を還元利回りで還元した（＝割り戻した）価格では、当事者間の事情を反

237

映した主観的要素が強いという理由で、課税庁はこれを排除した評価方式が
適切である旨を主張しているものと思われます。

そして、以下に述べるところからすれば、借地権価額控除方式には一般
的合理性が認められる。

（1）　借地権割合に基づく借地権の評価方法は、借地権が売買される
場合の取引価額の決定や新規の借地権を設定する場合の権利金の
決定において、更地価格に対する一定割合を基準として話し合い、
決定していたという事例を踏まえて相続税の評価方法として採用
され、定着していったものであること。また、現実の取引におい
て成立する借地権の経済的価値を適切に反映して一定の割合とし
て定めたものである。

（2）　借地権価額控除方式は、更地について借地権が設定されたこと
により、更地の価額から借地権の価額に相当する権利が失われ、
借地人にその権利が移行する一方、土地の所有者には更地の価額
から借地人に移行した借地権の価額を差し引いた価額及び権利が
残るという経済的実態及び論理的計算に従ったものであり、合理
性があること。

（3）　底地の購入者は、一般的に、借地権存続中の地代のみならず借
地権消滅後に復帰する更地を取得することも念頭において底地を
購入する[注4]ものと想定され、その場合、底地の価額は、将来的に
自用地に復帰する可能性を潜在的に含んだものとして形成される。

　　このことからすると、借地権価額控除方式、すなわち、「貸宅地
の価額＝自用地としての価額（更地価額）－借地権の価額」の算式は、
借地人と底地の所有者との間で底地の売買が行われて同一の所有者
に所有権が帰属する場合のみならず、底地の所有者と第三者との間
で底地の売買が行われた場合であっても当然に妥当すること。

　（注4）　筆者注。ただし、現実には、借地借家法の制約があり、所有者と

いえども自由な管理処分ができないため、よほど地代収入の高い底地でなければ借地人以外の第三者が購入するケースは極めて少ないと思われます。それは、契約期間が満了しても貸主に正当事由がない限り土地の返還を受けることは困難であり、かつ、貸主は時価と比較して利回りの低い地代に甘んじなければならない傾向があるためです。

3）借地権価額控除方式によっては適正な時価を適切に算定することのできない特別の事情がないことについて

（1）　本件各土地は一般的な住宅地に存在する土地であり、普通借地権に係る一般的な土地賃貸借契約が締結されている。したがって、評価通達に定める評価方法によっては適正な時価を適切に算定することのできない特別の事情はない。

（2）　納税者（X）は、本件各土地については完全所有権に復帰する可能性が極めて低いと考えられることを理由として、本件各土地の評価においては、評価通達によらないことが相当と認められる特別の事情が存在する旨も主張する。しかし、本件相続後の事情ではあるものの、本件M土地及び本件N土地は、XまたはXの関係法人が借地上の建物を買い取ることにより借地権が消滅あるいは事実上消滅したことがうかがわれるから、本件各土地は将来借地権と併合して完全所有権に復帰する可能性が極めて低いとは認められない。

B．納税者（X）の主張

1）課税処分の適法性の判断枠組み

　評価通達による評価額が「時価」を上回る場合には、これを採用した課税処分は違法となる旨の主張が行われていますが、詳細は割愛します。

２）借地権価額控除方式の一般的合理性について

　納税者（Ｘ）としても評価通達という画一的な評価方式による統一的な処理の必要性は理解するが、評価通達による評価が認められるのは、あくまで当該評価方式により算定される評価額が適正な時価評価額と同等以下となるような内容の評価方式を定めた場合に限られる。以下に述べるところからすれば、底地については個別に時価評価を実施した場合の評価額が評価通達によって算定される評価額を下回るのが通常であるから、借地権価額控除方式を定めた評価通達25は、納税者に過大な負担を課す不合理なものである。

　　（１）　底地には借地借家法等によって強力に保護された借地権が付着しているから、底地の所有権を取得したからといって土地の利用権を得ることはまず不可能である。一方、底地には低廉な地代が設定されているため、固定資産税等の負担や管理の手間と費用を考慮すると収益性が極めて低く、第三者が底地を購入する利点がほとんどないことから、自由市場で底地を第三者に売却することは非常に困難である。

　　（２）　上記(１)のとおり、換価が困難で流通性が低いという底地の特殊性から、底地を第三者に売却する場合には、低廉な地代を基準とした収益価格による算定が標準となり、その結果、底地の時価は更地価格の10％～15％となってしまう。そのため、借地権価額控除方式による評価額での売却は到底困難であるというのが不動産業界及び不動産鑑定業界における一般的な認識である。裁判所鑑定においても、「底地の正常価格＝更地価格の正常価格－借地権の正常価格の式は成り立たないと考える」旨が明確に指摘されているところである。

　　（３）　底地価格及び借地権割合は、地主と借地権者との当事者間における割合を想定したものであって、底地を借地権者に対して売却

する場合の価格（限定価格）^(注5)の算定にあたっては参考とされる。しかし、借地権者以外の第三者を相手方とする自由取引での市場価格としては、借地契約による制約等によって「底地価格＋借地権価格」は更地価格とはならない。X及びXの母が過去3年間に借地権を買い取った事例においても、底地の価額は評価通達に基づいて計算された底地の価額^(注6)の28％〜72％に過ぎない。

> （注5）　筆者注。平易に表現すれば、限定価格とは特定の当事者間でのみ経済合理性をもって成り立つ価格です。例えば、底地を借地権者が買い取ることにより、借地権者は自分の意思だけでその土地を自由に管理処分することができる完全な所有権を取得したことになり、底地の市場性も増すことから、借地権者以外の他人が買い取る場合より高く買っても損はないことになります。
> （注6）　筆者注。すなわち、更地の価格割合（100％）から借地権割合を控除した残りの割合の28％〜72％という意味であると推察されます。

（4）　課税庁（原処分庁）は、借地権割合は借地権の経済的価値を適切に反映したものであり、底地については借地権が設定されたことにより借地権の価額に相当する権利が失われ、借地権価額を控除した価値が残るという意味で経済的実態及び論理的計算に従ったものであり合理性があると主張する。しかし、借地権については取引市場が存在し借地権割合が現実の取引についても利用されている一方、底地については第三者間での取引が極めて困難である。その結果、第三者間での取引価格（客観的交換価値）が「更地価額－借地権価額」を著しく下回るという経済的実態があることが問題なのであるから、上記説明は不合理である。

3）借地権価額控除方式によっては適正な時価を適切に算定することのできない特別の事情があることについて

以下に述べるところからすれば、本件各土地の評価については、評価通達によらないことが相当であると認められる特別の事情がある。

（1）「特別の事情」を広く認める必要があること

　　本件においては、上記２）のとおり、そもそも借地権価額控除方式を定める評価通達による時価の推認に著しい疑義が存在するから、個別鑑定による時価評価等、他の合理的な時価の評価方式によることを広く認める必要がある。

（2）　完全所有権に復帰する可能性が極めて低いこと

　　借地権価額控除方式による底地の評価については、将来底地所有者が借地権を買い取ること等によって完全所有権に復帰する潜在的価値にも着目して価格形成されていると解される。しかし、本件各土地のうち、２画地を除く12画地については、いずれも借地権者が借地上に住宅を建築して自宅として使用しており、更新が繰り返され、極めて長期間借地契約が継続している。また、上記12画地のうち８画地の借地上の建物については、築年数が鑑定上の経済的耐用年数を超えているにもかかわらず、建替えが実施されていない。このような実態からすると、借地権者は資金的に余裕がないため底地を購入する可能性は極めて低く、また、借地権を底地所有者に売却して他の場所に移転する意思もないものと推認され、将来借地権と併合して完全所有権となる可能性は極めて低い。

　　また、本件各土地については、一筆の土地の上に複数の借地権が設定されているため、完全所有権に復帰させ処分するためには分筆を実施する必要があり、測量や経緯確認等に膨大な費用と手間が必要となる。このような点からも、本件各土地について、完全所有権に復帰する可能性は低い。

5. 裁判所の判断

1）判断枠組みについて

評価通達に定める方法によっては時価を適切に評価することのできない

特別の事情のない限り、評価通達に定める方法によって相続財産を評価することには合理性がある旨が述べられていますが、詳細は割愛します。

２）借地権価額控除方式の一般的合理性について

（１）　評価通達は、建物の所有を目的とする地上権または土地の賃借権（借地借家法第２条第１号）のうち、定期借地権等以外のものを借地権と定義（以下「普通借地権」という）した上で、普通借地権の目的となっている宅地における借地権の価額について、当該宅地が借地権の取引慣行があると認められる地域にある場合には、当該宅地の自用地としての価額に借地権割合を乗じて計算した金額によって評価することとしている。

　一方、普通借地権の目的となっている宅地（底地）の価額については、自用地としての価額から、評価通達の定めにより評価した借地権価額を控除した金額によって評価する旨を定めている（評価通達25、借地権価額控除方式）。

　宅地が借地権の取引慣行があると認められる地域にある場合、借地権の売買実例価額等を参考として、一定の地域ごとに借地権割合を定めた上、その割合を用いて普通借地権の価額を算定することには課税上の合理性がある。また、上記のような地域において、ある宅地について普通借地権が設定されている場合、理論的には宅地の価値全体が、普通借地権を有する者と宅地（底地）の所有者との間で分割された状態にあると解することにも相応の合理性がある。

　借地権価額控除方式は、このように底地の価額をその地域の借地権取引の状況等を踏まえて定められた借地権割合を乗じて算定される当該土地の借地権価額との相関関係においてとらえるものである。また、当該方式は、自用地としての価額から借地権価額を控除して残余の土地の経済的価値を把握しようとするものであり、底地

の客観的交換価値に接近する方法として相応の合理性を有する。

（2）　一般に、宅地について借地権の取引慣行があると認められる地域においても、底地に関し同様の取引慣行があるということはできず、底地の市場性は借地権のそれとは全く異なる状況にある。また、底地のみが（単独で）取引されることがあるとしても、借地契約の当事者間での売買の方が通常であり、第三者間での取引については市場が相当限定されているものと推測される。そして、本件各土地の近隣で実際に観察できる底地の売買についてみても、借地権者による底地の買い取りの事例と競売市場での売却事例が認められる程度であり、課税庁（原処分庁）の調査した売買事例によっても純粋な第三者による取引事例は把握できない。

上記の状況からすると、底地については第三者が取引を行うような一般的な市場及びそこにおける取引相場を想定することは困難である。むしろ、取引があるとすれば将来的に借地契約の当事者間において売買が行われることが通常である特殊な財産というべきである。

そのため、底地の評価においてはこのような底地の特性を踏まえつつ、底地の状態が当分の間継続することを念頭に置き、地代収入が生じることによる経済的利益と、借地契約の当事者間での売買（借地権者による底地の買い取り等）が行われる場合において宅地全体に復帰する経済的利益の現在価値を共に考慮することが相当である。

以上のことから、将来的にも完全所有権の復帰がおよそ考え難い場合はともかく、借地契約終了後に完全所有権が復帰することが予定されている通常の借地契約に係る底地の時価については、地代徴収権に代表される借地契約存続中の収益に対応する価値のみならず、借地契約の終了後に復帰する借地権の負担のない所有権に対応する価値を含むものとしてとらえるべきである。そのため、第三者

に売却する場合には低廉な地代を基準とした収益価格を標準とする納税者の主張は相当ではない。

　なお、裁判所鑑定は、競売市場での売却事例を取引事例として、取引事例比較法により本件各土地の比準価格を求めているが、当該比準価格は本件各土地の更地価格の約20〜24％となっている。そして、当該比準価格は裁判所鑑定において正常価格の下限を示す価格としてとらえられているものであるが、その水準でさえも、納税者が主張するような更地価格の10％〜15％よりも相当程度高いものである。

（3）　評価通達25に定める借地権価額控除方式は、自用地としての価額から借地権価額を控除して残余の土地の経済的価値を把握しようとするものであり、このような考え方は底地の客観的交換価値に接近する方法として相応の合理性を有する。他方、低廉な地代を基準とした収益価格による算定を標準として底地の時価とみる納税者主張の方法は相当ではないというべきである。それに加え、底地の価額や借地権価額の算定の前提である自用地としての価額の基礎となる路線価の付設にあたっては、評価の安全性を考慮して各年1月1日時点の公示価格と同水準の価格のおおむね80％程度を目途として評定するという控え目な運用が行われている。その結果、借地権価額控除方式により算出された底地の価額が直ちに時価を超えるわけではない。

3）借地権価額控除方式によっては適正な時価を適切に算定することのできない特別の事情の有無について

（1）　納税者が指摘する事情は、宅地に設定された普通借地権において通常見受けられるものであり、そのこと自体、将来完全所有権に復帰する可能性が皆無であるとはいえない。実際にも、本件M

土地及び本件Ｎ土地については、本件相続後といえども、納税者またはその関係法人が借地上の建物を買い取ることにより借地権が消滅あるいは事実上消滅したことがうかがわれる。また、本件Ｍ土地及び本件Ｎ土地とこれら以外の本件各土地との間で、特に事情が異なるとみるべき点も見当たらない。これらのことからすれば、その他の本件各土地についても、完全所有権となる可能性が潜在しているというべきである。

（２）　課税庁側の鑑定及び裁判所鑑定が示す（底地）価額は比較的近似した水準となっている。そして、両鑑定は、その鑑定手法は相当程度異なるものの、底地の客観的交換価値の把握の困難さがあることを前提として、それぞれに合理性のある考え方に則って行われたものである。したがって、両鑑定が示す価額の水準をもって、本件各土地（底地）の時価と解することが相当であり、鑑定結果が借地権価額控除方式によって算定された底地の価額を上回っていることから、本件各土地について借地権価額控除方式によっては適正な時価を適切に算定することのできない特別の事情があるとは認められない。

■3 より深い理解のために

1. 底地価額のとらえ方の相違

底地価額の評価に関する納税者の疑問に端を発する紛争は本件裁判例で初めて取り上げられたわけではなく、過去における国税不服審判所裁決事例（平成15年９月２日付裁決、裁決事例集 No.66等）でも争点となったことがあります。

また、鑑定実務において底地の正常価格を求める際には、貸主の様々な制約を踏まえ、底地が事実上地代収益権の価格と化している事実に着目しているケースが通常です。ここで、底地の正常価格という場合、貸主・借

主間の取引のように当事者が最初から特定されておらず、一般市場で不特定多数の者に対して等しく（＝合理的に）成り立つ価格を意味します（**図表4**）。そのため、底地の正常価格を求める前提には、買主は借地権者が居付きの状態で底地を買い取ることが条件となっています。

図表4　底地の正常価格

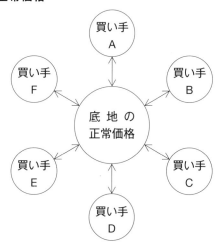

これに対して、貸主・借主間の取引（**図表5**）という場合には、結果として権利義務が同一人のもとに帰属し、借地関係が解消されて完全所有権の状態が実現するわけですから、そこで求められる価格は正常価格でなく限定価格（少々割高であっても特定の当事者間では合理性をもって成り立つ価格）といえます。

図表5 底地の限定価格

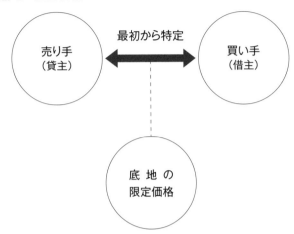

　ここで、「割高」ということばのとらえ方ですが、買い手にとって割の合わない価格という意味ではなく、借地関係が解消されることにより買い手には利用上の制約が一切なくなるため、底地の価値が上昇し、その分だけ割り増しして購入しても損はない（＝経済合理性に見合う）ということです。

　以上で述べてきたことを含めて考え方を整理すれば、実際の取引市場においては借地権も底地も更地（完全所有権）と比較して制約を受ける面があるため、一般的には借地権価格（正常価格）と底地価格（正常価格）の和は更地価格よりも小さくなるといえます。その一方で、借地権者が底地を買い取る場合のほか、借地権者と底地所有者が第三者に同時に自らの権利を売却する場合には、更地の状態が実現するため、底地価格は市場性の回復を見込んだ限定価格的な要素が強くなり、借地権価格と底地価格の和が更地価格となるといえます。

2. どのような前提に立つのか

　以上のように考えた場合、正常価格を求めるという前提に立つのであれ

ば、借地権価額控除方式の結果に比べて底地の収益価格が低い場合には、収益価格（評価通達によらない方法）を採用することが理論的に整合性のあるものと思われます。しかし、本件裁判例においては、納税者の依頼した鑑定評価に基づく収益価格には信ぴょう性が認められないとして、その採用が否認されています。その反面、課税庁側の鑑定及び裁判所鑑定によれば、収益価格が借地権価額控除方式による価額を超えているため、借地権価額控除方式は妥当であるとして納税者の主張する「特別の事情」の存在を認めていません。また、地代収入の水準、還元利回りの如何等により収益価格の水準も少なからぬ影響を受けるため、一概に、収益価格が借地権価額控除方式による価額よりも常に低額であるとはいい難い面があります。ただし、本件の執筆にあたって参照した資料には鑑定評価書が添付されておらず、収益価格の水準の検証ができないため、本書での解説もここまでにとどめておきます。

なお、底地の相続税評価額の算定をめぐり収益価格が不採用となったことについて争われた裁決事例（上記に掲げた平成15年9月2日付裁決）も含めて、底地価額のとらえ方に対する裁決事例及び裁判例の傾向を集約すれば以下のとおりです。

① 相続税財産評価においては、底地の価額は借地権価額控除方式以外の方式は事実上適用されておらず、収益還元法に基づく収益価格は採用されていないこと。

② 次に、底地を借地人以外の第三者が購入する場合には、市場性の低さからして借地権価額控除方式では取引が成立せず、評価通達によることのできない特別の事情が認められるのではないかという主張に対しても、次の理由からこれを受け容れていないこと。

（a） 通常の借地契約では、借地契約終了後に完全所有権の復帰が予定されていること。

（b） 通常の借地契約に係る底地の時価は、地代徴収権に代表される

借地契約存続中の収益に対する価値だけでなく、借地契約の終了後に復帰することとなる借地権の負担のない所有権に対応する価値も含むこと。そのため、第三者売却の場合にも低廉な地代を基準とする収益価格では底地の客観的な交換価値のすべてを適切に表していないこと。

（ｃ）　不動産鑑定評価基準においても、底地の価格は当該宅地の実際支払賃料から諸経費等を控除した部分の賃貸借等の期間に対応する経済的利益及びその期間の満了等によって復帰する経済的利益の現在価値をいうとされていること。

　しかし、賃貸借期間の満了に伴って所有権たる底地が貸主に復帰する可能性は著しく不安定な状況に置かれているといわざるを得ず、仮に、期間満了時に貸主の都合で底地の復帰（返還）を実現させようとすれば、高額の立退料が必要となることはいうまでもありません。その結果、底地の復帰による経済的利益の増分が生ずるどころか、損失の発生という事態も生じかねないケースもあり得ます。その意味で、賃貸借等の期間満了等によって復帰する経済的利益は、借主都合による返還及び返還時期の確実な契約に絞って評価額に反映するのが実務的であると思われます。

　借地権価額控除方式は、借地人が底地を買い取る場合（限定価格）に成り立つ方式であり、第三者が買い取る場合（正常価格）においては、借地権価額控除方式による結果を下回る価格であっても理論的・実務的な整合性が図られるものといえます。しかし、現実にはそのような取扱いがなされていない点に納税者のジレンマが存するように思われます。

第6章
相続税の財産評価で争点となる例

4 財産評価基本通達によらない時価評価が認められるか —特別の事情との関係(４)—

Question

私は、贈与により建築後の期間が相当経過した中古マンションを取得しました。そのため、建物は老朽化していますが、建替えの計画もかなり具体化しており、土地の持分も多いため、計画が実現すれば建物の床面積を多く確保できる可能性も考えられます。しかし、現時点では現況から判断して建物の時価は著しく低いものと認識しています。そのため、財産評価基本通達の定めによらず不動産鑑定士に鑑定評価を依頼し、それを相続税評価額の算定に活用したいと思います。参考になる裁決事例があれば紹介し、併せて留意点も教えて下さい。

Answer

■1 異なる見解を生じさせる要因

これから紹介する事例も、不動産の評価を財産評価基本通達(以下「評価通達」という)によらず、他の合理的な方法によらざるを得ない特別の事情があるか否かが争われたものです。そして、その特徴は、当該事例が老朽化したマンション(敷地)の評価を問題としており、区分所有建物の取引が敷地の持分面積の如何よりも専有床部分の価値に着目してなされている傾向にあることから、納税者が著しく低い評価額を想定していたので

251

はないかと推察される点にあります。

② 判断の基準をどこに求めるか（裁決事例の分析）

本項では、上記に関連する裁決事例として、納税者が贈与により取得した中古マンションの評価にあたり、評価通達により難い特別の事情はなく、建替えが行われる蓋然性が極めて高い事情等を考慮していない鑑定評価額は採用できないとした事例（国税不服審判所平成22年10月13日裁決）^(注)を取り上げます。

（注）　国税不服審判所ホームページ掲載資料。

本件において、納税者は不動産鑑定士に鑑定評価を依頼し、評価通達とは異なった視点から評価額の妥当性を主張したかったものと思われますが、その結果は課税庁に否認され、国税不服審判所においても認められませんでした。

1. 事案の骨子

納税者（Xら）は、贈与により中古マンションを取得しましたが、当該不動産の価額は不動産鑑定士による鑑定評価額が相当であるとして贈与税の申告を行いました。これに対し、課税庁（原処分庁）が、本件不動産の価額は評価通達に基づく評価額が相当であるとして更正処分を行ったことから、Xらが当該不動産の価額の評価については評価通達により難い特別の事情が存するとして取消しを求めていたものです。

2. 事実関係

納税者（Xら）は、平成19年6月、贈与により4階建の5棟の共同住宅（全148戸で1戸当たりの敷地の平均地積は約76㎡。以下、これらを併せて「本件共同住宅」という）のうち、いずれも3号棟に存する複数の区分所有建物（床面積はそれぞれ39.27㎡。以下「本件各不動産」という）及び管理用事

務所ならびにその敷地（持分はそれぞれ約73㎡）を取得しました。

　なお、裁決事例集では物件目録及び物件概要を示す資料の添付が省略されているため、本書においても物件状況の説明は上記範囲にとどめておきます。

3. 当事者の主張

A　課税庁（原処分庁）の主張

（1）　評価通達の定めにより算定した本件各不動産の相続税評価額を、全体土地の近隣における公示価格及び取引事例をもとにこれらと比較して本件各不動産の時価（客観的交換価値）を算定するとそれぞれ×××,×××,×××円となるが、当該相続税評価額は客観的交換価値とみるべき合理的な範囲内にあり、特別な事情があるとは認められない。

（2）　本件贈与の日において、本件共同住宅の各区分所有者が敷地の持分を出資し、建替え事業完了後にそれぞれの出資に見合った価額の新築住戸を取得する方式を採用した建替えが行われる蓋然性は高い。そのため、Ｘらが主張するＡ社作成の不動産鑑定評価書（以下「本件鑑定書」という）の各鑑定評価額（以下「本件各鑑定評価額」という）は、本件各不動産の将来性を考慮し、土地の財産価値に重きを置く積算価格を比準価格より重視すべきであるが、積算価格は参考程度としている。したがって、本件共同住宅の建替計画（以下「本件建替計画」という）の存在を適切に反映したものとはいえず、本件各不動産の客観的交換価値（時価）を表した価額であるとは認められない。

B　納税者（Ｘら）の主張

本件各不動産の価額の算定に際しては、以下のとおり、評価通達に

より難い特別な事情がある。

（1）　一般的なマンションの売買は、区分所有建物の専有床面積に着目して行われているが、評価通達の定めによりマンションを評価する場合には、マンションが共有財産であり、単独所有の建物とその敷地に比し、制約があるということが考慮されていない。また、マンションを土地部分と建物部分とに区分し、それぞれ別個の不動産として価額を算定することとなるから、建物の専有部分の床面積に対応するその敷地面積が広大な本件共同住宅の時価の算定を評価通達の定めにより行うと、売買の実態と乖離した非常に高い価額となる。

（2）　本件各不動産は築50年の団地型マンションで、住戸面積は狭く、建物も経年劣化し、給排水設備は陳腐化し、エレベーターはなく高齢者に対応した構造にはなっていない。そのため、今日の水準から見ると居住性能は著しく不十分な建物である。

（3）　本件各不動産の価額は、本件各鑑定評価額とするのが相当である。

　　　課税庁（原処分庁）は、本件共同住宅の建替えが行われる蓋然性が高かったことが考慮されていないから、本件鑑定書の信用性はない旨を主張する。しかし、客観的にみて建替え事業が確実に実現するであろうと判断できるのは、建替え決議がなされた平成19年10月○○日以降であり、本件各贈与の日においては、建替えの検討・計画段階に過ぎず、建替えが確実に実現すると判断できる状況ではない。

　　　相続税法第22条は時価主義をとっているから、本件各不動産の評価額の判断は贈与時点の本件各不動産の客観的交換価値によるべきであり、本件各贈与の日には建替えが行われる蓋然性が高かったとはいえないから、課税庁（原処分庁）の主張は失当である。

第6章
相続税の財産評価で争点となる例

4. 国税不服審判所の判断

1）国税不服審判所の認定した事実

（1） 全体土地について

① 全体土地は、Ｋ線Ｌ駅の南約○ｍ、Ｍ線Ｎ駅の北西約○ｍに位置し、所在する地区（評価通達14－2に定める地区をいう）は普通住宅地区である。また、北東側道路に○ｍ接面しており、同道路に付された平成19年分の路線価は×,×××,×××円である。

② 全体土地は、実測地積が11,345.91㎡であり、地盤に甚だしい凹凸があり、利用価値が著しく低下していると認められる法面が北側に○㎡、建築基準法第42条第1項第5号に規定する道路が○㎡、及び公園が○㎡存し、北側が三角状になった全体としてほぼ台形の宅地である。

③ 本件贈与の日現在、Ｐ市教育委員会による試掘調査によって、本件共同住宅の3号棟の付近は埋蔵物文化財包蔵地であることが確認されており、本件各更正処分等が行われた平成21年6月には、その発掘調査費用の見積金額は××,×××,×××円であった。

（2） 本件建替計画等について

① 本件共同住宅の管理組合（以下「本件管理組合」という）の臨時総会が平成18年2月に開催され、建替えに関する議題について次のとおり決議された（以下、主なもののみ抜粋）。

○建替えの計画概要

7階建ての建物を建築し、本件共同住宅の区分所有者全員が、それぞれにその敷地の持分を出資し、建替えにかかる事業パートナーが新築建物の建設費その他の事業費を出資する。そして、事業完了後に、各区分所有者及び事業パートナーが出資額に見合った評価額の新築建物の住戸を各々取得する方式（以下「等価交換

255

方式」という。**図表6**）とする。新築建物の取得面積は既存建物の2倍以上となる。

② 本件管理組合は、平成18年4月、B社との間で建替え事業について等価交換方式による建替えを目標として、お互いに事業協力する旨及びその費用の精算等についての覚書を締結した。

③ 本件管理組合の臨時総会が平成18年9月に開催され、建物の棟配置を2倍の返還率を目指す上で最も有効な囲み型とし、建物構造方式を免震構造とする具体的な建替計画を進めるための建物基本計画案作成について決議した。

④ 納税者の一人は、平成20年11月、上記建替え決議に基づき、本件共同住宅建替え事業に係る等価交換契約により、B社に対し所有する区分所有建物の持分等を譲渡し、その敷地に建築される共同住宅の1室（土地の持分及び建物の専有部分の床面積125.66㎡）を譲り受けた。

⑤ 納税者の他の一人は、平成20年12月、上記建替え決議に基づき、本件共同住宅建替え事業に係る等価交換契約により、B社に対し所有する区分所有建物の持分等を譲渡し、その敷地に建築される共同住宅の1室（土地の持分及び建物の専有部分の床面積125.66㎡）を譲り受けた。

2）評価通達の定めにより評価した価額

ここでは、本件各不動産の価額を評価通達の定めに照らして評価した結果、①課税庁（原処分庁）が評価した価額と同額であること、②全体土地が不整形地であり、その中に公衆用道路、公共公園等が含まれていること、③埋蔵文化財の発掘調査が必要であり、その費用負担が必要となること等が指摘されています。併せて、各建物の価額は、各建物の固定資産税評価額に1.0を乗じて評価することも述べられています。

図表6 等価交換方式のイメージ

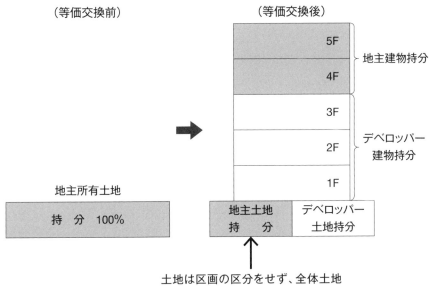

3）特別の事情の有無について

（1） 土地について

　Ｘらは、評価通達の定めによりマンションを評価する場合には、マンションが共有財産であるため、単独所有の建物とその敷地に比し制約があることが考慮されない旨を主張する。また、評価通達によれば、マンションの土地部分と建物部分を区分し、それぞれ別個の不動産として価額を算定することとなるから、建物の専有部分の床面積に対応する敷地面積が広大な本件共同住宅の時価の算定にあたっては、売買の実態と乖離した非常に高い価額となるとも主張する。

ところで、本件各不動産は、マンションの建物の専有部分と共有部分及びその敷地に係る土地の持分から構成されており、本件各不動産の価額は、建物の専有部分の価額、建物の共有部分の価額及びその敷地に係る土地の価額が含まれる。そのため、本件各不動産の土地部分の価額の上昇または下落に連動して本件各不動産の価額も上昇または下落することとなるが、本件各不動産の敷地について、本件贈与者の有する共有持分が他の区分所有者が有する共有持分と質的に異なることもない。したがって、建物の専有部分の床面積に対応するその敷地の共有持分が広大であれば、それに連動して本件各不動産の価額も上昇または下落することになる。そして、評価通達においては、土地の形状等に応じて、奥行距離に応じた奥行価格補正率を適用したり、その形状が不整形である場合には不整形の程度、位置及び地積に応じ不整形補正率を適用したりするなどして、土地の減価要素を考慮した評価方法が採られている。

　以上より、本件各不動産の評価において、マンションの価額をその共有者の持分に応じてあん分して共有持分の価額を評価するという評価通達の定めによって本件各不動産を評価した場合に、適正な時価が求められず、著しく課税の公平を欠くことが明らかであるとはいえない。

（2）　建物について

　Xらは、本件各不動産は、住戸面積は狭く、建物等も老朽化し、今日の水準から見ると居住性能は著しく不十分な建物である旨を主張する。

　評価通達は、家屋の評価については固定資産税評価額に1.0の倍率を乗じて計算した金額によって評価する旨を定めているが（同通達89）、この固定資産税評価額については、家屋の適正な時価を評価するために地方税法第388条第1項に基づく評価基準が告示され

ている。そして、この評価基準に基づき、3年ごとの基準年度に再建築価格（評価の対象となった家屋と同一のものを、評価の時点においてその場所に新築するものとした場合に必要とされる建築費）を基準として、これに家屋の減耗の状況による補正及び需給事情による補正を行って評価する方法が採られている。

したがって、評価通達による評価ではXらが主張する事情についてはそれを織り込んで評価しており、Xらがいう上記事情の存在により、評価通達に定める評価方法を画一的に適用したのでは適正な時価が求められず、著しく課税の公平を欠くことが明らかな場合にあたるとはいえない。

4）本件各鑑定評価額について

（1）　本件鑑定書の要旨は**図表7**のとおりであり、ここでは市場性を反映した比準価格（20,000,000円）を重視し、収益価格（18,100,000円）を関連付け、実現性に不透明感が残る積算価格（96,700,000円）については参考にとどめた上で、将来における土地価格実現の可能性を考慮して標準住戸の鑑定評価額を先に決定し、この価額をもとに本件各不動産の評価額をそれぞれ21,000,000円としている。

なお、本件各鑑定評価額においては、本件建替計画は考慮されていない。

図表7　**本件鑑定書の要旨**

1	価格時点	平成19年6月1日
2	評価方針	現状を所与とした区分所有建物及びその敷地とし、評価対象物件が3物件であるため、このうち1物件を標準住戸として評価し、次に他の2物件の比較検討をすることによ

りそれぞれの鑑定評価額を求める。

　　標準住戸の評価においては、原価法による積算価格、取引事例比較法による比準価格及び収益還元法による収益価格をそれぞれ求め、各価格を総合的に比較検討して鑑定評価額を決定する。

3　標準住戸の試算価格と検討

（1）　積算価格　　96,700,000円

　　積算価格は、対象不動産の費用性に着目して求めたもので、一団地の土地価格及び一棟の建物価格に適正に持分割合等を乗じて試算した。

　　供給者の原価面の合理性を有する価格ではあるが、現在の容積率制限からみて、最有効使用されていないため通常のマンションと比して専有面積当たりの持分が大きいことがそのまま反映されていること、さらに、積算価格に占める土地価格を顕在化するためには、建替え決議を行い、費用と時間をかけて建替えを行う必要があり、現状においては実現性に不透明な部分があることに留意しなければならない。

（2）　比準価格　　20,000,000円

　　比準価格は、１㎡当たり488,000円から523,000円と開差はあるが、採用した事例は同一需給圏内にある評価対象不動産との類似性の高い中古マンションである。また、建物の品等・グレード、階数、方位、住戸規模、日照・眺望、リフォームの有無等についてもいずれも開差はなく、それぞれを個別に査定することにより適正に格差修正を行った。いずれも規範性が高いため中庸値である１㎡当たり509,000円を採用し、これに床面積39.27㎡を乗じて20,000,000円と決定した。

　　実証的で説得力を有する価格であり、市場性を反映している点で

規範性は高い。

（3）　収益価格　　18,100,000円

　　　対象不動産の収益性を反映した理論的な価格であり、対象不動産の典型的需要者として収益性を重視する個人も考えられるから、参考とすべき価額である。

4　標準住戸の鑑定評価額の決定

　市場性を反映した比準価格を重視し、収益価格を関連付け、実現性に不透明感が残る積算価格については参考にとどめながら、将来における土地価格実現の可能性を考慮して標準住戸の鑑定評価額を21,000,000円とした。

5　本件各不動産の鑑定評価額の決定

　各住戸の面積、これに付随する階段室及び事務所の共有持分はいずれも等しく、対象不動産の建物は昇降機のない低層共同住宅であることから、日照や眺望の開差が認められないため、価格比を1：1：1とし、それぞれ鑑定評価額を21,000,000円とした。

（2）　Xらは、本件贈与の日はまだ建替えが確実に実現すると判断できる状況にはなかった旨を主張する。

　　　確かに、Xらの主張のとおり、本件贈与の日において本件建替計画に係る建替え決議は成立していない。しかしながら、以下の事実からすれば、本件共同住宅の各区分所有者は建替えの必要性を認識した上で、等価交換方式による建替えを検討・計画していた事実が認められる。したがって、本件贈与の日現在、本件共同住宅は建替えが行われる蓋然性が極めて高いと認められ、その可能性を否定する要因を裏付ける証拠は存在しない。

　①　建替推進委員会や勉強会等が開催されていること。

② 区分所有建物の建替えは区分所有者等の5分の4以上の賛成で実行できるところ、等価交換方式による建替えに係る各議題は、圧倒的な賛成によりいずれも可決されていること。

③ 本件共同住宅の建替え事業協力に関する覚書も締結されていること。

④ 本件各不動産は建物の専有床面積に対するその敷地の地積が約2倍であるところ、本件建替計画では各区分所有者は出資した敷地の持分価額に見合う既存建物の2倍以上の面積の建物を取得することが予定されていたこと。

⑤ 本件贈与の日のわずか3か月後に本件共同住宅の区分所有者の全員同意による建替え決議がなされ、その後、Xらは建替え決議に基づき、本件共同住宅の建替え事業に係る等価交換契約により、本件区分所有建物を譲渡していること。

（3） 不動産の価額は、価格形成要因の変動について市場参加者による予測によって左右されることから、本件各不動産の評価に際しては、建替えの蓋然性が極めて高く、その場合には敷地の持分価額に見合う既存建物の2倍以上の面積の建物を取得できることが予定されていたことなどの事情等を考慮して比準価格を求めるべきところである。しかし、本件鑑定書における比準価格の算定は、これらの事情が十分に考慮されておらず、不動産鑑定評価基準に定める予測の原則に基づく分析検討が客観的かつ十分にされていないといわざるを得ない。

（4） また、積算価格、比準価格及び収益価格の各試算価格の調整にあたっては各方式の持つ特徴に応じたしんしゃくを加え、鑑定評価の手順の各段階について客観的、批判的に再吟味を行うべきであり、その際には、不動産鑑定評価基準に定める不動産の価格に関する諸原則の当該事案に即した活用の適否や個別要因の分析の

適否等について留意することが必要である。しかし、本件鑑定書における鑑定評価額の決定は、建替えの実現性に不透明性があるとして積算価格96,700,000円を参考にとどめて調整しており、個別要因の十分な分析が行われていないといわざるを得ない。

（5） 以上から、本件各鑑定評価額が本件各不動産の客観的な交換価値を表すものとは認められず、Ｘらの主張には理由がない。

5）本件各不動産の価額について

以上のとおり、本件各不動産の評価にあたり、評価通達の定めにより難い特別な事情は認められず、また、本件各鑑定評価額が本件各不動産の客観的な交換価値を表すものとは認められないから、課税庁（原処分庁）が評価した価額をもって本件各不動産の時価と認めることが相当である。

■3より深い理解のために

本件の争点は、Ｘらが取得した区分所有建物の評価について、評価通達により難い特別の事情があるか否かにありました。

納税者（Ｘら）によれば、次の点が指摘されていました。

① 贈与により取得したマンション住戸は建物の専有部分の床面積に対応するその敷地面積が広大であるから、本件各不動産の時価を評価通達の定めにより算定すると、売買の実態と乖離した高い評価額が算定されること。

② 本件各不動産は住戸面積は狭く、建物等も老朽化していることなど特別な事情があるから、本件各不動産の価額は鑑定評価額によるべきであること。

本件裁決事例においては、不動産鑑定評価基準に規定されている類型の一つである「区分所有建物及びその敷地」の評価手法が問題となっていることから、先にその評価手法を取り上げ、その後に本件裁決事例との関連

で留意すべき点を検討します。

1. 不動産鑑定評価基準にいう「区分所有建物及びその敷地」の評価手法
1）区分所有建物及びその敷地とは

　区分所有建物及びその敷地とは、建物の区分所有等に関する法律第2条第3項に規定する専有部分ならびに当該専有部分に係る同条第4項に規定する共用部分の共有持分及び同条第6項に規定する敷地利用権をいいます（不動産鑑定評価基準総論第2章第2節Ⅱ）。

　区分所有建物及びその敷地は、通常の建物及びその敷地と比較して大きな特徴を有しています。中でも、「専有部分」、「共用部分」という概念は区分所有建物及びその敷地に特有のものです。

　ここで、専有部分とは、一棟の建物で構造上区分された数個の部分を有し、独立して住居や店舗等の用途に供される場合の建物部分のことです。この専有部分を対象とする権利が、区分所有権に他なりません。また、これとは反対に、専有部分とならない建物部分は共用部分として扱われています。

　なお、共用部分の例としては、エレベーター、階段、玄関等があげられます。これらの共用部分は、構造面からして当該区分所有建物の居住者等が共同で利用するものであることから、法定共用部分とされています。しかし、建物の中には構造面からみれば専有部分とみなされるにもかかわらず、あえて規約で共用部分とされているもの（＝規約共用部分）もあります。管理人室や集会所等がこれに該当します。

　また、区分所有建物の場合、それぞれの区分所有者は敷地に対して共有持分（敷地が所有権の場合）または準共有持分（敷地が借地権の場合）を有することとなります。そして、このような建物の専有部分を所有するための土地の権利を敷地利用権と呼んでいます。なお、所有権だけでなく借地権も含みます。

２）区分所有建物及びその敷地の鑑定評価

　不動産鑑定評価基準では、区分所有建物及びその敷地の鑑定評価について、次の規定を設けています。なお、基準では専有部分が賃貸されている場合についても評価の考え方が示されていますが、本項では裁決事例の内容からして自用の場合のみを掲げておきます。

●不動産鑑定評価基準
（１）　専有部分が自用の場合
　　　区分所有建物及びその敷地で、専有部分を区分所有者が使用しているものについての鑑定評価額は、積算価格、比準価格及び収益価格を関連づけて決定するものとする。
　　　積算価格は、区分所有建物の対象となっている一棟の建物及びその敷地の積算価格を求め、当該積算価格に当該一棟の建物の各階層別及び同一階層内の位置別の効用比により求めた配分率を乗ずることにより求めるものとする。

（各論第１章第２節Ⅳ２）

　積算価格を求める際の考え方は、敷地が所有権であるか借地権であるかにかかわらず共通しています。

　区分所有建物及びその敷地の積算価格は、区分所有建物の対象となっている一棟の建物及びその敷地の積算価格を求め、積算価格に一棟の建物の各階層別及び同一階層内の位置別の効用比により求めた配分率を乗ずることにより求めるとされています。

　なお、階層別の効用比及び位置別の効用比の概念は以下のとおりです。

①　階層別効用比

　　　一棟の建物の基準階の専有部分の単位面積当たりの効用に対する各階層の専有部分の単位面積当たりの効用の比をいいます。例えば、基

準階の効用を100とした場合に他の階の効用を100あるいは105と査定することがこれに該当します。

② 位置別効用比

同一階層内において基準となる専有部分の単位面積当たりの効用に対する他の専有部分の単位面積当たりの効用の比をいいます。例えば、3階の基準となる専有部分の効用を100とした場合に他の専有部分の効用を100あるいは105と査定することがこれに該当します。

積算価格を求める際の基本的な考え方は以上のとおりですが、試算にあたってはいくつかの段階を踏んで価格を求めていくこととなります。ただし、本書では考え方の説明のみにとどめておきます。一棟の建物の価格を求める過程で建築後の経過年数や老朽度が考慮され、敷地の価格を求める過程で近隣の取引価格や面積が考慮されます。

次に、比準価格は、近隣地域及び周辺の類似地域に所在するマンションの取引事例（本件裁決事例のように対象不動産が中古マンションの場合はこれに類似する事例）の中から適切なものを選択し、事情補正、時点修正、地域要因及び個別的要因の比較を行って求めます。

さらに、収益価格は、対象不動産を新規に賃貸することを想定し、そこから得られる純収益（総収入−総費用）を適正な還元利回りで還元して（＝割り戻して）求めることになります。

2. 一般的な価格傾向

不動産鑑定評価基準に規定されている考え方は上記のとおりですが、中古マンションの鑑定評価では、一般的に積算価格が上限となる傾向にあります。その背景として、積算価格は物件の供給者側から試算した価格であるという性格を有し、必ずしも取引市場が反映されているとは限らないからです。

また、区分所有建物で土地の持分が多ければその分だけ土地価額（総額）

も多くなりますが、共同住宅で敷地も全区分所有者の共有という場合、ある人の持分が多いからといっても、その人が他の人以上に敷地を占用使用できるわけではありません。そこで、区分所有建物の取引や評価においては、土地建物の再調達原価をもとに求めた各々の価格を合算した金額よりも、建物の専有床面積当たりの取引価格に重点が置かれています。そのため、例えば一棟のマンションの中で実際に売買された部屋の専有単価が把握できれば、それに評価対象不動産の専有面積を乗じ、必要な場合には方位や眺望等による補正を行って価格を求める方式が実証的で説得力のあるものといえます。したがって、通常の場合には、土地の持分が多くても建物が老朽化していれば積算価格の説得力は相対的に低くなると考えられます。ここでは建物価格よりも土地価格が前面に登場する結果となりますが、現に入居中の中古マンションでは当該土地の更地価格で市場売買が成立するとは考え難いためです。

　次に、収益価格は中古マンションを新規に賃貸する場合の賃料を想定し、そこから得られると期待される純収益をもとに試算しますが、理論的な側面を有し、必ずしもこのとおりの価格で取引が成立するとは限りません。また、居住用マンションなど、収益性よりも快適性を重視して価格が形成される性格の不動産に関しては、他の試算価格よりも低く求められる傾向にあります。本件裁決事例で問題となっている中古マンションの場合、その老朽度から判断して収益還元法で説明のつく価格が求められることは難しいといえます。

　上記のような実情から、区分所有建物（マンション）に関しては、通常の場合、比準価格を重視して鑑定評価額が決定される傾向にあり、しかも、同一マンションの中に成約事例がある場合にはそれが一層重視される傾向が強いといえます。

3. 本件裁決事例と積算価格及び比準価格との関連

　積算価格と他の試算価格との関連は上記のとおりですが、本件裁決事例では通常のケースと比べて積算価格にウェイトを置いた価格決定が求められているように思われます。それは、本件で問題とされている中古マンションの場合、建替えの実現性がかなり高くなっているため、上記の考え方を当てはめただけでは建替え後の床面積の取得の可能性という視点から実態を反映しきれない点が生じているためです。すなわち、老朽化した区分所有建物の現在価値という視点ではなく、その区分所有建物の敷地持分面積に対応した建替え後の取得可能床面積という視点から、土地の価格形成要因に着目した積算価格のウェイトをもう少し織り込むべきではなかったかという点が本件裁決事例において指摘されています。なぜなら、積算価格が比準価格及び収益価格に比べて著しく高く試算されているにもかかわらず、その結果が鑑定評価額にほとんど反映されていないからです。

　ちなみに、本件鑑定評価にあたって試算された結果は次のとおりです。

　　積算価格　96,700,000円

　　比準価格　20,000,000円

　　収益価格　18,100,000円

　国税不服審判所では、不動産鑑定評価基準にいう「予測の原則」を引合いに、本件鑑定評価書の比準価格は建替えの蓋然性が極めて高いという事情を考慮して求めるべき旨を指摘しています。しかし、比準価格には事例地の取引時点から価格時点までの時点修正は当然のことながら反映させるものの、価格時点から将来に向けての地価の変動予測まで織り込むことは比準価格の本旨ではないといえます。すなわち、裁決文に記載されている趣旨が比準価格に地価の変動予測を織り込むことまでを意味しているのであれば、このような考え方は比準価格の性格上受け容れられないからです。

　また、比準価格を求める過程では、取引事例地の属する地域と対象地の属する地域との間における価格形成要因の比較と分析を行い、地域要因の

格差を比準価格に反映させることとなります。しかし、将来の地域の発展を裏付ける取引事例が現実に発生しなければ、単なる予測に終始する可能性があります。したがって、対象不動産の鑑定評価にあたっては、建替えの蓋然性が極めて高いことを比準価格に織り込むというよりも、試算価格の一つとして求められた積算価格を各価格との調整段階である程度加味する考え方が鑑定評価理論に照らして合理的と思われます。なお、積算価格には、取引事例比較法の適用を通じて土地の持分面積に見合う時価が反映されます。

4. まとめ

以上、本項では相続不動産の評価にあたり、評価通達の定めにより難い特別な事情の有無につき、建替えの蓋然性（可能性）の高い中古マンションを例に取り上げました。

本件事案においては、贈与の日現在においては建替計画に係る建替え決議は成立しておらず、この点を踏まえると鑑定評価額の決定にあたり建替計画を考慮することはむしろ躊躇せざるを得なかったのではないかという見方もできないわけではありません。この点にグレーゾーンの存在する余地があるものと思われます。

しかし、建替えをめぐるその後の動向を鑑みて、本件中古マンションについては建替えが行われる蓋然性が極めて高く、その可能性を否定する要因を裏付ける証拠も存在しないとして、国税不服審判所では評価通達の定めにより難い特別な事情は認められない旨を判示しています。

今後、本件事案に類似するケースが生じた場合、建替計画や建替え決議の状況、実現の可能性等を十分見極めた上で評価を行うことが不可欠といえます。

5 倍率地域における 雑種地評価の留意点

Question

評価の対象とする雑種地が倍率地域に存する場合、雑種地という地目に対する倍率が定められていないことが多いのですが、だからといって雑種地の固定資産税評価額に近傍の宅地の倍率を乗じて相続税評価額を算定することは不適切だと聞きました。これに関する裁決事例を紹介するとともに、評価上の留意点を教えて下さい。

Answer

1 判断を迷わせる要因

固定資産税や相続税の評価では、例えば駐車場の地目は雑種地として扱われていますが、これに限らず、雑種地の固定資産税評価額は、その利用状況により宅地の評価額の何割減という扱いをしている市町村が少なからず見受けられます。なお、市町村によっても異なりますが、雑種地の場合、何らかの減額措置をとっているところが多いようです。

したがって、雑種地の固定資産税評価額に宅地の倍率を乗ずれば、時価に比べてもともと低い評価額に低い倍率を乗ずる結果となり、相続税申告時の時価の目安とすべき評価額と大幅に乖離してしまう危険性が生じます。

相続税評価額の算定方式に路線価方式と倍率方式があることは周知のと

270

おりですが、財産評価基準書の倍率表の地目の欄に「雑種地」という名称が記載されていないケースが圧倒的に多いことは意外と知られていないのではないでしょうか。この点で判断に迷うことがあると思われます。

　倍率表をみても、そこに地目として記載されているのは、宅地、田、畑、山林、原野、牧場、池沼であり、雑種地という地目は通常見当たりません（**図表8**）。なぜなら、一概に雑種地といっても、現況が駐車場のような宅地に近いものから、雑草の生えている未利用地で原野に近いものまで様々な土地があり、一律に倍率を定めるのが難しいためです。

図表8　倍率表に通常記載されている地目

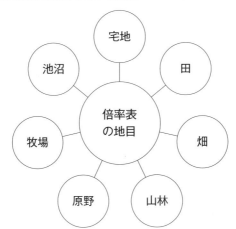

雑種地という地目は掲載されていないことが多い。

　なお、雑種地の中には、ゴルフ場用地、鉄軌道用地のように倍率が定められている例もありますが、このようなケースは多岐にわたる雑種地の形態の中でもわずかです（**図表9**）。

271

図表9 倍率表に雑種地という地目が定められている場合

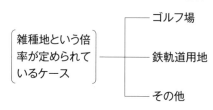

　そのため、相続税評価額の算定をしようと考えている人の中には、その雑種地の近隣に宅地として利用されている土地があれば、雑種地の固定資産税評価額に宅地の倍率を乗じて相続税評価額を求めてしまう人がいても不思議ではありません。しかし、ここに意外な「落し穴」があり、その結果、申告した評価額が課税庁に否認されてしまうことにもなりかねません。

　以下、これに関連して留意しなければならない裁決事例を紹介します。

2 判断の基準をどこに求めるか（裁決事例の分析）

　本項では、上記に関連する裁決事例として、市街化調整区域内にあり、現況地目が雑種地である土地について、固定資産税評価額に近傍宅地（比準地）の倍率を乗じて算定した相続税評価額が課税庁により否認された事例（国税不服審判所平成16年3月31日裁決（裁決事例集 No.67））[注1]を紹介します。

　（注1）　国税不服審判所ホームページ掲載資料。

　なお、本件事例では、相続人の相続した土地は市街化調整区域内にあり、地目は雑種地（現況駐車場）で、倍率方式によって相続税評価額を算定する地域となっています。ただし、倍率表をみても雑種地の固定資産税評価額に乗ずる倍率は定められておらず、市街化調整区域ながらも周辺には戸建住宅の敷地として利用されている土地も見受けられます。

1. 事案の骨子

本件は、市街化調整区域内で、かつ、倍率地域内にある雑種地の相続税評価額について、納税者が雑種地の固定資産税評価額に宅地の倍率（1.1）を乗じて求めるべき旨を主張したのに対し、課税庁が本件雑種地に類似する宅地の相続税評価額に比準して求めるべき旨を主張したことから、争いとなっていたものです。

2. 事実関係

本件において、相続人（納税者Xら）が相続により取得した土地は10数件にわたりますが、このうち４件の土地の現況地目が雑種地（登記簿上の地目は田、他は山林）となっています。本書で取り上げるのは、現況が雑種地となっている土地のうちの３件についてです。また、残り１件は地目が道路敷で、納税者と課税庁間に価格に対する争いはなく、これが相続財産に含まれるか否かの争いであったため、対象から除外します（以下、上記３件の土地を合わせて「本件土地」といい、個別に称する場合は「土地１」、「土地２」、「土地３」という）。

また、本件土地の所在する地域の宅地の固定資産税評価額に乗ずる倍率は「1.1」と定められています。なお、同地域においては、雑種地の固定資産税評価額に乗ずる倍率は定められていません。

3. 当事者の主張

A. 納税者（Xら）の主張

原処分は、次の理由により違法であるから、その一部の取消しを求める。

（1）本件土地全体について

① 本件土地は雑種地で、財産評価基本通達（以下「評価通達」という）及び評価基準書が定める倍率方式が適用される地域に属し

ているから、その相続税評価額は、それぞれその付近の宅地に準ずる雑種地として評価されている固定資産税評価額に評価基準書が定める宅地の倍率1.1を単に乗じて求めた価額を基礎として求めるべきである。

② 課税庁（原処分庁）は、雑種地である本件土地について、近傍宅地の固定資産税評価額を基礎として相続税評価額を算出しているが、仮に、このような方法が認められるにしても、雑種地としての減額がなされるべきである。なお、課税庁は、本件土地は市街化調整区域内であることから、建物建築制限について、評価通達27－5《区分地上権に準ずる地役権の評価》の家屋の建築が全くできない場合の斟酌としての減額割合50％を採用しているが、仮にこのような減額方法が相当であるとすれば、納税者の計算したとおりもう少し減額される結果となるはずである。

（2） 個別土地の評価額について

① 土地1

課税庁の算定した相続税評価額には造成費が考慮されていないため、これから造成費として4,000円／㎡を控除すべきである。

② 土地2及び土地3

土地2及び土地3の自用地としての相続税評価額[注2]は、それぞれ雑種地としての固定資産税評価額に宅地の倍率1.1を乗じて求めるべきである。また、仮に課税庁の評価方法が認められるにしても、造成費（4,000円／㎡）を控除すべきである。

さらに、土地2及び土地3について、その物件の所在するA市では無道路地[注3]の減額を行っている。

> （注2） 筆者注。本件裁決事例において、納税者は土地2を貸家建付地、土地3を賃借権の目的となっている土地であるとし、それぞれにつき評価減の主張を行っていますが、これに関しては事実認定に係る要素が強いため、本書では自用地価額に関する部分のみ取り

上げています。

（注３）　筆者注。土地２及び土地３は、被相続人の所有する公道に面する土地に接しているものの、それぞれ使用目的が異なっているとして、納税者はこのような主張を行っています。しかし、国税不服審判所の判断（後掲）によれば、土地２及び土地３はお互いが隣接するとともに、北東側道路のみに接しているとされています。

Ｂ．課税庁（原処分庁）の主張

　原処分は、次の理由により適法であるから、審査請求を棄却するとの裁決を求める。

（１）　本件土地の状況

　　本件土地は倍率地域に位置するところ、本件土地が属する地域は雑種地の相続税評価額を算出するため固定資産税評価額に乗ずる雑種地の倍率の定めがないことから、本件土地の各相続税評価額は、評価基本通達82[注4]の定めにより算出することとなる。そして、本件土地は、そのいずれもが資材置場等の用途として他に貸し付けられていることからすれば、その状況は、付近の宅地に類似すると認められ、本件土地の相続税評価額の算出にあたっては、本件土地に類似する宅地の相続税評価額に比準する[注5]こととなる。

（注４）　筆者注。評価基本通達82では、雑種地の価額は、原則として、その雑種地と状況が類似する付近の土地に比準して評価する旨を定めています（近傍地比準方式）。その際、近傍（＝付近）の土地と当該雑種地の位置、形状等の条件の格差が考慮されます。ただし、雑種地の固定資産税評価額に乗ずる倍率が定められている地域は別です。

（注５）　筆者注。「比準」ということばが用いられているため、課税庁は納税者の主張する方式（雑種地の固定資産税評価額×宅地の倍率）ではなく、当該雑種地（評価対象）が宅地であるとすればいくらであるかをベースとし、これを求める過程で近傍宅地と評価対象地との位置、形状等の条件の差が反映されます。さらに、そこから建築制限等を考慮して雑種地の相続税評価額を算定すべき旨を主張していることが明らかとなります。

275

（2）　本件土地評価にあたっての考え方

　　　以下のとおり、納税者（Xら）の主張には理由がない。

①　本件土地は、市街化調整区域内に位置し、固定資産税の課税上
その地目が雑種地とされていることからすれば、本件土地は付近
の宅地に比べ建物の建築が制限されていると認められ、その制限
は、評価基本通達27－5に定める承役地に係る制限の内容が家
屋の全く建築できないものであるときと同様の制限と認められ
る。そのため、本件土地の相続税評価額を算出するにあたっては、
同通達の定めに準じて評価したものであり、本件土地が市街化調
整区域内の雑種地であることから、付近の宅地に比べ劣ることに
つき、その減額を行ったものである。

②　また、Xらは、土地1の相続税評価額を算出するにあたっては、
4,000円／㎡の造成費を控除すべきである旨を主張する。

　　　しかしながら、土地の評価額を算出するにあたって宅地造成費
を控除する必要がある場合とは、その土地を宅地に転用するため
の費用の投下が必要と認められる場合をいうところ、土地1に
は現に建物が存することからすれば、同土地の評価額を算出する
にあたり宅地造成費を控除する必要はない。

③　さらに、Xらは、土地2及び土地3は無道路地であるから、
当該各土地の相続税評価額を算出するにあたっては、その減額を
すべきである旨を主張する。

　　　しかしながら、無道路地とは、一般に他人の土地にとり囲まれ
ているなどして公道に直接面していない土地をいうところ、土地
2と土地3とは隣接し、土地2は公道に面する本件被相続人所
有の土地に隣接していることからすれば、土地2及び土地3は
無道路地とはならない。

4. 国税不服審判所の判断

　本件に関し、国税不服審判所は納税者及び課税庁間において、評価基本通達の解釈または適用に争いがあるとの認識のもとに、以下の判断を下しました。

1）本件土地の評価方法

（1）　本件土地については、雑種地として評価することに争いがないが、評価基準書には本件土地が所在する地域の雑種地に適用される倍率が定められていない。そのため、評価基本通達82の定めにより、本件土地と状況が類似する付近の土地を評価基本通達の定めるところにより評価した同土地の1㎡当たりの相続税評価額に比準して算定するのが相当である。

（2）　これに対し、納税者（Ｘら）は、本件土地の相続税評価額を雑種地としての固定資産税評価額に宅地の倍率1.1を乗じて算出すべきである旨を主張する。

　　　しかしながら、評価基準書に定める倍率は、固定資産税評価額が地目により差異があるので、それぞれの地目に応じた適正な評価額を算出できるよう各地目ごとに定めているのであって、宅地の倍率を採用するならば、もとになる固定資産税評価額は宅地としての価額によるのが相当である。したがって、納税者の主張には理由がない。

（3）　また、Ｘらは、評価基本通達82にいう「その土地とその雑種地との位置、形状等の条件の差を考慮して評定した価額」とは、単に評価基本通達27－5を適用すればよいというのではなく、雑種地としての諸条件を考慮して評価すべきと解すべきである旨を主張する。しかし、同通達の「その土地とその雑種地との位置、形状等の条件の差を考慮して評定した価額」とは、評価すべき土地

と比準土地の価格形成要因における個別的要因とされる街路条件、
交通接近条件、環境条件、画地条件、行政的条件等を比較考慮し
て評定することと解される。

　したがって、評価すべき土地と比準土地の差異が、都市計画法上
の建築可能な建物の用途制限（行政的条件）を原因とするならば、
これを評価すべき土地との差異として考慮すれば足りるのであり、
抽象的に雑種地としての諸条件を考慮すべきとするＸらの主張には
理由がない。

２）本件各土地の相続税評価額について

　国税不服審判所が下した本件土地に対する倍率方式適用の考え方は上記
１）のとおりですが、同審判所はさらに、土地１ないし土地３の相続税
評価額について、以下のとおり判断しています。なお、裁決文には以下に
述べる自用地価額の算定方法だけでなく、本件土地が貸宅地、貸家建付地
の適用を受ける土地であるか否かの判断内容も記載されていますが、本書
では割愛します。

（１）　土地１

　　①　事実関係

　　　（ａ）　土地１には、本件相続開始日において、軽量鉄骨造、亜鉛メッ
　　　　　キ鋼板葺２階建て建物（床面積１階90.72㎡、２階77.76㎡、合計
　　　　　168.48㎡。以下「土地１上の建物」という。）が存在している。

　　　（ｂ）　土地１の比準地には、本件相続開始時の時において、建物
　　　　　２棟（建築床面積56.3㎡及び96.8㎡のもの、いずれも未登記で平成
　　　　　12年度から固定資産課税台帳に登録）が存在している。

　　②　自用地としての評価額

　　　（ａ）　土地１は、下記（ｂ）に記載した事情により地目が雑種地と
　　　　　なっているが、その現況は土地１上の建物の敷地と資材置場

として利用されているのであるから、土地1の評価は宅地に比準した価額によって算出するのが相当である。

　そして、土地1と土地1の比準地との間に、位置、形状等の差異は認められないから、土地1の相続税評価額を求めるために採用する比準すべき土地は、土地1の比準地が相当と認められる。

（b）　土地1については、昭和45年6月10日の都市計画法に基づく市街化調整区域の線引き当時に、土地1が建付地ではなかった等の事情により宅地ではなく雑種地とされたのに対して、土地1の比準地の地目は、市街化調整区域の線引き当時に建物の敷地であったことから宅地とされたものである。そして、土地1は、都市計画法に基づく市街化調整区域に編入されて以降、都市計画法第43条第1項の規定に基づく、県知事による建築等の許可を受けた土地ではないから、同項による建築制限を受ける土地と判断される。

　なお、Xらは、土地1上の建物が都市計画法施行前から建っていたと答述するが、これを認めるに足る証拠の提出がないから、この点に関する答述は採用できない。

　そうすると、土地1の評価にあたり比準する土地1の比準地との差異の斟酌については、評価基本通達27－5に定める家屋が全く建築できない場合等の区分地上権に準ずる地役権の割合50／100を準用するのが相当と判断される。

（c）　したがって、土地1の自用地としての評価額は、土地1の比準地の自用地としての単位当たり相続税評価額から土地1の建築制限による斟酌割合（50／100）を控除して求めることとなる。

（d）　また、Xらは、土地1の自用地としての相続税評価額を算

定するにあたり宅地造成費を控除すべき旨主張するが、土地
1及び土地1の比準地は、同じ高さで、形状等に差異は認め
られない。そのため、土地1の相続税評価額を求めるにあたり、
土地1の比準地の相続税評価額から宅地造成費を控除する必
要性は認められない。

（2）　土地2、土地3
　①　事実関係
　　（a）　土地2には、本件相続開始日において、軽量鉄骨造、スレー
　　　　ト葺、平家建て建物2棟（いずれの建物も未登記かつ固定資産税
　　　　に係る家屋課税台帳に未登録。以下「土地2上の建物」という）が
　　　　存している。
　　（b）　Xらは、当審判所に対して、土地2上の建物について次の
　　　　とおり答述している。
　　　　　土地2上の建物の建築主は、Z建設（住所不明）で、建築時期、
　　　　建物の構造、面積及び間取り等は不明であるが、Y（被相続人）
　　　　が、将来の紛争を避けるため、平成13年ころにZ社から対価
　　　　なしで取得した。また、土地2上の建物が市街化調整区域内
　　　　に建築されているのは、都市計画法施行前に建てられたからで
　　　　ある。
　②　自用地としての評価額
　　（a）　土地2及び土地3は、土地1と同様の理由により地目が雑
　　　　種地となっているから、その評価額は宅地に比準した価額に
　　　　よって算出するのが相当である。
　　　　　そして、土地2及び土地3は、市道○○号線に面しておらず、
　　　　北東側道路のみに面していることから、土地2及び土地3の
　　　　相続税評価額を求めるために採用する比準すべき土地は、同じ
　　　　接道条件である○○市○町○番に所在する宅地（以下「本件2・

第6章
相続税の財産評価で争点となる例

3比準地」という）とすることが相当と認められる。

　そして、北東側道路には固定資産評価基準の定めに基づく価格が付されており、本件2・3比準地の平成10年度の固定資産税価格に相当する価格は93,100円／㎡である。

（b）　土地2及び土地3の地目は雑種地であるが、この理由については土地1の場合と同様であるから、土地2及び土地3についても、都市計画法第43条第1項による建築制限を受ける土地である。

　なお、土地2の上には都市計画法施行前から建物が建っていたという上記認定に反する請求人らの答述があるが、これを認めるにたる証拠の提出がないので採用できない。

　そうすると、土地1と同様に、土地2及び土地3の評価にあたり比準すると、本件2・3比準地との差異の斟酌についても、家屋が全く建築できない場合等の区分地上権に準ずる地役権の割合（50／100）を準用するのが相当である。

（c）　これに対し、課税庁は、土地2及び土地3の評価にあたり、比準すべき土地として、○○市○町○番または○番所在の宅地（単位当たり固定資産税評価額132,050円／㎡）を採用していると認められるが、これらの土地は、市道○○号線と北東側道路の両方に面する土地で、土地2及び土地3とは接道条件が異なるから、土地2及び土地3の比準地として採用することは相当ではない。したがって、この点に関する課税庁の主張は採用できない。

（d）　また、Xら及び課税庁は、ともに土地2及び土地3の自用地としての相続税評価額算定にあたり、宅地造成費を控除すべき旨主張するが、本件2・3比準地は市道○○号線の南側に約7ｍ入ったところに位置し、順に南側へ土地2と土地3が

281

所在しており、これらの土地は、等高で平坦であり、形状等に差異は認められない。

したがって、土地2及び土地3の相続税評価額を求めるにあたり、本件2・3比準地の相続税評価額から宅地造成費を控除する必要は認められないから、この点に関するXら及び課税庁の主張には理由がない。

（e）　さらにXらは、土地2及び土地3の自用地として相続税評価額の算定にあたり、無道路地としての斟酌をすべき旨主張するが、土地2、土地3及び本件2・3比準地は、ともに北東側道路に接している^(注6)から無道路地としての斟酌を行う必要は認められない。

（注6）　筆者注。裁決文には図が掲載されていません。

3 より深い理解のために

　以上で紹介してきた裁決事例の要旨を通して、市街化調整区域内の雑種地の評価を倍率方式によって行う際の留意点が大方読めてきたのではないでしょうか。そこで一歩踏み込んで、なぜ、雑種地の固定資産税評価額に近傍宅地の倍率を乗ずることが相続税評価額を求める方法として不適切であるかを振り返ってみます（前事例についていえば納税者が主張する評価方法）。併せて、これらを踏まえた場合の倍率方式適用上の留意点を補足しておきます。

1. 雑種地の固定資産税評価額に宅地の倍率を乗じてはならない理由
1）宅地の倍率として「1.1」が多く用いられている理由
　現在、宅地に関し、相続税評価額や固定資産税評価額のような公的な評価額は公示価格に連動し、その一定割合を目安に定められています。これは公的評価の一元化とも呼ばれ、それぞれの評価額が全く別の視点から定

められるのではなく、時価の基本となる公示価格の動きと歩調を合わせて定められていることを意味します。そして、公示価格を基本とした相互の価格バランスは、おおむね次のとおりとなっています。

（相互の価格バランス）

公示価格	100
相続税評価額	80
固定資産税評価額	70

　これをもとに、以下の計算式により、固定資産税評価額を相続税路線価の水準に置き換える際の倍率をとらえれば、1.1が多く用いられていることがわかります。

　　宅地の固定資産税評価額（70）×1.1　＝　相続税評価額（77）（≒80）

２）雑種地の固定資産税評価額に宅地の倍率を乗じてはならない理由

（１）　設例を用いた解説

　　　図表10のように、市街化調整区域内で現在駐車場として利用されている土地があるとします。この土地の地目は雑種地で、近傍宅地（線引き前から宅地として利用されてきた土地で、知事の許可を受けることにより建物の建築が可能な土地であるとする）と比べて固定資産税評価額が60％減額されているとします。

図表10 市街化調整区域内の雑種地

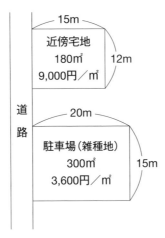

（注） 図中の単価は固定資産税評価額を表します。また、対象地（駐車場）の間口は15m、奥行は20mで、バランスがとれているため、近傍宅地と比較した場合の画地補正率は1.00とします。

　なお、この土地も線引き前から建物が建っており、現在更地化されて駐車場として利用されていますが、許可を受けることにより建物の再築が可能であるとします。このような雑種地について、その固定資産税評価額に宅地の倍率を乗じて相続税評価額を算定すれば、以下のとおり3,960円／㎡（総額：3,960円／㎡×300㎡＝1,188,000円）と求められます。

　　（雑種地の固定資産税評価額）3,600円／㎡×（近傍宅地の倍率）1.1
　　＝（雑種地の相続税評価額）3,960円／㎡

　しかし、この土地の場合、すでに述べたように近傍宅地と同様に建物の建築が可能であり、市場において宅地並みの取引価格で取引されることを考慮すれば、その価値は近傍宅地と同じレベルで考えることが合理的であり、相続税評価額も以下のとおり宅地並みの水準（9,900円／㎡）で算定されることになります。なお、固定資産税の課税上、雑種地の減額をしていることと、市場における取引価格（相続税評価

額のイメージはこちらに近い）とは切り離して考える必要があります。

　（雑種地の固定資産税評価額）[注7] 9,000円／㎡×

　（画地補正率）1.00×（近傍宅地の倍率）1.1

　＝（雑種地の相続税評価額）9,900円／㎡

　　（注7）　宅地並みを想定

　（総額）9,900円／㎡×300㎡

　＝2,970,000円

（2）　留意点

　　■の冒頭でも述べたとおり、雑種地の固定資産税評価額は宅地に比べて減額措置がとられていることが多くあります。したがって、雑種地の固定資産税評価額に宅地の倍率を乗じてみても、その結果は不適切なものとなってしまいます[注8]。このような事情は市街化調整区域内に限らず、市街化区域で倍率方式を適用する地域においても同様です。ただ、市街化調整区域内の雑種地の評価を煩雑で難解なものとしているのは、その雑種地が受ける建築制限や造成が必要な場合の造成費との関係があるからです。

　　（注8）　雑種地の場合、すでに述べたとおり倍率が定められていないのが一般的ですが、仮にこれが定められているとした場合には、1.1よりもかなり高い倍率を乗じなければ時価のレベルに合わないということになります。

　上記（1）では、評価対象地である雑種地が近傍宅地と同様に、許可の取得により建築が可能であることを前提としましたが、そうでない場合には以下のケースに応じて価値の度合いが異なってきます。

　①　建物の建築が全くできない場合

　　上記（1）で算定した価額（9,900円／㎡）の50％相当額で評価します。

②　建物の建築は可能であるが、一定の制限を受ける場合

　　上記（1）で算定した価額（9,900円／㎡）の70％相当額で評価します。

　これに当てはめ、本件雑種地が線引き前に建物が建っておらず、建築制限が非常に厳しい（＝建物の建築が全くできない）ことによる減額が必要であれば、相続税評価額は以下のとおり4,950円／㎡と算定されます。

　　（近傍宅地の固定資産税評価額）9,000円／㎡×（画地補正率）1.00×

　　（近傍宅地の倍率）1.1×（建築制限考慮後の価値割合）50％

　　＝（雑種地の相続税評価額）4,950円／㎡

　　（総額）4,950円／㎡×300㎡＝1,485,000円

　また、本件雑種地が線引き前に建物が建っていたが、再建築にあたり一定の制限を受ける（近傍宅地に比べて制限がやや強い）ことによる減額を必要とする場合には、相続税評価額は以下のとおり7,623円／㎡と算定されます。

　　（近傍宅地の固定資産税評価額）9,000円／㎡×（画地補正率）1.00×

　　（近傍宅地の倍率）1.1×（建築制限考慮後の価値割合）70％

　　＝（雑種地の相続税評価額）6,930円／㎡

　　（総額）6,930円／㎡×300㎡＝2,079,000円

　この場合、上記①②のいずれに当てはめても、雑種地の相続税評価額は、雑種地の固定資産税評価額に宅地の倍率を乗じた結果よりも高く算定される結果となります。また、本項では、雑種地の例として駐車場を取り上げており、宅地にするための造成は不要という前提でとらえていますが、造成を必要とする場合には上記の算定結果から造成費相当額を控除することになります。

　相続税評価の場合、現況が雑種地でも宅地並みに取引されるケースがあるため、固定資産税評価のように現況が雑種地であるという理由のみで評

価額を減額する取扱いはしておらず、倍率方式で算定する地域においては、特にこの点に留意が必要です。

2. 雑種地評価（倍率地域）における誤った計算例

　以上、市街化調整区域における雑種地の評価に倍率方式を適用する際の留意点を述べてきましたが、実際にどのような誤りが多いのか、参考に**図表11**に例を掲げます。なお、説明の都合上、雑種地に建築制限のない場合とある場合とにわけて整理しています。

図表11 市街化調整区域における雑種地評価（倍率方式）に多い計算式の誤りの例

（ケース1）当該雑種地に建築制限のない場合（造成費控除前）

例	誤った計算式	誤っている箇所
1	雑種地の固定資産税評価額×宅地の倍率（1.1）	雑種地の固定資産税評価額を計算のベースとしている。
2	近傍宅地の固定資産税評価額×宅地の倍率（1.1） （当該雑種地は形状の劣る土地であるとする）	画地補正率の漏れ。 画地補正率は当該雑種地が宅地であるとした場合の価額を求めるために乗じますが、これが計算式に反映されていません。 なお、**図表10**では画地補正率が1.00であるため、これを計算式に入れなくても結果は変わりありませんが、間口・奥行・形状等の補正を要する場合は、これを計算に反映させなければ結果は異なってきます。

（ケース2）当該雑種地に建築制限のある場合（造成費控除前）

例	誤った計算式	誤っている箇所
1	近傍宅地の固定資産税評価額×画地補正率×宅地の倍率（1.1）	建築制限があることによるしんしゃく割合（50％または30％）が反映されていません。
2	近傍宅地の固定資産税評価額×宅地の倍率（1.1） （当該雑種地は形状の劣る土地であるとする）	画地補正率と建築制限があることによるしんしゃく割合（50％または30％）が反映されていません。
3	近傍宅地の固定資産税評価額×宅地の倍率（1.1）×建築制限があることによるしんしゃく割合 （当該雑種地は形状の劣る土地であるとする）	画地補正率が反映されていません。

第 **7** 章

テキストだけでは
得にくい応用実務

1 直近合意時点をめぐる解釈（継続賃料の評価）

Question

　最高裁判例を踏まえ、継続賃料評価における賃料改定対象期間（いつからいつまで）のとらえ方が変更されています（平成26年5月1日付不動産鑑定評価基準改正）。すなわち、それまでは「現行賃料を定めた時点」から価格時点までの変動を対象としていたものを、「直近合意時点」から価格時点までの変動とし、その間の賃料上昇（または下落）を対象とする考え方に改められたものです。

　しかし、その反面、「直近合意時点」の解釈の仕方により鑑定評価の結果に影響を及ぼすことが指摘されています。それでは、「現行賃料を定めた時点」と「直近合意時点」との相違をどのようにとらえればよいのでしょうか。

Answer

1 判断を迷わせる要因

　例えば、賃料自動改定特約が付されている契約があり、その特約にしたがって賃料が増額または減額されている場合、「直近合意時点」を実際に増額または減額された時点と考えるべきか、それとも当初に遡って特約が設定された時点と考えるべきか判断に迷うところがあります。また、不動

産鑑定評価基準にも「直近合意時点」の具体的な定義はされていません。

② 判断の基準をどこに求めるか

　国土交通省の公表資料「継続賃料にかかる鑑定評価の方法等の検討」（平成25年3月）によれば、現行賃料を定めた時点は、現行賃料を現実に合意して適用した時点であるとしています。例えば、現行賃料が現実の合意なく定められた場合には、「直近合意時点」は賃料に変動があった時点ではなく、現実の合意があった時点とすることが適当であるとされています。

　それとともに、当該賃料では「直近合意時点」の確定の仕方が妥当ではない例を以下のとおり掲げています。

〈直近合意時点の確定の仕方が妥当ではない例〉

・賃料自動改定特約があり自動的に賃料改定がされている場合の直近合意時点は、本来は、賃料自動改定特約の設定を行った契約締結時点とすべきであるが、自動的に賃料が改定した時点としている場合。

・賃料改定等の現実の合意がないにもかかわらず契約を更新している場合の直近合意時点は、本来は、現実の合意があった最初の契約締結時点とすべきであるが、現実の合意なく契約を更新した時点としている場合。

・経済事情の変動等を考慮して賃貸借当事者が賃料改定しないことを現実に合意し、賃料が横ばいの場合の直近合意時点は、本来は、賃料を改定しないことを合意した時点とすべきであるが、当該賃料として最初に合意した時点としている場合。

　また、最高裁平成20年2月29日判決（出典：裁判例情報）では、賃貸借契約の当事者が現実に合意した賃料のうち直近のものを「直近合意賃料」と定義した上で、賃料自動改定特約がある場合の直近合意賃料の解釈に関し、以下の旨を判示しています。

本件自動増額特約によって増額された純賃料は、本件賃貸契約締結時における将来の経済事情等の予測に基づくものであり、自動増額時の経済事情等の下での相当な純賃料として当事者が現実に合意したものではないから、本件各減額請求の当否及び相当純賃料の額を判断する際の基準となる直近合意賃料と認めることはできない。

　しかるに、原審は、第１減額請求については、本件自動増額特約によって平成７年12月１日に増額された純賃料を基にして、同日以降の経済事情の変動等を考慮してその当否を判断し、第２減額請求については、本件自動増額特約によって平成９年12月１日に増額された純賃料を基にして、同日以降の経済事情の変動等を考慮してその当否を判断したものであるから、原審の判断には、法令の解釈を誤った違法があり、この違法が判決に影響を及ぼすことは明らかである。

[出典] 裁判所ホームページ「裁判例情報」

　以上の趣旨から、裁判所が賃料増減請求について判断する際には、契約当事者間で現実に合意した時点が基準とされていることがわかります。

　平成26年５月１日付不動産鑑定評価基準改正もこの趣旨を反映したものであり、ここに実務の拠り所を求めることができます。

❸評価上の留意点

　継続賃料を求める鑑定評価手法の説明の中で、「直近合意時点」ということばが登場する個所を不動産鑑定評価基準の中から抜粋すれば以下のとおりです。

●不動産鑑定評価基準
　２．利回り法
　（２）　適用方法

②継続賃料利回りは、**直近合意時点**における基礎価格に対する純賃料の割合を踏まえ、継続賃料固有の価格形成要因に留意しつつ、期待利回り、契約締結時及びその後の各賃料改定時の利回り、基礎価格の変動の程度、近隣地域若しくは同一需給圏内の類似地域等における対象不動産と類似の不動産の賃貸借等の事例又は同一需給圏内の代替競争不動産の賃貸借等の事例における利回りを総合的に比較考量して求めるものとする。

3．スライド法

（1）　意義

スライド法は、**直近合意時点**における純賃料に変動率を乗じて得た額に価格時点における必要諸経費等を加算して試算賃料を求める手法である。

なお、**直近合意時点**における実際実質賃料又は実際支払賃料に即応する適切な変動率が求められる場合には、当該変動率を乗じて得た額を試算賃料として直接求めることができるものとする。

（2）　適用方法

①変動率は、直近合意時点から価格時点までの間における経済情勢等の変化に即応する変動分を表すものであり、継続賃料固有の価格形成要因に留意しつつ、土地及び建物価格の変動、物価変動、所得水準の変動等を示す各種指数や整備された不動産インデックス等を総合的に勘案して求めるものとする。

（総論第7章第2節Ⅲ）

　基準にはこのような文章が掲げられていますが、「直近合意時点」に関して判示した最高裁判例の趣旨を思い浮かべながら基準を読んでいけば、それがそのまま評価上の留意点にもつながります。

　不動産鑑定評価基準においては、継続中の賃貸借等の契約に基づく実際

支払賃料を改定する場合の勘案事項が述べられています。この中に「直近合意時点」ということばがいくつか登場します。以下は宅地の例ですが、考え方は建物についてもそのまま該当します。

●不動産鑑定評価基準

2. 継続中の宅地の賃貸借等の契約に基づく実際支払賃料を改定する場合

　　継続中の宅地の賃貸借等の契約に基づく実際支払賃料を改定する場合の鑑定評価額は、差額配分法による賃料、利回り法による賃料、スライド法による賃料及び比準賃料を関連づけて決定するものとする。この場合においては、直近合意時点から価格時点までの期間を中心に、次に掲げる事項を総合的に勘案するものとする。

（1）　近隣地域若しくは同一需給圏内の類似地域等における宅地の賃料又は同一需給圏内の代替競争不動産の賃料、その改定の程度及びそれらの推移、動向

（2）　土地価格の推移

（3）　賃料に占める純賃料の推移

（4）　底地に対する利回りの推移

（5）　公租公課の推移

（6）　直近合意時点及び価格時点における新規賃料と現行賃料の乖離の程度

（7）　契約の内容及びそれに関する経緯

（8）　契約上の経過期間及び直近合意時点から価格時点までの経過期間

（9）　賃料改定の経緯

（各論第2章第1節Ⅱ）

第7章
テキストだけでは得にくい応用実務

2 共有不動産の評価と分割

Ⅰ 共有減価の有無とその根拠

Question

父親が所有していた土地を子ども3人（A、B、C）が相続し、現在、それぞれ3分の1の共有となっています（図表1）。このような状態で、Aが自分の持分のみをB、C以外の者に売却するとした場合、更地価格に3分の1を乗じた金額よりも低い金額となることはないでしょうか。

図表1 共有者と各人の持分

更　地（一筆の宅地）

所有者A（持分3分の1）
所有者B（持分3分の1）
所有者C（持分3分の1）

Answer

■1 判断を迷わせる要因

　評価対象地が共有となっている場合、それぞれの持分に応じた価額を求めようとすれば、全体価額に各人の持分割合を乗じて計算する方法が単純明快な方法です。相続税の財産評価においてもこの方法を採用し、国税庁ホームページ「質疑応答事例」でもその旨の回答を行っています（**図表2**）。

図表2　財産評価基本通達における共有地の評価

共有地の評価

【照会要旨】

　共有地の各共有者の持分の価額はどのように評価するのでしょうか。

【回答要旨】

　評価しようとする土地が共有となっている場合には、その共有地全体の価額に共有持分の割合を乗じて、各人の持分の価額を算出します。したがって、例えば共有地全体の価額が1億円の宅地を甲が4分の3、乙が4分の1の割合で共有している場合には、甲の持分の価額は7,500万円（1億円×3/4）、乙の持分の価額は2,500万円（1億円×1/4）となります。

【関係法令通達】

　財産評価基本通達2

注記

　平成30年7月1日現在の法令・通達等に基づいて作成しています。

　この質疑事例は、照会に係る事実関係を前提とした一般的な回答であり、必ずしも事案の内容の全部を表現したものではありませんから、納税者の方々が行う具体的な取引等に適用する場合においては、この回答内容と異なる課税関係が生ずることがあることにご注意ください。

[出典]国税庁ホームページ

しかし、相続税評価の場合は別として、実際にこのような状態で共有者の一人の持分のみを第三者が取得しても、これを取得した人は自分の意思だけで全体地の利用や売却・賃貸等の処分ができないことは容易に想像がつきます。

すなわち、共有地についてこのような行為をするためには共有者全員の同意が必要となり、その分だけ自由度が制約されるということになります。したがって、共有持分の一部のみをわざわざ購入しようと考える第三者はいないでしょうし、共有者もどうせ処分を考えるのであればこのような形よりも、共有関係を解消した上で処分する方が買い手がつきやすいと考えることでしょう。

しかし、それでも共有状態における一部の持分のみの評価（第三者売却前提）を依頼された場合は、判断に迷うところです。

2 判断の基準をどこに求めるか

このような場合、市場参加者は極めて限定されることから、やはり減価の発生を前提に検討することが経済合理性にもかなうものと思われます。その際の根拠としては以下の事項が指摘されます。

○共有減価の発生要因

①　対象不動産の所有権を有するにもかかわらず、自己の意思のみによる管理・処分が難しい。

②　その結果、判断に迅速性が欠ける。

なお、これらの要因による減価の程度を数値に表すのは容易ではありませんが、上記の要因で10%～20%程度の減価は生ずるものと思われます。

3 評価上の留意点

現在、共有者間で何ら煩わしい関係にない場合であっても、共有者の一人が死亡して新たな相続関係が発生することにより、上記の減価要因が顕

在化する可能性があります。共有関係の解消が提案されるのも、現在だけでなく将来を見据えた権利関係の煩わしさからくる減価の発生を回避するという点にあります。

■4 もう一度基本に立ち戻る

共有とは、多数人が共同して1個の物を所有する関係、すなわち「共同所有関係」のことを指します。そして、判例によれば、共有者は物を分割してその一部を所有するのではなく、各所有者は物の全部について所有権を有し、他の共有者の同一の権利によって減縮されるに過ぎません。したがって、共有者の有する権利は単独所有の権利と性質及び内容を同じくし、ただ分量及び範囲に広狭の差異があるだけであるといわれています（大判大正8.11.3民録25輯1944頁（「第4版 我妻・有泉コンメンタール民法、総則・物権・債権」日本評論社、2016年9月、p.464～466））。

このように、共有関係にある場合には、共有者はそれぞれ独立した所有権を有するものの、目的物が1個であるに過ぎないため、相互に拘束及び制約され、これが煩雑な関係となって表れると考えることができます。この点を理解することが共有減価の発生根拠を裏付けるヒントとなります。

第7章
テキストだけでは得にくい応用実務

Ⅱ 共有不動産の分割方法

Question

共有関係を解消するにあたり、共有物の分割には3つの方法がある
と聞いていますが、不動産に即してそれぞれの内容を教えて下さい。

Answer

◼️1判断を迷わせる要因

共有物の分割方法には次の3つがあります（**図表3**）。

① 　現物分割（共有物の各部分を各人の持分に応じて物理的に分割する方法）

　　　なお、分割の対象が、例えば一棟の建物のような場合、現物分割は
相当でないといえます。

② 　換価による分割（共有物全体を売却してその代金を各人に分割する方法）

　　　この方法による場合、当事者間に合意がない限り換価方法は競売と
なります。

③ 　価格賠償（競売によらず、共有物を共有者のうちの一人の単独所有とす

　　　　　　　る代わりに、その者から他の共有者に対して持分相当の金額を

　　　　　　　支払う（＝賠償する）方法）

この方法が認められるためにはいくつかの条件があります（後掲）。

299

図表3 共有物の分割方法

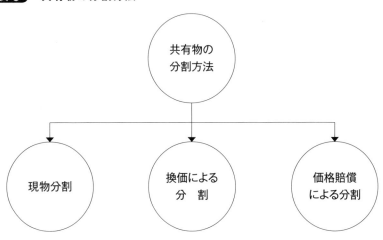

　共有物の分割といえば、ことばのイメージから物理的な分割のみを指すと思う方もいるかも知れませんが、上記②及び③の方法も共有物の分割に該当します。

　今日では、遺産分割の結果生じた不動産の持分を共有者の一人がまとめて買い取る際の鑑定評価のニーズも発生しているようです。このような事情を踏まえれば、不動産鑑定士としては現物分割のケースのみならず、全体土地の売却による換価処分（上記②）、他の共有者の持分の買い取り（上記③）のケースも視野に入れた共有物分割のあり方について理解しておくことが不可欠と思われます。

　ところで、共有者は、他の共有者に対しいつでも共有物の分割請求を行い、共有状態の解消を求めることができるとされています。そして、共有物の分割は共有者間の協議によりますが、これが調わない場合は共有物の分割請求の調停や訴訟によることとなります。その際の方法がすでに掲げた3つのものですが、共有者がどの方法でも選択できるというわけでは

第7章
テキストだけでは得にくい応用実務

ないため、判断に迷いが生じます。

② 判断の基準をどこに求めるか

　裁判手続きの中で、昨今注目すべきものは全面的価格賠償による分割です。この方法は、特定の共有者の単独所有とし、他の共有者に金銭を支払うことにより精算する方法ですが、最高裁平成8年10月31日判決に根拠を置くものです。参考までに、当該判決文の中からこれに該当する部分を抜粋すれば以下のとおりです。

○最高裁平成8年10月31日判決

　民法第258条第2項は、共有物分割の方法として、現物分割を原則としつつも、共有物を現物で分割することが不可能であるか又は現物で分割することによって著しく価格を損じるおそれがあるときは、競売による分割をすることができる旨を規定している。ところで、この裁判所による共有物の分割は、民事訴訟上の訴えの手続きにより審理判断するものとされているが、その本質は非訟事件であって、法は、裁判所の適切な裁量権の行使により、共有者間の公平を保ちつつ、当該共有物の性質や共有状態の実状に合った妥当な分割が実現されることを期したものと考えられる。したがって、右の規定は、すべての場合にその分割方法を現物分割又は競売による分割のみに限定し、他の分割方法を一切否定した趣旨のものとは解されない。

　そうすると、共有物分割の申立てを受けた裁判所としては、現物分割をするに当たって、持分の価格以上の現物を取得する共有者に当該超過分の対価を支払わせ、過不足の調整をすることができる（最高裁昭和59年（オ）第805号同62年4月22日大法廷判決・民集41巻3号408頁参照）のみならず、当該共有物の性質及び形状、共有関係の発生原因、共有者の数及び持分の割合、共有物の利用状況及び分割された場合の経済的価

301

値、分割方法についての共有者の希望及びその合理性の有無等の事情を総合的に考慮し、当該共有物を共有者のうちの特定の者に取得させるのが相当であると認められ、かつ、その価格が適正に評価され、当該共有物を取得する者に支払能力があって、他の共有者にはその持分の価格を取得させることとしても共有者間の実質的公平を害しないと認められる特段の事情が存するときは、共有物を共有者のうちの一人の単独所有又は数人の共有とし、これらの者から他の共有者に対して持分の価格を賠償させる方法（全面的価格賠償の方法）による分割をすることも許されるものというべきである。

[出典]：裁判所ホームページ「裁判例情報」

3 評価上の留意点

　相続が発生し、遺産分割の結果、共有となった土地や建物の持分を売却しようとする場合、持分の価値をどのように評価すべきかがしばしば問題となります。共有物という性格から考えれば、それが管理面でも処分面でも、共有者全員の合意がなければ意思決定ができないという点で、単独所有に比べて市場価値が低くなるケースが多いと思われます。なお、それ以前の問題として、第三者相手に持分のみが譲渡の対象となり得るかについても前項で述べました。

　また、共有物の分割をめぐり訴訟に発展した場合、法的な解決方法としては、まず現物分割が検討され、それが物理的に不可能な場合または分割により価格が著しく損なわれるおそれのあるときは競売により代金の回収と分割が命じられる仕組みとなっています。そのため、競売市場での売却から生じる減価分や共有物という性格から派生する減価分（処分上の制約）を織り込んで評価するケースが多いのではないでしょうか。

　しかし、上記最高裁判決で認められた全面的価格賠償方式による場合、

第7章
テキストだけでは得にくい応用実務

ある共有者が他の共有者の持分を一括して買い取る結果、当該不動産の管理・処分がすべて自己の意思のみで実現可能な状態に至ることを鑑みれば、共有減価は解消されるとも考えられます[注]。ただし、共有物分割をめぐる事案の内容は個々に異なり複雑なケースも多いため、全面的価格賠償方式による場合でも、共有減価の有無については個々の事案ごとに判断していくことが求められます。

（注）　下級審判決ですが、戸建住宅の土地全部と建物の共有持分（3分の2）を競売によって取得した不動産業者が、残りの建物持分（3分の1）を有する共有者に全面的価格賠償による共有物分割請求をしたところ、これが認められた事例があります。ただし、この事例の場合、不動産業者が買取り価格として求める金額よりも多い賠償金額と引換えとなっている点に留意が必要です（東京地裁平成17年10月19日判決、出典：ウエストロー・ジャパン）。

303

3 隣接地の併合を 目的とする限定価格

Question

隣接地を併合して一体利用する場合、価値の割増が生じる分だけ高く買っても支障はないといわれます。評価にあたって常にこのような考え方で臨んでも問題はないのでしょうか。

Answer

1 判断を迷わせる要因

図表4は限定価格の生ずるケースを、**図表5**はこれが生じないケースを示したものです。

図表4　限定価格の生ずるケース

ケース①

道　路

A地

B地

ケース②

道　路

A地

B地

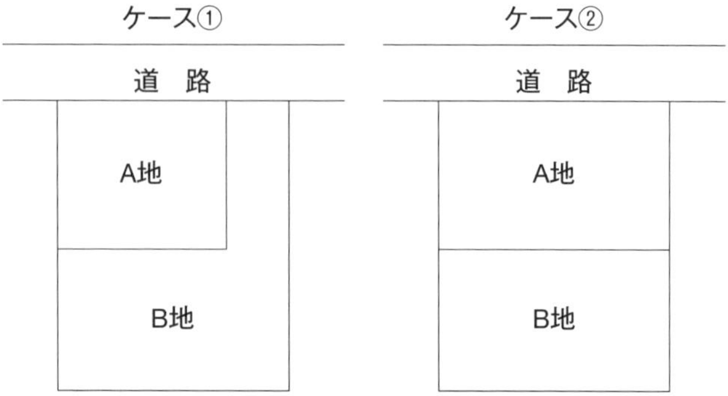

B地の所有者がA地を買収する場合（増分価値の発生）

図表5 限定価格の生じないケース

A地またはB地の所有者が、隣接するB地
またはA地を買収する場合（増分価値は発生せず）

図表4で限定価格の生ずる理由は、B土地の所有者がA土地を買い取ることにより、もともと所有していたB土地の価格も上昇するからです。

また、**図表5**で限定価格の生じない理由は、A土地またはB土地の所有者が隣接するB土地またはA土地を買い取っても、もともと所有していた土地の価格が上昇する要因がないからです。

このように、限定価格が成立するためには、併合等によりもともと所有していた土地の価格も上昇するため、その上昇分の全部または一部を併合する土地の買取り価格に上乗せしても損はない（＝合理的）といえることが前提となります。そして、このような効果をもたらすのは特定の当事者間の取引に限定されるといえます。

ここで誤りやすいのは、隣地を買収する場合は常に限定価格の対象となると考えてしまうことです。それは、隣地を買収しても、一体としてとらえた土地の経済価値に従前を上回る増分が生じなければ限定価格として評価することはできないということです。

2 判断の基準をどこに求めるか

不動産鑑定評価基準では、限定価格を求めることのできる場合を次のとおり例示しています。

① 借地権者が底地の併合を目的とする売買に関連する場合

② 隣接不動産の併合を目的とする売買に関連する場合

③ 経済合理性に反する不動産の分割を前提とする売買に関連する場合

本項で取り上げているのは上記②のケースです。

世間一般で日頃不動産の価格が問題となる場合、これが誰にでも通用する価格なのか、あるいは極めて限定された当事者間でのみ通用する価格なのかなどということは、よほどのことがない限り意識して考えることはないと思われます。しかし、鑑定評価では合理的な見地から求める価格が誰にでも通用する価格なのか（＝正常価格）、あるいは隣接者間のように限られた当事者間でのみ通用する価格なのか（＝限定価格）等の前提条件を区別した上で評価を行うことが求められます。

なお、不動産鑑定評価基準では限定価格を次のように定義しています。

●不動産鑑定評価基準

２．限定価格

限定価格とは、市場性を有する不動産について、不動産と取得する他の不動産との併合又は不動産の一部を取得する際の分割等に基づき正常価格と同一の市場概念の下において形成されるであろう市場価値と乖離することにより、市場が相対的に限定される場合における取得部分の当該市場限定に基づく市場価値を適正に表示する価格をいう。

（総論第５章第３節Ⅰ２）

306

第7章
テキストだけでは得にくい応用実務

そこで、基準に規定されている内容のうち、限定価格の特徴をとらえるために必要な個所を次に掲げ、これを一般的な表現に置き換えてその本質を探ってみます。

1）「正常価格と同一の市場概念の下において形成されるであろう市場価値」とは

一般の人が土地や建物を売ったり買ったりする場合、通常は不動産仲介業者に依頼して買主や売主を探してもらうことになります。この場合、仲介業者が価格に関して助言をしますが、そのとおりの値段で取引が成立するとは限りません。また、中には売主・買主がはじめから決まっており、相互に交渉の上、売買価格を決めたという例も少なからず見受けられます。

それだけでなく、数多い取引の中には、相続税の支払いのために少々割安な価格でもよいから急いで物件を売却し現金化したという例もあります（＝売り急ぎのケース）。また反対に、どうしてもその場所に早急に土地を確保したいので、交渉の結果、少々割高な価格であったが購入したという例もあります（＝買い進みのケース）。

不動産の取引にかかる市場はこのように複雑で、たまたまある物件の取引価格に関する情報が耳に入ったとしても、果たしてこれが他のケースにも当てはまる正常な条件のもとで制約したものであるかどうかは一般の人にはわからないのが実情です。

そこで、不動産鑑定士が市場に成り代わり、誰に対しても等しく当てはまる市場価格を求めることとなりますが、このように市場の実態を適正に反映した価格が正常価格であり、それはまた市場価値を表示する適正な価格といえます。

307

２）「市場が相対的に限定される場合における取得部分の当該市場限定に
基づく市場価値を適正に表示する価格」とは

限定価格は正常価格と異なり、特定の当事者間でのみ合理性をもって成
り立つ価格であり、かつ、市場価値を適正に表示する価格であるといえます。

限定価格として評価することが合理性をもつためには、あくまでも隣地
買収等により従来から所有していた土地の価値が上昇することが必要であ
る旨はすでに述べたとおりです。

❸もう一度基本に立ち戻る

繰り返しとなりますが、次の解説を念頭に置く必要があります。

> ……併合を目的とする売買に関連する場合においても、併合による増分
> 価値が発生しない場合においては、第三者間取引の場合とその取引価格に
> 差異が見られないので、限定価格とはならない。併合の場合において、限
> 定価格は、正常価格と同一の市場概念の下において形成されるであろう市
> 場価値を乖離しても当事者にとって経済合理性が認められる価格であり、
> 併合により生じる増分価値は併合される両者が寄与して生じさせたもので
> あるので、両者に適正に配分すべきであろう。
> （公益社団法人日本不動産鑑定士協会連合会監修、鑑定評価基準委員会編『要
> 説不動産鑑定評価基準と価格等調査ガイドライン』住宅新報社、2015年
> 10月30日、p.116）。

4 がけ条例の適用を受ける土地評価の留意点

Question

図表6のとおり、上段と下段でかなりの高低差（2m以上）のある土地があります。現在、このような土地には、いわゆるがけ条例（注）が適用され、規制が厳しいと聞いていますが、具体的にはどのような規則でしょうか。また、このような土地の場合、法面部分の減価だけでは不十分でしょうか。なお、対象地上にはがけ条例が制定される前から法面に近い位置に建物が建っています。

（注） 都道府県によって呼称は異なりますが、正式には「○○県建築基準法施行条例」（東京都の場合は「東京都建築安全条例」）等の名称で定められている条例の中のがけ地を含む土地の利用規制のことを指します。

図表6 がけ条例の適用を受ける土地

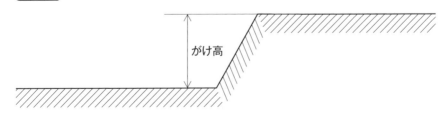

Answer

1 判断を迷わせる要因

　がけ条例が適用される土地でない限り、敷地の一部に法面を含んでいて
も、その部分の利用効率が劣ることを考慮して、当該面積相当分の減価を
織り込めば足りると思われます。しかし、がけ条例の適用を受ける土地の
場合、その影響は法面だけでなく平坦な敷地部分にも及ぶため、法面の減
価だけでなく、さらに大幅な減価を織り込む必要があります。その認識な
く評価をしてしまった場合、大きな誤りに陥る結果ともなりかねません。

2 判断の基準をどこに求めるか

　建築基準法には、地方公共団体の条例による制限の附加という条文があ
り（第40条）、これに基づき、地方公共団体は、建築基準法等の規定のみ
によっては建築物の安全、防火または衛生の目的を十分に達し難いと認め
る場合においては、条例で、建築物の敷地、構造または建築設備に関して
安全上、防火上または衛生上必要な制限を附加することができるとされて
います。がけ条例もこの規定に根拠を置くものであるため、その内容の把
握には十分に留意する必要があります。

建築基準法

（地方公共団体の条例による制限の附加）

第40条　地方公共団体は、その地方の気候若しくは風土の特殊性又は特殊
　　建築物の用途若しくは規模に因り、この章の規定又はこれに基く命令の
　　規定のみによっては建築物の安全、防火又は衛生の目的を充分に達し難
　　いと認める場合においては、条例で、建築物の敷地、構造又は建築設備
　　に関して安全上、防火上又は衛生上必要な制限を附加することができる。

なお、一定の高さを超えるがけの上部または下部に建築物を建築しようとする場合、都道府県が定めたがけ条例によって制限が設けられていますが、「がけ」とは斜面の勾配が30度を超えるものを指すのが一般的です。

また、多くのがけ条例では、ある土地が高さ2mを超えるがけに隣接する場合、がけの下端から、がけの高さの2倍以内（水平距離）に建築物を建築しようとするときには、高さ2mを超える擁壁を設けなければならないとしています。裏返していえば、擁壁を設けない限り、上記水平距離以内には建築物を建築できないことになります（**図表7**）。

図表7 建築制限の範囲

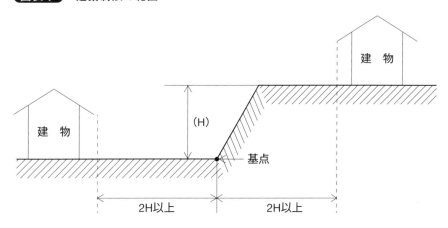

なお、参考までにがけ条例の具体例を以下に掲げます。

＜○○県建築基準法施行条例＞
　（がけ）
第○条　がけ高（がけの下端を過ぎる2分の1こう配の斜線をこえる部分について、がけの下端からその最高部までの高さをいう。以下この条において同じ。）2メートルをこえるがけの下端からの水平距離ががけ高の

２倍以内のところに建築物を建築し、又はその敷地を造成する場合においては、高さ２メートルをこえる擁壁を設けなければならない。ただし、次の各号の一に該当する場合においては、この限りでない。

一　斜面のこう配が30度以下のがけ、堅固な地盤を切って斜面としたがけ又は特殊な構法によるがけで安全上支障がないと認められるものの場合

二　がけ上に建築物を建築する場合において、がけ又は既設の擁壁が構造耐力上支障がないと認められるものの場合

三　がけ下に建築物を建築する場合において、その主要構造部が鉄筋コンクリート造又は鉄骨鉄筋コンクリート造で、がけの崩壊に対して安全であると認められる場合

２　前項の擁壁の構造は、建築基準法施行令（省略）第142条の規定によるほか、土の摩擦角が30度以下（土質が堅固で支障がない場合においては、45度以下）であって、基礎と地盤との摩擦係数が0.3以下（土質が良好で支障がない場合においては、0.5以下）の場合にも安全なものとしなければならない。

この条例の趣旨を要約すれば、がけ高が２ｍを超える場合は、擁壁を築造せずにがけの下端の基点からがけ高の２倍以内の位置に建築物を建築すること（そのための敷地造成も含む）が禁止されることになります。

❸評価上の留意点

がけ地に隣接する土地には上記のような建築制限があるため、市町村の建築担当窓口で対象地ががけ条例の適用を受けるかどうかを改めて確認することが不可欠です（条例自体は都道府県の制定による）。また、がけ条例の適用を受ける土地の場合、擁壁の築造が不要な場合の例外規定も存することから、併せて次の事項の確認（於市町村）が必要となります。

第7章
テキストだけでは得にくい応用実務

・新しい擁壁が必要か

・既設の擁壁がある場合、現状どおりで支障がないかどうか

　これらの調査結果を踏まえた上で、がけ条例による規制の影響を土地価格の減価要因として織り込むべきか（織り込む場合はその程度）を検討する必要があります。

〇参考裁判例（東京地裁平成28年11月18日判決）

　本件裁判例は不動産鑑定評価が直接関与したものではありませんが、本件のようにがけ条例の適用を受ける土地の鑑定依頼を受けた場合、安易に取り組むと「がけ条例」による利用制限を見落とすことになりかねません。その意味で、重要事項の説明に係る問題だけでなく、鑑定評価に係る問題としても極めて重要と思われます。

〈裁判例〉

　建物ががけ条例に違反することの説明義務を怠ったとして、媒介業者に対する擁壁の築造費用の請求が認められた事例（東京地裁平成28年11月18日判決、出所：ウエストロー・ジャパン）（一般財団法人不動産適正取引推進機構ホームページ「RETIO判例検索システム」No.107）。

（趣旨）

　本件土地の西側には高さ2.6mのがけがあるところ、大谷石で築造された擁壁があるに過ぎないため、がけ下にあたる本件土地上に木造家屋を建築する際には、がけ下からがけ高の2倍以上離して建築するか、がけと建物の間に防護壁を設置しなければならない（東京都建築安全条例6条）が、本件建物はいずれの要件も満たしておらず、条例を遵守するためには防護壁や建物1階部分の補強費用として2,082万円の費用がかかることが売買契約・引渡し後に判明したものである。

　本件においては、買主から媒介業者に対し、がけ条例に関する説明義務違反による擁壁築造費用等の請求が認められています。

313

5 建築線のある土地（廃止された法律に基づく建築線）

Question

図 表8に掲げる評価対象地の規制を市役所で調査したところ、前面道路（位置指定道路）の幅員が4mあるにもかかわらず、建替え時には一部セットバックが必要だといわれました。その理由は、建築基準法の前身である旧市街地建築物法（大正8年4月5日公布、昭和25年11月23日廃止）時に指定された「建築線」（＝その線と線の間には建築物を建築してはならないことを意味する）が敷地内にまだ残っているからということでした。

本件の場合、市役所の見解では、前面道路の幅員が4mあることもあり、実際にどれだけのセットバックが必要かについては今後、建替申請がなされた時点で協議の上、判断したいとのことです。

現在の建築基準法では、前面道路の幅員が4m以上あれば建替えだけでなく新築も支障なくできますが、上記のような不確定要素がある場合、セットバック部分をどのように考えればよいのでしょうか。

図表8 評価対象地と建築線の位置関係

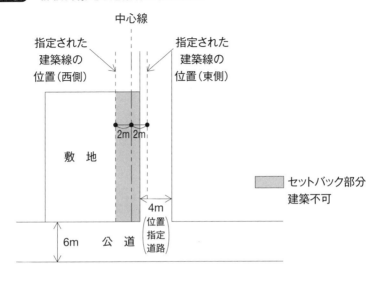

Answer

1 判断を迷わせる要因

上記の質問にもあるとおり、原則、前面道路の幅員が4m以上あれば、建替えの際、建築基準法第42条第2項に定める敷地後退（＝セットバック）の適用はありません。

ちなみに、建築基準法上の道路とは同法第42条第1項に規定するいずれかの要件に該当する道で、幅員が4m以上のものです。セットバックが必要となるのは、以下に掲げる同法第42条第2項に該当する場合です。

建築基準法

（道路の定義）

第42条

2 ……この章の規定が適用されるに至った際現に建築物が立ち並んで

> いる幅員4メートル未満の道で、特定行政庁の指定したものは、前項の規定にかかわらず、同項の道路とみなし、その中心線からの水平距離2メートル（省略）の線をその道路の境界線とみなす。ただし、当該道がその中心線からの水平距離2メートル未満でがけ地、川、線路敷地その他これらに類するものに沿う場合においては、当該がけ地等の道の側の境界線及びその境界線から道の側に水平距離4メートルの線をその道路の境界線とみなす。

このように、前面道路の幅員が4m未満で、かつ、その道が上記の規定に該当すれば、建替え時には道路の中心線から2mの位置まで敷地後退が必要となります（図表9）。ところが、幅員が4m以上あっても、他の要因によって敷地を後退させなければならない場合があり、これを見落とすと思わぬ事態が生じかねません。

上記の質問における行政庁の指摘は、まさにこれを示唆しています。ただ、建築線に関する知識や経験がなければ、本件のようなケースで、なぜセットバックが必要かという疑問を払拭できず、判断に迷う結果となります。

図表9 42条2項道路によるセットバック

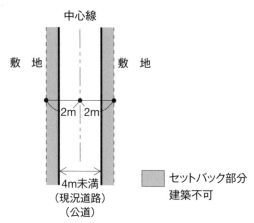

第7章
テキストだけでは得にくい応用実務

②判断の基準をどこに求めるか

　前面道路の幅員が４ｍ未満で、しかも建築基準法第42条第２項に該当する道路の指定を受けていれば、建替え時にセットバックが必要となることは物件調査の経験をある程度積んだ方であれば、通常これを見逃すことはないと思います。

　しかし、すでに廃止されている旧市街地建築物法の名残り（建築線による建築物の規制）が現在の建築基準法の中に「附則第５項」という形で活きています。これを心得ておかなければ評価に携わる者の判断を誤った方向に導いてしまう結果となります。

　ここで、建築基準法附則第５項とは以下に掲げる規定です。

建築基準法　附則抄

（この法律施行前に指定された建築線）

5　市街地建築物法第七条但書の規定によつて指定された建築線で、その間の距離が四メートル以上のものは、その建築線の位置にこの法律第四十二条第一項第五号の規定による道路の位置の指定があつたものとみなす。

　また、この中に登場する「市街地建築物法第７条但書」とは、以下のものを指します。

市街地建築物法（大正８年法律第37号）

第七条　道路幅ノ境界線ヲ以テ建築線トス但シ特別ノ事由アルトキハ行政官庁ハ別ニ建築線ヲ指定スルコトヲ得

　なお、この旧市街地建築物法第７条但書に基づいて指定された建築線

317

のイメージは、**図表10**のようなものとなっています。

図表10 附則第5項による道路（中心線から2mの位置に建築線が指定されている場合）

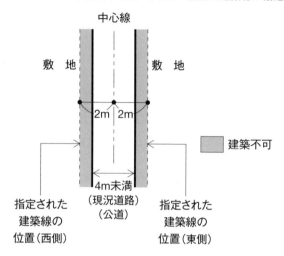

3 評価上の留意点

1）一般的な留意点

　旧市街地建築物法の時代に指定された建築線は、しばしば「告示建築線」（通称）と呼ばれています。それは、このような建築線の指定が行政庁の告示に基づいていることに由来します。例えば、「大正11年9月15日○○府告示第○○○号」による建築線の指定というようなものです。また、告示建築線は「指定建築線」と呼ばれることもあります。

　そして、建築線の間の距離が4m以上のものは、その建築線の位置に道路位置指定があったものとみなすとされていることはすでに述べたとおりです。

　ここで留意すべき点は、建築線の指定範囲は現況に関係なく公道に準じた建築基準法上の道路であるという点です。そのため、建築線の範囲が建物の敷地の一部として使用されている場合でも、建替え時には建築線の位

置まで敷地を後退させなければなりません。ただし、本件のようなケースでは、質問の中にもあるようにセットバックの位置が定まっていないことから、対象地の価格を求める場合には、次の2通りのケースを想定して求めざるを得ないと考えます。なぜなら、将来の行政庁の判断結果がそのままセットバック対象面積に影響し、これがストレートに価格に波及するからです。

・仮にセットバックがなかったとした場合の価格
・建築線の位置までセットバックした場合の価格

なお、物件調査で告示建築線に出会った場合、現在の敷地が幅員4m以上の道路に接しているため、セットバックは不要と安易に考えて調査を終了させないようにしましょう。これを誤ると価格も誤る結果となります。これは価格面だけでなく、宅地建物取引業者の行う重要事項説明の内容にも大きく影響してきます。

自治体によっては、古い市街地や住宅地に現在も告示建築線が多く残されており、それが公道の場合もあれば、私道の場合もあります。告示建築線が話題となる場合、大阪市の例が引合いに出されることも多く、同市内に存在する「船場建築線」は有名です。

2）建築基準法第42条第2項に基づく道路との類似点と相違点

ここでまぎらわしいのは、**図表10**の図では、建築線は現況幅員4m未満の道について、その中心線から東西それぞれ2m後退した位置に指定されている点です。そのため、結果としてみれば、4m幅で建築線が指定されている場合、附則第5項による建築線の指定であれ、第42条第2項に基づく道路であれ、建替え時のセットバックの範囲は何ら変わりないということになります。ただし、セットバックの根拠規定は上記のとおり異なっています。

また、第42条第2項に基づく道路の場合、実務的には道路中心線は関

係当事者（敷地所有者等）が協議の上で決定していますが、附則第5項の道路の場合は行政庁が建築線及びその中心線を過去に決定したという点にも相違がみられます。

　さらに、附則第5項の中には建築基準法第42条第1項第5号の規定による道路という記載も登場しますが、これがいわゆる位置指定道路を意味します。すなわち、ある場所に建築線が指定されていて、その間の距離が4m以上のものは建築基準法上の位置指定道路とみなすという規定です。したがって、実質的に後退部分の範囲が同じであったとしても、幅4m以上の建築線が指定されている場合は、その範囲は位置指定道路の扱いを受けるという点でも、第42条第2項の道路とは明らかに異なります。煩雑なことに、**図表8**の場合は位置指定道路と建築線の範囲が一部重複する点に一層の難しさが潜んでいます。

４ もう一度基本に立ち戻る

1. 建築基準法上の道路の意義

　現在の建築基準法上で「道路」という場合には、単なる道を指すのではなく、一定の要件を満たすものに限られています。すなわち、幅員が4m以上で、以下のいずれかに該当するものを指します。

① 第42条第1項第1号道路（いわゆる「1号道路」）
　　国道、県道、市町村道など

② 第42条第1項第2号道路（いわゆる「2号道路」）
　　都市計画法の開発行為によって築造された道など

③ 第42条第1項第3号道路（いわゆる「3号道路」）
　　建築基準法施行当時からすでに存在していた道

④ 第42条第1項第4号道路（いわゆる「4号道路」）
　　都市計画道路で、2年以内に事業執行予定のものとして行政庁が指定した道

⑤　第42条第1項第5号道路（いわゆる「5号道路」）

　　道路を築造しようとする人の申請を受けて行政庁が指定した道（位置指定道路）

　ただし、第42条第2項道路（いわゆる「2項道路」）も例外的に道路として認められており、建築基準法施行当時から建築物が建ち並んでいる幅4m未満の道（ただし、特定行政庁の指定したもの）がこれに該当することは、すでに述べたとおりです。

2. 道路の扱い（道路法と建築基準法）

　道路を扱う法令はいくつか存在します。例えば、道路法、道路交通法、建築基準法、民法等です。これらのうち、本問に関連の深いのは建築基準法ですが、道路法も重要です。

1）道路法

　道路法は公道の築造や管理について定めています。そこで、調査の対象とする道が公道か否か、公道の場合は認定路線や幅員、敷地と公道との境界の確定状況等については道路管理者（例えば、市町村道であれば市町村役場の道路課等）で調べることができます。

2）建築基準法

　建築基準法第43条では、敷地が「建築基準法上の道路」に2m以上接していなければならない旨を定めています。そして、建築基準法上の道路か否かは、上記のとおり道路法等の道路と必ずしも一致するとは限りません。そこで、建築基準法上の道路か否か等については市町村役場の建築課等の窓口で調査する必要があります。その際に留意すべきは、道路の種類が同法第42条第1項及び第2項に列挙されているものだけでなく、すでに解説してきたような附則第5項に基づく「みなし道路」（幅員4m以上の

321

位置指定道路とみなす）も存在するという点です。

　事実、都区内で古くからの住宅地を多く抱える場所には、「附則５項による位置指定道路」が少なからず存在しています。参考までに、都内の区のホームページには、次の記載も見受けられます。

　Ｑ２：「建基法第42条第１項第１号かつ第５号道路（１号かつ５号道路）」

　　　とはどのようなものですか？

　Ａ２：「付則５項による位置指定道路」（５号道路）の中には、後になって

　　　「区道」（１号道路）となったものが多数あります。

　　　ただし５号道路も法律上存在したままであるため、両方の性質を持ち

　　　合わせた、「１号かつ５号道路」として、目黒区では扱っています。

　　　　　　　　　（目黒区ホームページ：建築基準法の道路種別の調べ方）

　告示建築線について

　　建築物の新築や改築を計画されている方から、告示建築線についてのお問い合わせが増えています。

　　「敷地の一部に告示建築線が通っているので、この部分には家を建てられないのですか」とか、「道路中心線から２メートルの位置までセットバックすればよいと思っていたら2.727メートル（告示建築線の指定が18尺の場合）まで下がってくださいといわれてびっくりした」という例等の相談が区にあります。

　　また、「昭和の初め頃の指定が現在も拘束力があるのですか」といった疑問の声も寄せられておりますので、告示建築線について、あらましをお知らせいたします。

　　建築物の敷地、構造等の最低基準は、建築基準法に定められています。建築基準法は、昭和25年11月23日から施行されましたが、それ以前には「旧市街地建築物法（大正８年４月法律第37号）」が施行されていま

した。

告示建築線とは、「旧市街地建築物法第7条但書」に基き、行政官庁（東京府では警視総監）が告示により指定した指定建築線です。建築物を建築線より突出して建築することはできないとされていました。全く道路のないところに指定されることも少なくありませんでした。

「旧市街地建築物法」は、建築基準法の施行により廃止されましたが、建築基準法附則第5項は、「市街地建築物法第7条但書の規定によって指定された建築線で、その間の距離が4メートル以上のものは、その建築線の位置にこの法律第42条第1項第五号の規定による道路の位置の指定があったものとみなす」と定めています。

したがって、かつて警視総監の名前で告示されたその間の距離が4メートル以上の指定建築線は、現在は、建築基準法第42条第1項第五号の規定による道路（いわゆる位置指定道路）として扱われており、たとえ道路状に整備されていなくても、その上に建築物を建築することはできません。

（葛飾区ホームページ：告示建築線について）

3）まとめ

「位置指定道路」と「附則5項による位置指定道路」は、その経緯や根拠規定が異なりますが、どちらも同じ「位置指定道路」（第42条第1項第5号、いわゆる5号道路）として扱われています。

第42条第2項道路（いわゆる2項道路）と「附則5項による位置指定道路」も、その経緯や根拠規定が異なりますが、建築線の幅が4mに指定されていて、かつ、現況幅員が4m未満の場合は、セットバックの必要な範囲は同じとなります。

第**8**章

知っておきたい
必要知識と
留意事項

1 建物撤去費を考慮した土地評価は建付地評価と呼ばない理由

Question

土地を時価評価する必要が生じましたが、鑑定評価の依頼者から「対象地上には現実に建物が存在しているため、鑑定評価の類型を建付地とし、土地価格（更地価格）から建物撤去費を控除して求める方法はどうか」との相談を受けました。建物の築年数はある程度経過していますが、事業用資産として稼働中であり、近隣環境にも適合しています。すなわち、最有効使用の状態にあるといえます。建付地の鑑定評価を上記の考え方に沿って行うことに整合性は認められるのでしょうか。

Answer

1 判断を迷わせる要因

　不動産取引の世界では、建築後の経過年数がある程度進んだ建物であれば、しばらくの間まだ実際に使用に耐え得る建物であっても、撤去費相当額を控除した価額で売買するケースもよく見受けられます。このようなケースでは、買い手は当該建物を撤去して新築することを予定した取引を行っているものと推察されます。

　しかし、建物が最有効使用の状態にあれば、撤去費を控除して土地価格を評価する必然性はなく、建付地の価格は基本的に更地の価格と一致する

第8章
知っておきたい必要知識と留意事項

ことになります。

　このようなとらえ方の相違が、建付地の概念そのものに対し、判断を迷わせる要因ともなっているように思われます。

2 判断の基準をどこに求めるか

不動産鑑定評価基準では建付地について、次の規定を置いています。

●不動産鑑定評価基準

　建付地とは、建物等の用に供されている敷地で建物等及びその敷地が同一の所有者に属している宅地をいう。　　　　　　　（総論第2章第2節Ⅰ）

●不動産鑑定評価基準

2．建付地

　建付地は、建物等と結合して有機的にその効用を発揮しているため、建物等と密接な関連を持つものであり、したがって、建付地の鑑定評価は、建物等と一体として継続使用することが合理的である場合において、その敷地（建物等に係る敷地利用権原のほか、地役権等の使用収益を制約する権利が付着している場合にはその状態を所与とする。）について部分鑑定評価をするものである。

　建付地の鑑定評価額は、更地の価格をもとに当該建付地の更地としての最有効使用との格差、更地化の難易の程度等敷地と建物等との関連性を考慮して求めた価格を標準とし、配分法に基づく比準価格及び土地残余法による収益価格を比較考量して決定するものとする。

　ただし、建物及びその敷地としての価格（以下「複合不動産価格」という。）をもとに敷地に帰属する額を配分して求めた価格を標準として決定することもできる。　　　　　　　　　　　（各論第1章第1節Ⅰ2）

327

上記のとおり、建付地とは、建物等の用に供されている敷地（ただし、建物等及びその敷地が同一の所有者に属することが前提）であり、かつ、建物等と一体として継続使用することが合理的であるという前提に立った類型のとらえ方です（**図表1**）。

図表1　建付地の概念

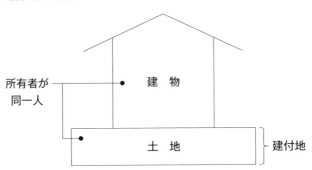

　すなわち、建物等と敷地を一体として継続使用するからこそ、建付地という概念が成り立つわけであり、最有効使用の観点から建物等を取り壊すことが妥当と認められる場合は、建付地の鑑定評価とは呼ばない（＝建付地の概念に整合しない）ということになります[注1]。このようなケースは、後掲のとおり「自用の建物及びその敷地」の鑑定評価として扱われています。

　筆者は、不動産鑑定評価基準が建付地の鑑定評価を規定するにあたり、あえて「一体として継続使用する」という表現を用いているのは、このような理由に基づくものと推察しています。

　　(注1)　余談ですが、基準が設定される前に「建物付宅地」という用語が使用されており、「建付地」という用語もこれに由来するのではないかという話も耳にしたことがあります。

第8章
知っておきたい必要知識と留意事項

3 評価上の留意点

　不動産鑑定評価基準によれば、建付地の鑑定評価額は、更地の価格をもとに当該建付地の更地としての最有効使用との格差、更地化の難易の程度等、敷地と建物等との関連性を考慮して求めた価格を標準とし、配分法に基づく比準価格及び土地残余法による収益価格を比較考量して決定するものとされています。

　ここで、土地残余法による収益価格を求める際の留意点ですが、現に土地上に存する建物が最有効使用の状態にない場合には、その状態を前提として賃貸する際の家賃を想定するため、求められる土地の収益価格は更地の場合よりも低くなるということです。仮に、用途的にみて環境に適合している建物であっても、家賃水準がそれほど高くない地域では、やはり同様の試算結果となります。

　このように、建付地の鑑定評価額を決定するにあたっては、建物が最有効使用の状態にない場合（用途の不適合や容積率の未消化等による）には、相応の減価（いわゆる建付減価^(注2)）を考慮する必要があります。つまり、建付地の価格は、その敷地が更地としての最有効使用の状態で利用されている場合には更地価格と一致し、そうでない場合には更地価格を下回るといえます。

（注2）　いわゆる建付減価ということばは、実務上、建付地の鑑定評価以外のケースでも使用されているようです。例えば、次のケースがこれに該当します。
　　　・自用の建物及びその敷地の鑑定評価で、土地建物一体の価格から環境面での不適合等による減価を行う場合、結果として敷地価格からも減価の一部が発生することとなります（建付減価と呼ぶ場合）。
　　　・建物の撤去費相当額を更地価格から減価することを建付減価と呼んでいる例も見受けますが、すでに述べたように、建物の撤去を前提とした価格を求めることは建付地の鑑定評価には該当しません。

　さらに、既存不適格建築物（建築基準法第3条第2項の適用を受ける建築物等で、現行法規における容積率の許容限度を超えるもの）の場合には、経済

329

価値の増分が生じて建付地の価格が更地価格を上回ることがあります（建付増価の発生）。

　また、最有効使用の状態にある賃貸用不動産（大都市の商業地等）が賃貸に供されている場合にも、このような結果となることがあります。

第8章
知っておきたい必要知識と留意事項

2 港湾法の適用を受ける土地の評価

Question

港 湾法特有の制限を解説して下さい。また、これに対応して調査及び価格の試算にあたって留意すべき点を教えて下さい。

Answer

◼1 判断を迷わせる要因

工業専用地域、しかも港湾に面した土地が連たんしている地域では、都市計画法上の用途地域の規制の他に、港湾法に基づく臨港地区の指定が行われ、さらに厳しい土地利用制限が課されていることがあります。また、臨港地区に指定された区域内では、港湾の有する多様な機能を土地利用計画に反映させるため、その中で地区をさらに細分化して分区を指定し、用途制限を課しているケースが多く見受けられます。ここに、不動産の評価や取引を行う際の判断要素を多様なものにしている要因が存在します。

このように、港湾法特有の地区分類があるため、それぞれの特徴を踏まえた上で地域分析及び個別分析を行い、価格形成要因の的確な把握に努める必要があります。

331

❷ 判断の基準をどこに求めるか

1. 臨港地区指定の有無

　港湾は物流の拠点であるとともに、生産施設の立地基盤という点や景観上からも重要な機能を果たしています。港湾がこのように多様な機能を有することから、港湾管理者が水域と一体的に管理する必要のある陸域を、一定範囲を定めて指定したものが臨港地区です。このため、水際線の背後の陸域について指定されます。なお、港湾法では、都市計画法の規定による臨港地区だけでなく、同法第38条の規定により港湾管理者が定めた地区も臨港地区に該当する旨を定めています（同法第2条第4項）。

港湾法

（定義）

第2条　この法律で「港湾管理者」とは、第2章第1節の規定により設立された港務局又は第33条の規定による地方公共団体をいう。

4　この法律で「臨港地区」とは、都市計画法（昭和43年法律第100号）第2章の規定により臨港地区として定められた地区又は第38条の規定により港湾管理者が定めた地区をいう。

（臨港地区）

第38条　港湾管理者は、都市計画法第5条の規定により指定された都市計画区域以外の地域について臨港地区を定めることができる。

---

2. 臨港地区における規制

　臨港地区に指定されると、港湾法第38条の2により臨港地区内で一定規模以上（床面積の合計が2,500㎡以上、または敷地面積が5,000㎡以上）の工場または事業場の新設や増設をする場合において、水域施設、運河、用水

きょ、または排水きょ、廃棄物処理施設の建設や改良をするときには、工事の開始の60日前までに次の届出が必要となります。

① 位置、種類及び敷地面積、床面積

② 事業活動に伴う貨物の量と輸送計画

③ 事業活動から生ずる廃棄物の量と処理計画

上記①～③の内容が、港湾計画に照らして適切でない場合や港湾の利用・保全に著しく支障がある場合には計画の変更を求められることがあります。

また、港湾法の規制は厳しく、あるまとまりの地域が臨港地区に指定された場合、その区域内では目的の異なる建物が無秩序に建築されることを防止するため、さらに細かな分区の指定が行われることがあります。

なお、臨港地区は、都市計画法では用途地域や特別用途地区等とともに地域地区の一種として取扱われていますが、港湾管理者が分区条例等により建築物等の規制を行う場合には、建築基準法第48条（用途地域に関する規定）及び第49条（特別用途地区に関する規定）は適用されないこととされています（港湾法第58条第1項）。

3. 分区について

港湾法では、分区の指定について以下の規定を置いています。

港湾法

（分区の指定）

第39条　港湾管理者は、臨港地区内において左の各号に掲げる分区を指定することができる。

一　商港区　旅客又は一般の貨物を取り扱わせることを目的とする区域

二　特殊物資港区　石炭、鉱石その他大量ばら積を通例とする物資を取り扱わせることを目的とする区域

三　工業港区　工場その他工業用施設を設置させることを目的とする区
　　　域

四　鉄道連絡港区　鉄道と鉄道連絡船との連絡を行わせることを目的と
　　　する区域

五　漁港区　水産物を取り扱わせ、又は漁船の出漁の準備を行わせるこ
　　　とを目的とする区域

六　バンカー港区　船舶用燃料の貯蔵及び補給を行わせることを目的と
　　　する区域

七　保安港区　爆発物その他の危険物を取り扱わせることを目的とする
　　　区域

八　マリーナ港区　スポーツ又はレクリエーションの用に供するヨット、
　　　モーターボートその他の船舶の利便に供することを
　　　目的とする区域

九　修景厚生港区　その景観を整備するとともに、港湾関係者の厚生の
　　　増進を図ることを目的とする区域

❸評価上の留意点

1. 臨港地区(分区)指定の有無の調査と価格水準の検討

　臨港地区（分区）指定の有無は、港湾管理者（港務局または県・市等の担
当部署）にて確認します。

　臨港地区（分区も含む）の指定を受けていることによる利用制限（用途
制限）の影響は、地域の価格水準に反映されていると考えられます。ただし、
対象不動産が分区の規制に適合しないもの（＝最有効使用に供されていない
場合）であれば、これを個別的要因に反映させることが必要です。

第8章
知っておきたい必要知識と留意事項

2. 分区内における建築物や構築物等の規制の調査

　分区内においては、各分区の目的を著しく阻害する建築物その他の構築物であって、港湾管理者としての地方公共団体の条例で定めるものを建築してはならないこととなっています（港湾法第40条第1項）。

　そのため、港湾管理者である地方公共団体（県や市など）が独自に条例を制定し、その中で建築可能な建築物等の規制を行っています。したがって、臨港地区内における建築可能な用途等については、分区ごとの規制内容を各地方自治体の条例に照らして確認する必要があります。

　参考までに、**図表2**に市条例で定められた規制内容の一例をあげます。なお、規制内容は自治体ごとの条例によって異なります。

335

図表2 川崎港の臨港地区内の分区における構築物の規制に関する条例第3条について

施設		商港区	工業港区	修景厚生港区
港湾法第2条第5項に掲げる港湾施設	2号 外郭施設：防波堤、防砂堤、防潮堤、導流堤、水門、閘門、護岸、堤防、突堤及び胸壁	○	○	○
	3号 係留施設：岸壁、係船浮標、係船くい、桟橋、浮桟橋、物揚場及び船揚場	○	○	○
	4号 臨港交通施設：道路、駐車場、橋梁、鉄道、軌道、運河及びヘリポート	○	○	○
	5号 航行補助施設：航路標識並びに船舶の入出港のための信号施設、照明施設及び港務通信施設	○	○	○
	6号 荷さばき施設：固定式荷役機械、軌道走行式荷役機械、荷さばき地及び上屋	○	○	×
	7号 旅客施設：旅客乗降用固定施設、手荷物取扱所、待合所及び宿泊所	○	×	○
	8号 保管施設：倉庫、野積場、貯木場、危険物置場、貯炭場及び貯油施設	○	○	※1
	8号の2 船舶役務用施設：船舶のための給水施設、給油施設及び給炭施設（第13号に掲げる施設を除く。）、船舶修理施設並びに船舶保管施設	○	○	○
	8号の3 港湾情報提供施設：案内施設、見学施設その他の港湾の利用に関する情報を提供する又は情報の提供を受けるための施設	○	○	○
	9号 港湾公害防止施設：汚濁水の浄化のための導水施設、公害防止用緩衝地帯その他の港湾における公害の防止のための施設	○	○	○
	9号の2 廃棄物処理施設：廃棄物受入施設、廃棄物焼却施設、廃棄物破砕施設、廃油処理施設その他の廃棄物の処理のための施設（第14号に掲げる施設を除く。）	○	○	※2
	9号の3 港湾環境整備施設：海浜、緑地、広場、植栽、休憩所その他の港湾の環境の整備のための施設	○	×	○
	10号 港湾管理施設：船舶乗組員及び港湾における労働者の休泊所、診療所その他の港湾の管理のための福利厚生施設	○	○	○
	10号の2 港湾管理事務所、港湾管理用資材倉庫その他の港湾の管理のための施設	○	○	○
	12号 移動式施設：移動式荷役機械及び移動式旅客乗降用施設	○	○	○
海上運送事業、港湾運送事業、倉庫業、貨物利用運送事業 水先案内業 その他市長が指定する事業を行う者の事務所及びその附帯施設		○	○	○
荷さばき施設又は保管施設に附属する卸売市場及び流通加工施設並びにこれらの附帯施設		○	○	○
港湾その他の海事に関する理解の増進を図るための会議場施設、展示施設、研修施設その他の共同利用施設及びその附帯施設		○	○	○
税関、地方運輸局、海上保安庁、地方整備局、動物検疫所、植物防疫所、検疫所、地方入国管理局、他人の庫舎の送達を業とする者の営業所、銀行その他市長が指定する官公署の事務所及びその附帯施設		○	○	○
港湾関係者の利用に供するための休憩所、ホテル又は飲食店であって風俗営業等の規制及び業務の適正化等に関する法律（昭和23年法律第122号）第2条の規定に該当しないもの、以下「日用品」及び「日用品販売店」同じ。		○	—	○
旅館、ホテル又は飲食店（市長が指定する店舗（その用途に供する部分の床面積の合計が250平方メートル以下のものに限る。）船舶用品販売店及び日用品販売店		—	—	○
飲食店及び日用品販売店		—	—	○
港湾関係者の利用に供するための給油所		○	○	×
構築物若しくは製品の輸送を海上運送若しくは港湾運送による製造業（電気業、ガス業、熱供給業を営む工場及びこれらの附帯施設を含む。）又はその関連事業を営む工場及びこれらの附帯施設		×	○	×
原燃料若しくは製品の輸送を海上運送若しくは港湾運送に依存する製造業（当該製造業において生じた廃棄物のみの処理を行う研究施設		×	○	×
工場又は研究施設に従事する者のための休泊所及び診療所並びにこれらの附帯施設		×	○	×
図書館、博物館、水族館、公会堂、展望施設及びこれらの附帯施設		×	×	×

○……建築可能　×……建築不可　※……別条項により制限付で建築を可とする

※1 危険物置き場、貯砂場及びセメントサイロは禁止構築物に該当
※2 構築物に附属する廃棄物の処理のための施設（当該構築物において生じた廃棄物のみの処理を行うもの）は建築可

［出典］川崎市ホームページ

第8章
知っておきたい必要知識と留意事項

3 土地建物一体減価の根拠（容積率未消化のケース）

Question

対象不動産の用法が周辺環境に適合していないという理由で、土地建物一体としての減価（市場性減価）をする場合がありますが、用法的に適合していても、容積率未消化等の理由で一体減価を必要とする場合もあります。このことについて、どのように考えればよいのでしょうか。

Answer

１ 判断を迷わせる要因

建物及びその敷地の鑑定評価を行う場合、手法の一つとして原価法を適用しますが、その過程では、土地建物の価格を個別に求めて合計するだけでなく、これらを一体としてとらえた場合の近隣環境への適合状態や敷地との配置等の点から減価要因がないか否かを判断する必要があります。その際、近隣の建物が容積率を十分に消化して中高層の建物として建築されているにもかかわらず、評価対象建物はそのような状態にない（＝低層建物しか建築されておらず容積率は未消化のままである）という場合、土地建物一体の複合不動産という観点からみて減価をすべきか否かと判断に迷うケースがあります。また、減価を行う場合、その根拠付けをどこに求めればよいかも問題となります。

337

❷判断の基準をどこに求めるか

　土地建物一体として減価を行うことの理論的・実務的根拠は以下のとおりです。また、『要説不動産鑑定評価基準と価格等調査ガイドライン』（公益社団法人日本不動産鑑定士協会連合会監修、鑑定評価基準委員会編、住宅新報社）のp.178に、「一体減価について」として下記の留意事項が掲載されています。

●不動産鑑定評価基準運用上の留意事項

　②減価修正の方法について

　　ア　対象不動産が建物及びその敷地である場合において、土地及び建物の再調達原価についてそれぞれ減価修正を行った上で、さらにそれらを加算した額について減価修正を行う場合がある……」

（留意事項Ⅴ．1（2））

○容積率未消化の建物が建つ不動産の収益価格の考え方

　容積率未消化の建物が建つ不動産の評価においては、土地の利用状態が最有効使用にあるとはいえないから現況利用と最有効使用との乖離を十分考慮して評価すべきである。

　容積率が未消化の状態にある場合、未利用の土地スペース及び空間が多くなるので、収益価格はかなり低く算出されるのが通常である（省略）。

　収益性が低い賃貸用不動産は市場性が劣るから、積算価格については近隣環境又は敷地との不適合又は最有効使用との乖離に係る減価を行う必要がある。また、現況利用が最有効使用と大きく乖離している状態にある場合には借家人の立ち退き、建物の取り壊し、更地化を想定するなど、市場性を考慮した評価をすべきである。

第8章
知っておきたい必要知識と留意事項

（公益社団法人東京都不動産鑑定士協会研究委員会『鑑定実務 Q&A ＜第７集＞』平成15年３月、p.17）

以下に具体例をあげます。

本件建物（一棟の建物）は鉄筋造３階建であり、登記簿上各階ごとの区分所有形式を採用していますが、土地建物とも法人の単独所有となっています。なお、１階から３階まで自己使用（事務所）の状況にあります。

物件の所在する地域の状況及び対象不動産の状況は以下のとおりです。

（１） 近隣地域の状況

① 近隣地域の範囲

通称「○○通り」（都道）に沿い、○○一丁目の交差点から南に約200mまでの範囲で、下記公法上の制限を受ける地域が対象範囲です。

② 街路条件

幅員約25mの都道に沿い、系統・連続性は良好です。

③ 交通事情

地下鉄△△線「××」駅より近隣地域の中心まで南東方へ約600mの距離にあります。

④ 地域の特性

近隣地域は、中層事務所と中層共同住宅が混在する商業地域ですが、地域要因に格別の変動要素はないため、当分の間、現状を維持すると予測されます。

⑤ 公法上の規制

商業地域、指定建蔽率80％、基準建ぺい率100％（商業地域かつ防火地域内で、耐火建築物の場合）。指定容積率500％、基準容積率500％、防火地域、35m高度地区。最低限高度地区（建築物の高さの最低限度は原則７m。ただし、一定の場合に例外措置あり）。

339

⑥　標準的な画地

　　都道に一面が接する規模120㎡程度の画地（間口10m、奥行12m）を想定（中間画地）。

⑦　標準的使用

　　6階建程度の中層事務所及び中層共同住宅の敷地。

⑧　最有効使用

　　中層事務所または中層共同住宅の敷地。

（2）対象不動産の状況

①　土　地

○画地条件

　　間口：15m

　　奥行：20m

　　規模：300㎡

　　地勢：平坦

　　形状：長方形状の土地

　　接面道路との関係：中間画地

○標準的な画地と比較した場合の増減価要因

　　特になし。

○最有効使用

　　中層事務所の敷地。

②　建　物

　　対象建物は○○○○年に建築されており、鉄筋造3階建で、1階から3階まで事務所として自己使用に供されています。

　　また、建物は環境と適合していますが、建物の実際使用容積率は200%弱であり、基準容積率（500%）を消化し切れておらず、敷地は最有効使用の状態にないと判断されます。なお、近隣に建ち並ぶ建物はほぼ容積率を消化しています（**図表3**）。そのため、本件を土地建

物一体の複合不動産としてとらえた場合、上記状況を減価要因として織り込む必要があります。
③ 建物及びその敷地としての最有効使用
6階建程度の中層事務所の敷地と判断しました。

図表3 容積率未消化のイメージ

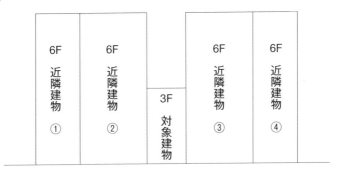

（3）一体減価

本件においては、容積率未消化により対象不動産は最有効使用の状態にないことから、土地建物を一体とした場合の複合不動産としての減価を、最有効使用の状態の実現に係るコスト等を勘案して土地建物一体価格の10％と査定しています。

3 評価上の留意点

一体減価を行う場合に留意しなければならない点は、一体減価前の積算価格を求める段階で減価要因としてとらえたものと同一の要因で二重の減価を行ってはならないということです。

例えば、建物の再調達原価について減価修正を行う過程で、建築後かなり期間が経過しており、型式が旧式化しているという理由で減価をした後、これに加えて土地建物が一体として汎用性に欠けるとして一体減価を行え

ば、その中に同一の減価要因が混じってしまうこととなります。土地建物一体としての減価の有無を検討する際には特にこのような点に留意する必要があり、一体減価は評価額の結論を左右する部分でもあるため、明確な根拠付けが求められます。

第8章 知っておきたい必要知識と留意事項

土砂災害警戒区域内にある土地の評価

Question

土砂災害が全国で発生していますが、土砂災害警戒区域内にある土地の評価について留意すべき点を教えて下さい。

Answer

1 判断を迷わせる要因

　土砂災害から国民の生命及び身体を保護するため、土砂災害が発生するおそれがある土地の区域を明らかにし、当該区域における警戒避難体制の整備を図ることを目的として定められている法律が「土砂災害警戒区域等における土砂災害防止対策の推進に関する法律」（以下「土砂災害防止法」という）です。

　この法律の狙いとするところは次の点にあります（土砂災害防止法第1条）。

① 著しい土砂災害が発生するおそれがある土地の区域について一定の開発行為を制限すること。
② 建築物の構造規制を定めること。
③ 土砂災害の急迫した危険がある場合において避難に資する情報を提供すること。

ただし、この法律に基づいて指定される土砂災害警戒区域と土砂災害特別警戒区域との区分を、具体的なイメージとしてとらえにくい点が判断に迷うところでもあります。

❷判断の基準をどこに求めるか

1. 土砂災害の対象

　この法律でいう土砂災害とは、次の現象を原因として生命または身体に生ずる被害のことを指します（同法第2条）。

○土砂災害に該当するもの

　①　急傾斜地の崩壊（**図表4**）

　　　傾斜度が30度以上である土地が崩壊する自然現象をいいます。

　②　土石流（**図表5**）

　　　山腹が崩壊して生じた土石等または渓流の土石等が水と一体となって流下する自然現象をいいます。

　③　地滑り（**図表6**）

　　　土地の一部が地下水等に起因して滑る自然現象またはこれに伴って移動する自然現象をいいます。

　④　河道閉塞による湛水

　　　土石等が河道を閉塞したことによって水がたまる自然現象をいいます。

　ちなみに、急傾斜地の崩壊、土石流、地滑りの3つを総称して「急傾斜地の崩壊等」と呼んでいます。

第8章
知っておきたい必要知識と留意事項

図表4 急傾斜地

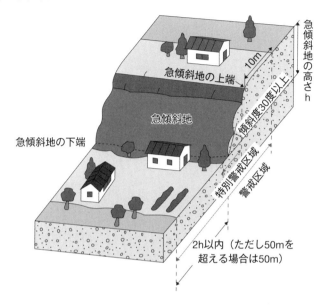

[出典]国土交通省ホームページ

図表5 土石流

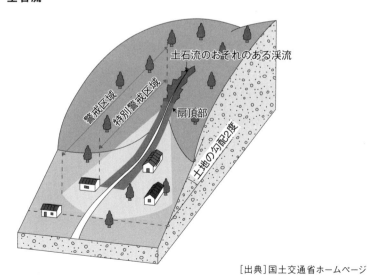

[出典]国土交通省ホームページ

図表❻　地滑り

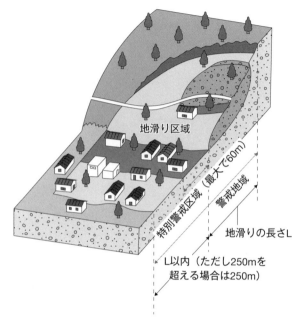

[出典]国土交通省ホームページ

2. 土砂災害警戒区域に該当するか否か

　土砂災害警戒区域とは、急傾斜地の崩壊等が発生した場合に、住民等の生命または身体に危害が生じるおそれがあると認められる区域を指します（同法第7条。通称「イエローゾーン」）。

　都道府県は、基礎調査（渓流や斜面など土砂災害により被害を受けるおそれのある区域の地形、地質、降水、土地利用状況等についての調査）を実施し（同法第4条第1項）、その結果、土砂災害を防止するために警戒避難体制を特に整備すべき区域を土砂災害警戒区域として指定することができます（同法第7条）。また、基礎調査の結果は、同法第4条第2項の規定に基づき公表されます。

　このような指定は、上記1.に掲げた土砂災害の発生原因（例.急傾斜地

の崩壊、土石流等）ごとに種類を定めてすることとされています（同法第7条第2項）。

3. 土砂災害特別警戒区域に該当するか否か

土砂災害特別警戒区域とは、急傾斜地の崩壊等が発生した場合に、建築物の損壊が生じ住民等の生命または身体に著しい危害が生ずるおそれがあると認められる区域を指します（同法第9条。通称「レッドゾーン」）。

土砂災害特別警戒区域に指定された場合、住宅宅地分譲や社会福祉施設及び学校のような災害時要援護者施設の建築のための開発行為にあたっては、事前に都道府県知事の許可が必要となります。ただし、土砂災害を防止するための対策工事の安全を確保するために、必要な技術基準にしたがっていることが許可の条件です。

また、土砂災害特別警戒区域では、建築物の構造が規制され（同法第24条）、都道府県知事による建築物の移転等の勧告（特別警戒区域から安全な区域への移転勧告。同法第26条）ができることとなっています。さらに、移転等に対しては支援措置もあります。

3 評価上の留意点

ある地域が土砂災害警戒区域に指定されたり、土砂災害特別警戒区域に指定されたりしている場合、その地域の地価水準には相応の減価が反映されると考えられます。そのため、土砂災害防止法関連の調査は不可欠となっています。

なお、減価率の査定にあたっては「がけ地補正率」（**図表7**）の考え方を準用する方法がありますが、区域指定による嫌悪感や災害に対する心理的嫌悪感による市場性減価が生ずることも考慮しなければなりません。また、土砂災害警戒区域と土砂災害特別警戒区域との間での減価率の格差の検討も必要です。

なお、土砂災害警戒区域または土砂災害特別警戒区域に該当するか否かの確認は、都道府県の土木事務所等で行うことができます。

図表7　**崖地格差率表**

別表第30　　　　　　　　　　　崖地格差率表

区　別	崖地部分と平坦宅地部分との①関係位置・方位			②崖地の傾斜の状況		備　　考
	崖地と平坦宅地部分との関係位置	傾斜方位	格差率	有効利用の方法	格差率	
利用不可能な崖地 （傾斜度15°以上）	下り崖地（法地）崖地部分が対象地内で下り傾斜となっている場合	南東西北	50〜80 40〜60 30〜50 10〜20	イ．崖状を呈し、庭としての利用は殆ど不可能 ロ．人工地盤により宅地利用も可能であるが、通常の住宅建築は不可能	60〜70	崖地の格差率は、崖地部分と平坦宅地部分との関係位置・方位による格差率に崖地の傾斜の状況による格差率を乗じて求める。 (1)本表の格差率は、平坦宅地部分を100とした場合の格差率である。 (2)崖地で2メートル以下の高さの擁壁又は0.6メートル以下の土羽の法地部分については、これを本表の崖地等として取り扱わない。 (3)崖地部分が対象地内で上り傾斜となっている上り崖地については、別途その状況を判断して格差率を求める。
利用可能な崖地	下り崖地（法地）	南東西北	70〜90 55〜70 50〜60 40〜50	通常の基礎を補強すれば、住宅建築が可能であるが、崖地を直接庭として利用することは安全性からみて不可能	80〜90	

［出典］地価調査研究会編著「土地価格比準表〔七次改訂〕」住宅新報社、平成28年7月

4　より深い理解のために

　土砂災害警戒区域と紛らわしい区域として、急傾斜地崩壊危険区域というものがあります。この区域は「急傾斜地の崩壊による災害の防止に関する法律」に基づいて指定されています。

　急傾斜地崩壊危険区域の特徴として、次の点があげられています。

・「急傾斜地」とは、傾斜度が30度以上である土地をいうこと。

・「急傾斜地崩壊防止施設」とは、急傾斜地崩壊危険区域内にある擁壁、排水施設その他の急傾斜地の崩壊を防止するための施設をいうこと。

・都道府県は、急傾斜地崩壊危険区域の指定があったときは、その区域

内にこれを表示する標識を設置すること。

また、行為制限との関連では次の点を念頭に置く必要があります。

1. 急傾斜地崩壊危険区域と行為制限

急傾斜地崩壊危険区域とは、「急傾斜地の崩壊による災害の防止に関する法律」に基づき、都道府県知事が関係市町村の意見を聞いて指定する区域であり、以下のような区域を対象として指定されます（同法第3条第1項）。

① 崩壊するおそれのある急傾斜地で、その崩壊により相当数の居住者その他に危害が生ずるおそれのある区域。

② これに隣接する土地のうち、当該急傾斜地の崩壊が助長され、または誘発されるおそれがないようにするため、一定の行為の制限をする必要がある土地の区域。

なお、この法律に規定されている急傾斜地とは、傾斜度が30度以上である土地を指し（同法第2条）、当該区域内において水の放流をはじめ、切土、掘さく、盛土、立竹木の伐採、土石の採取または集積、その他一定の行為を行おうとする場合には都道府県知事の許可を受ける必要があります（同法第7条）。このように、急傾斜地崩壊危険区域内にある宅地には、法律上の建築制限や災害発生の危険性（崖崩れ等）が伴うことに留意が必要です。

2. 自治体による急傾斜地崩壊危険区域等の解説

神奈川県のホームページには、急傾斜地崩壊危険区域の規制や土砂災害危険個所等と急傾斜地崩壊危険区域の相違について、次の解説が掲載されています。

急傾斜地崩壊危険区域に指定されるとどのような規制がかかるのでしょうか？

急傾斜地崩壊危険区域に指定された土地には、主に次の規制等が掛かり

ます。

・急傾斜地崩壊危険区域内で行う、切土、盛土、立竹木の伐採、工作物の設置等、法で定められている制限行為を行う場合は、都道府県知事の許可が必要となります。（急傾斜地法7条）

・急傾斜地崩壊危険区域内の土地の所有者等は、がけ崩れが発生しないよう努めなければなりません。（急傾斜地法9条）

・制限行為の行われた土地の所有者等に対し、都道府県知事は改善を命令することができます。（急傾斜地法10条）

・土地の所有者等が、急傾斜地崩壊防止施設（以下「防止施設」という）を整備することが困難と認められる場合は、都道府県が土地所有者等に代わり、防止施設を整備することができます。（急傾斜地法12条）

（省略）

「土砂災害危険箇所（土石流危険渓流、地すべり危険箇所、急傾斜地崩壊危険箇所）」と、「砂防指定地、地すべり防止区域、急傾斜地崩壊危険区域」の違いは何ですか？

「土砂災害危険箇所」は、土砂災害のおそれがある危険な箇所を明らかにし、住民に周知することを目的に、平成11年当時の建設省の通知を受け、全国統一の基準のもと、総点検を行い、公表しているものです。

一方、「砂防指定地、地すべり防止区域、急傾斜地崩壊危険区域」は、それぞれ根拠となる法律（砂防法、地すべり等防止法、急傾斜地法）に基づき指定している区域です。これらの区域に指定された土地では、工作物の設置など、法律に規定されている行為が許可制になるほか、都道府県等により土砂災害を軽減する砂防ダムやコンクリート擁壁等の土砂災害防止施設を整備することが可能となります。

（省略）

［出典］神奈川県ホームページ

3. 急傾斜地崩壊危険区域内にある土地の鑑定評価との関連

　一般の宅地であっても都市計画法や建築基準法等の規制を受けることはもちろんですが、急傾斜地崩壊危険区域内にある宅地は利用上特に厳しい制限が付されるため、その制限内容を十分把握する必要があります。また、このような地域内にある土地は需要が少ないことも念頭に置かなければなりません。

　対象地が急傾斜地崩壊危険区域に指定されている場合、現地に看板が設置されていたり、急傾斜地の崩壊対策工事を実施した旨の標識が掲げられているほか、市町村の都市計画担当課等でも危険区域の指定の有無を確認することができます。

5 自然公園法の適用を受ける土地の評価

Question

自然公園法の適用を受ける土地の評価上の留意点について、教えて下さい。

Answer

1 判断を迷わせる要因

　自然公園法では、国立公園、国定公園及び都道府県立自然公園を総称して「自然公園」と呼び、優れた自然の風景地を保護するとともに、その利用の増進を図っています（自然公園法第1条、第2条。**図表8**）。そして、自然公園法の適用を受ける土地については、特に行為制限に留意する必要があります。

図表8　自然公園の種類

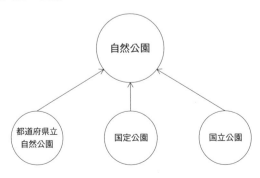

ただし、一概に自然公園法の適用を受ける土地といっても、その中には様々な公園指定地があり、さらに国立公園や国定公園の中に特別地域や特別保護地区、海域公園地区等が指定されていることがあるため、区分に一層戸惑うことがあります。加えて、特別地域・特別保護地区・海域公園地区のいずれにも属しない普通地域もあります（**図表9**）。それだけでなく、都道府県ごとの自然環境保全等に関する条例にも留意しなければなりません。

図表9 普通地域のイメージ

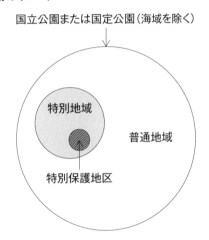

2 判断の基準をどこに求めるか

1. 特別地域内における建築行為等の制限

　特別地域とは、国立公園については環境大臣が、国定公園については都道府県知事が、その風致を維持するため、公園計画に基づいてその区域（海域を除く）内に指定した区域を指します（自然公園法第20条第1項）。

　そして、国立公園または国定公園内の特別地域（特別保護地区を除く）内において次の行為をしようとする場合、国立公園については環境大臣の、国定公園については都道府県知事の許可を受ける必要があります（同法第

20条第3項)。

- ・工作物の新築、改築または増築
- ・木竹の伐採
- ・鉱物の掘採または土石の採取等

2. 特別保護地区内における建築行為等の制限

特別保護地区とは、国立公園については環境大臣が、国定公園については都道府県知事が、その景観を維持するため、特に必要があるとして、公園計画に基づき特別地域内に指定した区域を指します(同法第21条第1項)。

そして、国立公園または国定公園内の特別保護地区内において、次の行為をしようとする場合、国立公園にあっては環境大臣の、国定公園については都道府県知事の許可を受ける必要があります(同法第21条第3項)。

- ・特別地域内において許可を受けなければならない行為
- ・上記のほか、木竹の損傷植栽、家畜の放牧、屋外における物の集積や貯蔵、火入れ、たき火等

3. 海域公園地区内における建築行為等の制限

海域公園地区とは、国立公園については環境大臣が、国定公園については都道府県知事が、その公園の海域の景観を維持するため、公園計画に基づいてその区域の海域内に指定した区域を指します(同法第22条第1項)。

そして、国立公園または国定公園内の海面内の海域公園地区内において、次の行為をしようとする場合、国立公園にあっては環境大臣の、国定公園については都道府県知事の許可を受ける必要があります(同法第22条第3項)。

- ・工作物の新築、改築または増築
- ・海面の埋立てまたは干拓
- ・汚水または廃水を排水設備を設けて排出する行為等

4. 普通地域内における建築行為等の制限

　普通地域とは、国立公園または国定公園の区域のうち特別地域及び海域公園地区内に含まれない区域を指します（同法第33条第1項）。

　そして、国立公園または国定公園内の普通地域内において、次の行為をしようとする場合、国立公園にあっては環境大臣に、国定公園については都道府県知事に対し、行為の種類、場所、施行方法、着手予定日等の事項を届け出る必要があります。

- ・一定の基準（建築物は高さ13mまたは延べ面積1,000㎡、別荘地の用に供する道路は幅員2m等）を超える工作物の新築、改築または増築（増改築の規模が一定基準を超える場合の増築または改築を含む）
- ・特別地域内の河川、湖沼等の水位または水量に増減を及ぼす行為
- ・土地の形状の変更等

5. 都道府県立自然公園の区域内における建築行為等の制限

　都道府県は、条例の定めるところにより、都道府県立自然公園の風致を維持するため、その区域内に特別地域を指定することができます（同法第72条）。

　また、都道府県立自然公園内の特別地域またはその他の区域内において、工作物の新築や土地の形状の変更等の行為をしようとする場合、その都道府県の条例により、国立公園または国定公園における特別地域または普通地域での行為に対する規制の範囲内で必要な規制を受けることがあります（同法第73条第1項）。

355

3 評価上の留意点

　ある土地が自然公園法の適用を受けるか否かについては、県事務所や市町村役場で確認することが可能です。

　その際、特別地域（特別保護地区を除く）が第1種特別地域、第2種特別地域、第3種特別地域の3つに区分され（自然公園法施行規則第9条の2）、建築物の新築（増改築を含む）にあたり、第2種特別地域及び第3種特別地域に**図表10**の制限があることに留意しなければなりません（同法施行規則第11条）。なお、特別保護地区及び第1種特別地域では、建築物の建築は原則不可とされています。

　○第1種特別地域　特別保護地区に準ずる地域で、現在の景観を極力維持する必要のある地域

　○第2種特別地域　良好な自然状態を保持している地域で、農林漁業との調和を図りながら自然景観の保護に努めることが必要な地域

　○第3種特別地域　特別地域の中では風致を維持する必要が比較的低い地域であり、通常の農林漁業活動については風致の維持に影響を及ぼすおそれが少ない地域

図表10　第2種特別地域及び第3種特別地域における制限

地域区分と敷地面積との関係	建蔽率	容積率
第2種特別地域で敷地面積が500㎡未満	10%以下	20%以下
第2種特別地域で敷地面積が500㎡以上1,000㎡未満	15%以下	30%以下
第2種特別地域で敷地面積が1,000㎡以上	20%以下	40%以下
第3種特別地域	20%以下	60%以下

第8章
知っておきたい必要知識と留意事項

　また、特別地域においては建築物の高さが13m以下（分譲地内の建築物については10m以下）であること等の制限があり（同法施行規則第11条）、加えて自然環境への影響が厳しいなど一定の限度を超える行為については許可されないものもあります。

　このような制限の内容により価格水準が大きく相違してくるため、対象地がどのような地域（地区）に属するのかについて、十分な確認が必要となります。

357

6 私道の評価

Question

私道そのものの評価を依頼されるケースは少ないと思われますが、それでも財産評価基本通達による評価方法に疑問をもつ納税者から依頼を受けることがあります。このような場合、私道で他人が通行しているという理由だけで評価額をゼロとして問題はないでしょうか。

Answer

■1 判断を迷わせる要因

　私道の鑑定評価は、数多い鑑定評価の案件の中でも難しい部類に属するといえます。なぜなら、一概に私道といっても、個人が宅地内通路として独占的に利用している道のようなものから、特定の者の通行の用に供されている道、不特定多数の者の通行の用に供されている道に至るまで利用形態は様々であり、各々の形態に応じて私道そのものの価値の度合いが異なるからです。これは、私道の所有者がどこまで自由意思で当該私道を支配（＝位置の変更や廃止）し得るかという問題と密接に関連します。

　さらに、ある私道が特定の者の通行の用に供されている私道であるか、不特定多数の者の通行の用に供されている私道であるかに関しても、常識的な見方は一応存在するものの、客観的な物差しがあるわけではありませ

ん。

これに加え、私道の中には建築基準法上の道路の扱いを受けているものと受けていないものとがあり、前者の場合には一般的に私道そのものの価値は低くなる反面、これに接する宅地の効用を高める（建物の建築を可能にする）という点で有用性が認められるなど、二律背反的な側面も有しています。これらのことが相まって、私道の評価をつかみ難く、かつ、明解に割り切れないものとしています。

❷判断の基準をどこに求めるか（裁決事例の分析）

私道が単独で取引されるケースは極めて少なく、また、これが宅地と一体として取引される場合でも、内訳としての私道の価格を明示しない例が多いといえます。そのため、私道を単独で評価する必要が生じた場合でも、その価値をはじめからないものとして評価しているケースもよく見受けられます。

しかし、中には、鑑定評価の対象となっている私道の価値をゼロとすることについて合理的で十分な説明をなし得ない限り、その妥当性を問われるケースが生じます。本項で取り上げる国税不服審判所平成23年6月7日裁決事例が、これに該当するものです。私道の評価において、一方が行き止まりのいわゆる袋小路であるにもかかわらず、不特定多数の者の通行の用に供されているとした鑑定評価額（0円）は採用できず、財産評価基本通達（以下「評価通達」という）に定める評価額が適当であるとした事例です[注1]。

（注1）　国税不服審判所ホームページ

1. 事案の概要

審査請求人（X）は、相続によって取得した登記簿上の地目が公衆用道路である土地の価額について、不動産鑑定士による鑑定評価額（0円）を

基礎とすべきであるとし、当初申告した相続税評価額の更正の請求をしました。これに対し、課税庁（原処分庁）が、当該鑑定評価額は当該土地の客観的交換価値を示していないとして更正をすべき理由がない旨の通知処分をしたため、Xがその全部の取消しを求めていた事案です。

（関係法令等）

① 相続税法第22条《評価の原則》は、相続、遺贈または贈与により取得した財産の価額は、特別の定めのあるものを除き、当該財産の取得の時における時価による旨を規定しています。

② 評価通達24《私道の用に供されている宅地の評価》は、私道の用に供されている宅地の価額は、評価通達11《評価の方式》から21－2《倍率方式による評価》までの定めにより計算した価額の100分の30に相当する価額によって評価し、その私道が不特定多数の者の通行の用に供されているときは、その私道は評価しない旨を定めています。

③ 評価通達82《雑種地の評価》は、雑種地の価額は、原則として、その雑種地と状況が類似する付近の土地についてこの通達の定めるところにより評価した1㎡当たりの価額を基とし、その土地とその雑種地との位置、形状等の条件の差を考慮して評定した価額に、その雑種地の地積を乗じて計算した金額によって評価する旨を定めています。

本件土地（私道）は、昭和43年8月に建築基準法第42条《道路の定義》第1項第5号に規定する道路（以下「位置指定道路」という）として位置の指定を受けています。

Xは、本件相続に係る相続税について、本件持分の価額を××,×××円であるとして申告しましたが、その後、本件土地の価額は、A不動産鑑定士が作成した不動産鑑定評価書（以下「本件鑑定書」という）に基づく鑑定評価額0円（以下「本件鑑定評価額」という）であるとして更正の請求を

しました。

2. 国税不服審判所の判断

1）鑑定評価額の根拠

A不動産鑑定士は本件土地の鑑定評価額を0円と算定しているが、その根拠として、本件土地の固定資産税が0円であること、本件土地は容積率算定の基礎にすることができないこと、本件土地が登記簿上公衆用道路となっていること、本件土地は不特定多数の者が利用していることをあげている。なお、本件土地は、北西側で本件公道とほぼ垂直に丁字路型に交わる行き止まりの土地であり、これに隣接する土地には居宅やアパート等が存在する。

2）評価通達の定め

評価通達24は、私道の用に供されている宅地の価額について、同通達11から21－2までの定めにより計算した価額の100分の30に相当する価額によって評価し、その私道が不特定多数の者の通行の用に供されているときは評価しない旨を定めている。この通達が、私道の利用状況により評価方法を分けているのは、専ら特定の者の通行の用に供されている私道は、その使用収益にある程度の制約があるものの、私有物として所有者の意思に基づく処分可能性が残されているのに対し、不特定多数の者の通行の用に供されている私道は、公共性が高く、もはや私有物として勝手な処分ができるものではないからである。また、その評価方法は当審判所においても相当と認められている。

そして、その価額を評価しない不特定多数の者の通行の用に供されている私道としては、次のものがこれに当たると解される。

① 公道に接続し、不特定多数の者の通行の用に供されている、いわゆる通り抜け私道

② 行き止まりの私道ではあるが、その私道を通行して不特定多数の者が、地域等の集会所、公園などの公共施設や商店街等に出入りしている場合の私道

③ 私道の一部に公共バスの転回場や停留所が設けられており、不特定多数の者が利用している場合等の私道

本件土地のうち、公道と一体となっている一部を除く大部分は、行き止まりのいわゆる袋小路であるから、本件相続開始時において専ら本件土地に隣接する土地上の居宅及びアパートの居住者という特定の者の通行の用に供されていると認められる。

したがって、本件鑑定書は、本件土地を評価する上で前提となる事実の評価を誤ったものであり、その内容に合理性があるとは認められず、本件鑑定評価額（0円）は、本件土地の客観的交換価値を示しているということはできない。

位置指定道路は、道路交通法第2条《定義》第1項第1号に規定する一般交通の用に供するその他の場所に該当し、道路として同法の適用を受け、道路法第4条《私権の制限》の規定に準じて、一般の交通を阻害するような方法では私権を行使することができなくなるものの、所有権の移転、抵当権の設定もしくは移転を妨げないと解されている。また、私道であることから、建築基準法第45条《私道の変更又は廃止の制限》の規定上、位置指定道路の変更または廃止の可能性が認められていないわけではない。

そうすると、本件土地は位置指定道路であるが、あくまでも私人の所有に属するものとして、その維持管理は位置指定道路の目的に反しない限り所有者に任され、処分権が所有者に属し抵当権の設定が可能である。

また、私道と隣接した宅地を併せて取引した事例も存在しているところ、仮に、当該私道が無償で取引されていたとしても、少なくとも当該私道の存在がその隣接する土地に利便性等を付与し、その隣接地の財産的価値を増加または維持するという点で、当該私道は財産的価値を有していると認

めるのが相当といえる。

さらに、当審判所の調査の結果によれば、登記簿上の地目が公衆用道路である私道が、○○○○年に○市内で単独かつ有償で取引された事例が認められる。

本件鑑定評価額は、本件土地の客観的交換価値を示しているということはできず、また、当審判所の調査の結果によっても、ほかに本件土地の価額を評価するにあたって評価通達の定めによることが著しく不適当と認められる特別な事情があるとは認められないから、本件土地の価額は相続税評価額をもって時価とすることが相当であるといえる。

❸ 評価上の留意点

本件裁決事例では、納税者である審査請求人（Ｘ）が相続によって取得した登記簿上の地目が公衆用道路（建築基準法第42条第1項第5号の位置指定道路に該当）である土地について、不動産鑑定士による鑑定評価額が0円であることを根拠として行った評価額の申告が認められませんでした。主な理由は、次の点にあります。

- ・本件土地のうち、行き止まりの袋小路部分については、特定の者の通行の用に供されていること。
- ・本件土地は、私道であり位置指定道路であるといっても、その変更または廃止が認められていないわけではなく、また、処分権が所有者に属し、譲渡や抵当権の設定等も可能であること。
- ・当該私道の存在が、隣接する土地に利便性を付与し、隣接地の財産的価値を増加または維持させていること。
- ・当該私道の存する市内で、私道が実際に単独かつ有償で取引された事例があること。

これらを踏まえ、以下の点につき筆者なりの検討を加えておきます。

① 当該私道が特定の者の通行の用に供されていることが、なぜ、私道

の価値をゼロと評価することにつながらないのか。

② 私道とその隣接宅地を一体としてとらえた場合、私道の価値は隣接宅地の価格に内包されていると考えてよいかどうか。

1）上記①に関して

鑑定評価に活用されている「土地価格比準表」では、**図表11**のとおり、私道の利用状況から判断してこれを共用私道と準公道的私道とに区分し、前者の場合の減価率を50％〜80％（＝価値割合20％〜50％）、後者の場合の減価率を80％以上（＝価値割合0％〜20％）と定めています。そして、私道の価格は、道路の敷地の用に供するために生ずる価値の減少分を、上記の率の範囲内で当該私道の系統、幅員、建築線の指定の有無等の事情に応じて判断し、当該私道に接する各画地の価格の平均価格を減価して求めるものとされています。

図表11 土地価格比準表

	利用の状態	減価率	私道の価格は、道路の敷地の用に供するために生ずる価値の減少分を、左欄の率の範囲内で当該私道の系統、幅員、建築線の指定の有無等の事情に応じて判断し、当該私道に接する各画地の価格の平均価格を減価して求めるものとする。
私道減価	共用私道	50％〜80％	
	準公道的私道	80％以上	

[出典] 地価調査研究会編著『土地価格比準表〔七次改訂〕』住宅新報社、平成28年7月

私道の価値割合を上記のとおり定めた根拠については「土地価格比準表」では解説されていませんが、筆者の推察によれば、将来における用途変更の潜在的な可能性を考慮に入れたものではないかと思われます。

すなわち、不特定多数の者の通行の用に供される準公道的私道の場合、現実問題として当該道路を変更または廃止して用途を転用（宅地化）し得る可能性は極めて低く、このような土地を単独かつ有償で譲り受けようとする人は皆無に近いと考えられるからです。

これに対し、特定の者の通行の用に供される私道（共用私道）の場合、将来における用途転用（宅地化）の可能性は、それが潜在的なものであるにしても、準公道的私道の場合に比べれば割合は低いながらも残されているといえます。例えば、同一人が当該私道を含め、これに接する各宅地を一括して購入した場合、当該私道もその敷地内に包含されて宅地に変化するというものです[注2]。このような相違が、特定の者の通行の用に供される私道（共用私道）と不特定多数の者の通行の用に供される私道（準公道的私道）との価値の相違となって現れると考えれば、前者のようなケースでも、それが位置指定道路の指定を受けている場合であっても、私道の価値を当然にゼロと評価することにはつながらないといえます。本件裁決事例における私道の利用者も極めて限定されています。

（注2）　ただし、特定の者の通行の用に供される私道の評価を宅地化を前提とした評価に求めることについては、私道沿接地のすべてが同一人に買収されることにより、当該私道の廃止が客観的に近い将来確実であるとされる具体的な事実が確認できず、かつ、最有効使用の原則の観点による当該私道の利用方法が沿接地の買収による一体の宅地化であると立証されない限り、現行の評価通達の評価前提には再検討の余地があろうとの指摘もある（笹岡宏保「難解事例から探る財産評価のキーポイント（第58回）私道の評価（行止り私道を評価通達の定めによらないで評価する場合に、これを正当とする特別の事情の有無が争点とされた事例）」（下）『税理』2013年1月号、p.200～201）。ここで指摘されている事項は、鑑定評価にとっても共通課題であると思われます。

また、やや理論的な考え方をすれば、土地の価値は現時点での利用形態のみを基礎として形成されるものではなく、将来の利用形態の変化の可能性をも織り込んで形成されるものであるから[注3]、その意味でも本件裁決事例のようなケースにつき、私道に対し何がしかの経済価値を認めること

にはそれなりの合理性があるといえます。

> （注3）「不動産の価格（又は賃料）は、通常、過去と将来とにわたる長期的な考慮の下に形成される。今日の価格（又は賃料）は、昨日の展開であり、明日を反映するものであって常に変化の過程にあるものである」（不動産鑑定評価基準総論第1章第2節の一部を抜粋）

2）上記②に関して

　私道を単独でとらえた場合、その形状は細長い帯状の土地であり、隣接する宅地と一体となって利用を行わない限り、その効用を発揮することはできません。しかし、宅地も単独ではその効用を発揮することができず、すでに述べたとおり、当該私道の存在が隣接する土地に利便性を付与し、隣接地の財産的価値を増加または維持させていることも事実です。ただし、当該私道が建築基準法上の道路（原則として幅員が4m以上で一定の条件を満たすもの）の扱いを受けていることが前提です。その意味で、私道といえども、そこには価値の発生の源泉が認められます。ただ、不特定多数の者の通行に供されている私道の場合は、公共性が強く、第三者の通行を容認しなければならない等の理由から、私道を含む宅地の売買において私道の価格を織り込んでいない例が多く見受けられます。このような実情に鑑みれば、不特定多数の者の通行に供されている私道については、単独では経済価値を見い出すことは困難です。

　これに対し、特定の者の通行に供されている私道の場合は公共性が弱く、通行を容認すべき者も限定されていることから、それが宅地と一体で取引される場合でも、内訳価格が明示されているか否かに関わりなく、何がしかの私道の価値が宅地の価額に内包されて取引されていると考えても不合理はないといえます。このように考えれば、特定の者の通行に供されている私道については、程度の差はあれ、単独で評価する必要が生じた場合でも、その経済価値を見い出すことは可能です。

第8章
知っておきたい必要知識と留意事項

　今まで述べてきたことをまとめれば、「私道の評価」という視点から具体的な案件の評価額を根拠付けようとする場合、それが考えるほど容易ではないということです。

　日常の鑑定実務の中では、ともすれば位置指定道路のような私道については、建築基準法上で準公道的な扱いを受けているという先入観から、その価値をはじめから意識しようとしない傾向にあります。しかし、鑑定実務における格差率の目安を示す「土地価格比準表」においても、位置指定道路であるという理由で減価率を当然に100％とする旨の規定は設けられていません。また、本件のようなケースに遭遇した場合には、合理的な根拠を備えていない限り、評価の妥当性を主張することは難しくなります。

　本件裁決事例は、不動産鑑定士が改めて原点に戻り、私道の価値発生の有無やその根拠を感覚だけでなく、合理的な観点から論証して鑑定実務に携わるべきことを暗に示唆しているように思われます。

367

7 鑑定評価の経済指標とその収集方法

Question

鑑定評価においては、特に一般的要因の分析の中に政府関係の統計資料を引用したり、これらをもとに、さらに分析を加えることも多いと思われます。そこで、このような目的に使用する資料の一覧があれば紹介して下さい。

Answer

1 鑑定評価の経済指標

　鑑定評価にあたって経済的要因を分析する際に、その目的に沿う統計資料を探したり、調査しようとする場合、どこにどのようなものがあるか、どのような資料を調査すればよいかを整理するだけでも、そう簡単にはいきません。そこで、思いつくものを一覧の形にしてみました。ただし、ここに記載したものがすべてではありませんし、これらのすべてを手元に置いて分析しなければならないというわけでもありません。案件の性格に応じて関係のありそうなものを収集し、価格形成要因の裏付けとして活用すればよいと思われます。また、鑑定評価書を活用する立場にある人も、その案件の背景にある一般的要因の動向はこのようになっているということを押さえる意味でも有用と考えられます。

368

第8章
知っておきたい必要知識と留意事項

2 資 料

図表12 政府関係統計調査の例

No	名　称	公表機関	公表時期（頻度）
1	景気ウォッチャー調査	内閣府	毎月
2	機械受注統計調査	〃	毎月、四半期
3	法人企業動向調査	〃	四半期
4	消費動向調査	〃	毎月
5	景気動向指数	〃	毎月
6	国民経済計算	〃	年、四半期
7	国内総生産（GDP）	〃	年、四半期
8	地域経済動向	〃	四半期
9	民間企業投資除却調査	〃	毎年
10	住宅・土地統計調査	総務省統計局	5年毎
11	労働力調査	〃	毎月
12	家計調査	〃	毎月
13	全国消費実態調査	〃	5年毎
14	家計消費状況調査	〃	毎月
15	消費動向指数	〃	毎月
16	小売物価統計調査（動向編）	〃	毎月
17	小売物価統計調査（構造編）	〃	毎年
18	消費者物価指数	〃	毎月
19	個人企業経済調査	〃	四半期
20	登記統計	法務省	毎月
21	財政統計	財務省	毎年
22	財政融資資金	〃	毎月
23	国際収支状況	〃	年、四半期
24	貿易統計	〃	毎月
25	法人企業統計調査	財務総合政策研究所	四半期、年
26	法人企業景気予測調査	〃	四半期
27	税務統計	国税庁	毎年
28	人口動態調査	厚生労働省	毎月
29	労働経済動向調査	〃	四半期
30	雇用動向調査	〃	半年
31	農地の権利移動・借賃等調査	農林水産省	毎年
32	工業統計調査	経済産業省	毎年
33	商業統計調査	〃	5年毎
34	商業動態統計調査	〃	毎月
35	鉱工業生産・出荷・在庫指数	〃	毎月
36	工場立地動向調査	〃	半年
37	建築着工統計調査	国土交通省	毎月
38	住宅着工統計	〃	毎月
39	建築物滅失統計調査	〃	毎月
40	建設工事費デフレーター	〃	毎月
41	法人土地・建物基本調査	〃	5年毎
42	土地保有・動態調査	〃	毎年
43	道路統計調査	〃	毎年
44	住宅市場動向調査	〃	毎年
45	空家実態調査	〃	5年毎
46	マンション総合調査	〃	5年毎

369

図表13　政府以外の統計資料の例

No	名　称	公表機関	公表時期（頻度）
1	マネーサプライ	日本銀行	毎月
2	企業物価指数	〃	毎月
3	企業向けサービス価格指数	〃	毎月
4	短観（全国企業短期経済観測調査）	〃	四半期
5	貸出約定平均金利の推移	〃	毎月
6	預金・現金・貸出金	〃	毎月
7	基準割引率および基準貸付利率	〃	提供周期定めず
8	長・短期プライムレートの推移	〃	提供周期定めず
9	不動産投資家調査	一般財団法人日本不動産研究所	半年
10	市街地価格指数	〃	半年
11	全国賃料統計	〃	毎年

　それぞれの内容については、これを発表する機関のホームページに詳しく紹介されていますので、関係のある資料が必要となった都度、閲覧して収集することが可能です。

　図表12は政府関係の統計資料の中から関係のあると思われる資料を整理したものです。**図表13**は政府関係以外の統計資料の中から参考にし得るものです。また、**図表13**の中には記載しておりませんが、各種白書類（経済財政白書、土地白書等）や国土交通省の公表する地価公示に関する動向分析に関する資料も、一般的要因の分析のためにかなり役立つといえます。**図表14**は内閣府による主要経済指標の一部であり、**図表15**は日本銀行による企業物価指数の例です。

図表14 内閣府による主要経済指標の一部

個人消費は、持ち直している。

（前年同期比、[ ]内は暦年前年比 (%)、< >は季調済前月差、( ) 内は季調済前期比 (%)）

項目	(金額等)	[2017年] 2017年度	[2018年] 2018年度	2018年 7～9月	10～12月	2019年 1～3月	2019年2月	3月	4月	5月
消費総合指数（実質）	—	[1.1] 1.1	[0.3] 0.4	(▲0.3)	(0.3)	(▲0.1)	(▲0.2)	(0.1)	(1.7)	—
実質総雇用者所得	—	[1.1] 1.4	[2.4] 2.2	(▲0.4) 1.7	(0.4) 2.6	(0.3) 1.1	(0.1) 1.5	(0.3) 0.6	(0.0) 0.8	—
名目総雇用者所得	—	[1.5] 2.0	[3.1] 2.7	(0.4) 2.7	(0.5) 3.1	(0.2) 1.3	(0.3) 1.6	(0.2) 0.8	(▲0.1) 1.6	—
消費者態度指数	—	—	—	—	—	—	<▲0.3>	<▲1.0>	<▲0.1>	<▲1.0>
家計調査 実質消費支出	—	(▲0.3) 0.3	(▲0.4) 0.0	(1.5) 0.6	(0.2) ▲0.2	(▲0.2) 1.9	(▲0.2) 1.7	(0.1) 2.1	(▲1.4) 1.3	—
家計調査 実質消費支出（除く住居等）	—	(▲0.1)	—	(1.2)	(1.3)	(0.0)	(▲1.8) 1.9	(0.0) 2.1	(▲1.4) 1.1	—
販売側統計 小売業販売額（商業動態統計、名目）	[145.0兆円]	[1.9] 1.9	[1.7] 1.6	(1.0) 2.2	(0.7) 2.0	(▲1.3) 0.7	(0.4) 0.6	(0.2) 1.0	(▲0.1) 0.4	—
販売側統計 百貨店販売額（全店、名目）	[6.4兆円]	[0.7] ▲0.4	[▲1.7] ▲2.1	(▲3.1) ▲4.0	(1.3) ▲1.8	(▲2.1) ▲2.9	(2.8) ▲2.2	(▲0.3) ▲1.6	(1.9) ▲2.2	—
販売側統計 スーパー販売額（全店、名目）	[13.2兆円]	[0.4] 1.0	[0.9] 0.5	(1.6) 2.2	(▲1.3) ▲0.2	(▲0.5) ▲0.3	(0.5) ▲1.2	(1.9) 2.4	(▲1.1) ▲0.9	—
販売側統計 コンビニエンスストア販売額（全店、名目）	[12.0兆円]	[2.4] 2.3	[2.0] 2.1	(1.2) 2.6	(▲0.6) 1.6	(1.7) 2.6	(1.4) 3.8	(▲2.1) 1.6	(2.3) 2.6	—
販売側統計 機械器具小売業販売額	[6.1兆円]	[2.8] 3.6	[1.9] 1.6	(0.8) 1.0	(2.3) 0.6	(0.4) 2.9	(▲2.1) 1.4	(2.6) 5.6	(▲0.1) 2.1	—
新車販売台数（登録・届出）（乗用車、軽を含む）	[439.1万台] 436.4万台	[5.8] 2.5	[0.1] 0.3	(▲0.1) 0.9	(1.5) 5.1	(▲3.5) 2.1	(▲1.2) ▲0.1	(▲3.7) ▲5.3	(10.2) P 3.3	(1.7) P 6.4

（備考）
1. 内閣府「国民経済計算」、「消費動向調査」、総務省「労働力調査（基本集計）」、「家計調査」、厚生労働省「毎月勤労統計」、経済産業省「商業動態統計」、日本自動車販売協会連合会、全国軽自動車協会連合会により作成。Pは速報値。
2. 消費総合指数及び総雇用者所得の暦年、年度及び四半期の数値については、当該期間の単純平均により算出したもの。
3. 家計調査の実質消費支出は2018年1月調査からの調査方法の変更による変動を調整した推計値（変動調整値）。暦年、年度及び四半期同期比については公表されていない。2018年の名目消費支出は287,315円（月平均）
4. 実質消費支出（除く住居等）は、二人以上の世帯の消費支出から「住居」、「自動車等購入」、「贈与金」、「仕送り金」を除いた値。
5. 消費者態度指数は、二人以上の世帯。うるう年調整をしていない。
6. 小売業、百貨店、スーパー、コンビニエンスストアの販売額は商業動態統計。
7. 消費総合指数及び総雇用者所得推計値は内閣府推計値。新車販売台数は内閣府による。
8. 総雇用者所得については、毎月勤労統計調査の再集計値を基に推計した値。

図表15 日本銀行「企業物価指数」

企業物価指数（2019年6月速報）

国内企業物価指数は、前月比▲0.5％（前年比▲0.1％）。
輸出物価指数は、契約通貨ベースで前月比▲0.6％、円ベースで同▲1.4％（前年比▲3.9％）。
輸入物価指数は、契約通貨ベースで前月比▲0.7％、円ベースで同▲1.8％（前年比▲5.4％）。

指数は2015年平均＝100、％

	国内企業物価指数		(参考)夏季電力料金調整後	輸出物価指数				輸入物価指数				(参考)為替相場ドル／円
				円ベース		契約通貨ベース		円ベース		契約通貨ベース		
	前月比	前年比	前月比	前月比	前年比	前月比	前年比	前月比	前年比	前月比	前年比	前月比
2018年5月	0.5	2.7	0.5	1.5	2.4	0.5	3.3	2.8	6.7	1.5	8.4	2.1
6月	0.2	2.8	0.2	0.1	3.3	0.0	3.5	2.0	10.8	1.8	11.4	0.3
7月	0.5	3.1	0.2	0.4	2.6	−0.3	3.1	0.9	11.5	0.1	12.5	1.2
8月	0.0	3.1	0.1	−0.4	2.8	−0.1	2.4	−0.5	12.3	−0.3	11.9	−0.3
9月	0.2	3.0	0.2	0.4	2.0	−0.1	1.7	0.6	10.9	0.0	10.4	0.7
10月	0.4	3.0	0.6	0.6	0.8	0.2	1.2	1.7	9.8	1.1	10.1	0.8
11月	−0.3	2.3	−0.3	−0.1	0.5	−0.3	0.6	0.8	9.3	0.5	9.4	0.5
12月	r −0.7	r 1.4	r −0.7	−1.7	−1.5	−1.3	−0.9	−4.0	3.1	−3.6	3.6	−0.7
2019年1月	r −0.5	0.6	r −0.5	−2.5	−3.4	−0.8	−1.9	−5.2	−1.8	−3.0	−0.3	−3.1
2月	0.3	0.9	0.3	0.9	−1.5	0.2	−2.1	0.9	−0.8	0.1	−2.0	1.3
3月	0.3	1.3	0.3	0.7	0.1	0.4	−1.9	1.6	2.5	1.0	−0.7	0.8
4月	r 0.3	r 1.2	r 0.3	0.3	0.1	−0.1	−1.7	0.4	1.7	0.1	−0.9	0.4
5月確報	−0.1	r 0.6	−0.1	r −1.2	r −2.5	r 0.1	r −2.0	r −0.6	r −1.7	r 0.8	r −1.6	−1.7
6月速報	−0.5	−0.1	−0.5	−1.4	−3.9	−0.6	−2.6	−1.8	−5.4	−0.7	−4.0	−1.6
6月指数	101.2	101.2		93.2	100.0			95.4	103.9			108.1

(注) 1. 為替は符号がマイナスの場合、円高を示す。
    2. r：訂正値

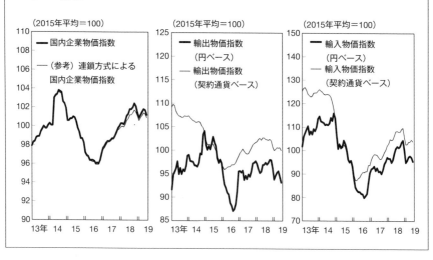

372

著者紹介

■著者紹介

黒沢 泰（くろさわ・ひろし）

昭和25年、埼玉県生まれ。昭和49年、早稲田大学政治経済学部経済学科卒業。同年、NKK（日本鋼管株式会社）入社。平成元年、日本鋼管不動産株式会社出向（後に株式会社エヌケーエフへ商号変更）。平成16年、川崎製鉄株式会社との合併に伴い、4月1日付で系列のJFEライフ株式会社へ移籍。現在、JFEライフ株式会社不動産本部・部長、不動産鑑定士。

【役職等】 不動産鑑定士資格取得後研修担当講師（財団の鑑定評価、現在）、不動産鑑定士実務修習修了考査委員（現在）、不動産鑑定士実務修習担当講師（行政法規総論、現在）、（公社）日本不動産鑑定士協会連合会調査研究委員会判例等研究委員会小委員長（現在）

【主著】 『土地の時価評価の実務』（平成12年6月）、『固定資産税と時価評価の実務Q&A』（平成27年3月）、『実務につながる地代・家賃の判断と評価』（平成29年9月、以上清文社）、『新版逐条詳解・不動産鑑定評価基準』（平成27年6月）、『新版 私道の調査・評価と法律・税務』（平成27年10月）、『不動産の取引と評価のための物件調査ハンドブック』（平成28年9月）、『すぐに使える不動産契約書式例60選』（平成29年7月）『雑種地の評価 裁決事例・裁判例から読み取る雑種地評価の留意点』（平成30年12月、以上プログレス）、『事例でわかる不動産鑑定の物件調査Q&A（第2版）』（平成25年3月）、『不動産鑑定実務ハンドブック』（平成26年7月、以上中央経済社）ほか多数。

基準の行間を読む
不動産評価実務の判断と留意点

2019年8月30日　発行

著　者　　黒沢　泰 ⓒ

発行者　　小泉　定裕

発行所　　株式会社 清文社

東京都千代田区内神田１－６－６（MIF ビル）
〒101-0047　電話03(6273)7946　FAX03(3518)0299
大阪市北区天神橋２丁目北２－６（大和南森町ビル）
〒530-0041　電話06(6135)4050　FAX06(6135)4059
URL http://www.skattsei.co.jp/

印刷：奥村印刷㈱

■著作権法により無断複写複製は禁止されています。落丁本・乱丁本はお取り替えします。
■本書の内容に関するお問い合わせは編集部までFAX (03-3518-8864)でお願いします。
■本書の追録情報等は、当社ホームページ（http://www.skattsei.co.jp/）をご覧ください。

ISBN978-4-433-67489-2